KB059271

턴어라운드

TURN THE SHIP AROUND

All rights reserved including the right of reproduction in whole or in part in any form.
This edition published by arrangement with Portfolio, an imprint of Penguin Publishing Group,
a division of Penguin Random House LLC.
The Korean translation published by arrangement with L. David Marquet in care of
Pengin Random House LLC through Milkwood Agency.

이 책의 한국어판 저작권은 밀크우드 에이전시를 통해 저작권자와 독점 계약한
세종서적㈜에 있습니다.
저작권법에 의해 한국 내에서 보호를 받는 저작물이므로 무단전재 및 복제를 금합니다.

턴어라운드
TURN THE SHIP AROUND

L. 데이비드 마르케 지음 | 김동규 옮김

세종

조직에서 어떤 위치에 있든 누구나 이 책을 읽어야 한다. 권한위임 리더십에 관한 한 마르케 함장이 제시한 것보다 더 훌륭한 모델은 없다. 이 책을 통해 독자 여러분이 걸어가야 할 길을 찾을 수 있을 것이다.

스티븐 코비, 『성공하는 사람들의 7가지 습관』의 저자

데이비드 마르케의 팬이라고 말하는 것만으로는 턱없이 부족하다. 나는 그에게 완전히 푹 빠진 열렬한 팬이다. 그는 한 세대에 한 번 나올까 말까 한 리더다. 좋은 리더가 되는 법을 알 뿐만 아니라 좋은 리더를 키워낼 줄 아는 사람이다. 리더의 재임 기간을 넘어서까지 지속되는 조직을 구축하고자 하는 사람이라면 누구나 그의 생각에서 소중한 가르침을 얻을 수 있다.

사이먼 사이넥, 『나는 왜 이 일을 하는가?』의 저자

마르케 함장의 리더십에 관한 설득력 있는 이야기에 귀 기울이다 보면, 모든 사람들이 지적 능력을 발휘하여 가장 어려운 문제들을 해결하는 데 전적으로 몰입하는 세상을 꿈꾸게 된다. 핵잠수함에서 이런 일이 가능했다면 우리도 할 수 있다. 우리가 있는 곳이 그 어디든 말이다. 탁월한 메시지를 전해주는 책이다.

리즈 와이즈먼, 『멀티플라이어』의 저자

리더는 다른 사람들을 통해 성과를 창출하는 사람이다. 통제 대신 과감한 임파워먼트를 통해 자발적 동기를 불러오고, 구성원 모두를 리더로 성장하게 함으로써 지속적으로 탁월한 성과를 창출하는 위대한 조직을 만들어내는 진정한 리더. 이런 미래형 리더십의 살아 있는 전범을 데이비드 마르케 함장의 흥미진진한 실제 사례를 통해 배울 수 있다.

조영탁, 휴넷 대표

리더십은 지휘 통제의 기술이 아니라 사람이 가진 잠재력을 끌어내 조직의 성과를 내는 기술이다. 그 핵심은 자발성을 이끌어내는 것이고 자발성의 핵심은 임파워먼트다. 이 책은 바로 임파워먼트를 통한 패러다임 시프트의 모델을 보여준다. 나 아니면 안 된다는 생각을 버리고 직원을 리더로 만드는 방법을 보여주는 교본 같은 책이다.

한근태, 『일생에 한번은 고수를 만나라』의 저자

코로나 19 바이러스 사태에 따른 뉴노멀로 인해 전 세계적으로 새로운 리더십이 요구되고 있다. 꼴찌였던 미 핵잠수함 산타페를 정상의 자리에 올려놓은 마르케 함장의 리더십이야말로 유례없는 도전에 직면한 우리에게 등불과 같은 모범이다.

유용원, 조선일보 논설위원 겸 군사전문기자

어떻게 하면 조직 구성원들이 공통의 목적을 위해 지적 능력과 주도성을 발휘하게 할 수 있을까? 여기 그 해답이 있다. 데이비드 마르케는 사람들에게 동기부여와 영감을 주는 것이 무엇인지 깊이 이해하며, 이를 환상적인 이야기 솜씨로 풀어낸다. 이 책은 군대와 기업, 교육계의 리더들에게 기쁨과 자극을 선사하며 행동을 촉구하는 강력한 도구가 될 것이다.

마이클 P. 피터스, 세인트존스대학 산타페캠퍼스 총장

리더십에 관한 새롭고 소중한 통찰을 제공해주는 놀라운 책이다. 리더십 없이는 어떤 중요한 일도 이루어지지 않는다. 마르케 함장은 리더십을 배워온 자신의 인생으로 여러분을 안내하며 성공의 공식을 제시한다. 그것은 바로 '리더-팔로워'가 아니라 '리더-리더' 모델을 따르는 것이다. 다른 사람들로 하여금 기꺼이 책임을 받아들이게 만들고, 그 일을 좋아하게 만드는 것이 바로 리더십이다. 이것은 비즈니스와 정치, 나아가 인생에까지 적용되는 보편적 원칙이다.

레슬리 H. 겔브, 외교협회 명예회장,
여러 기업에서 이사 역임, 전 〈뉴욕 타임스〉 칼럼니스트

데이비드 마르케 함장에게 큰 빚을 졌다. 그가 정말로 힘든 시기를 이겨내고 산타페함에 극적인 반전을 안겨준 것 때문만이 아니다. 그는 해군에서 전역한 이후의 나의 삶에 다른 어떤 것과도 바꿀 수 없는 리더십의 교훈을 안겨주었다. 나는 매일매일 '리더-리더' 모델의 세 가지 요소, 즉 통제권, 역량, 명료성에 관해 역설하며 직원들을 격려한다. 그리고 이 가르침이 이끄는 대로 결정을 내린다. 2010년에 GE 발전기수리 사업부의 댈러스 지부에 처음 부임했을 때, 나는 마르케 함장의 원칙을 적용하여 이 지부에 닥친 위기를 극복해냈다. 지금 이 지부는 GE 전체 발전기수리 사업부 중 가장 성과가 좋다. 그리고 나는 지금 터빈수리 사업부 댈러스 지부의 회생 프로젝트를 추진하고 있다.

애덤 맥애널리, GE 댈러스 서비스센터 증기터빈 분과 리더,
전 미 해군 핵잠수함 산타페함 승조원

영화 〈붉은 10월*The Hunt for Red October*〉을 하버드경영대학원판으로 보는 느낌이다! 이 책은 정보화시대 최고의 리더십 도서다. 정보화시대에서는 깨어난 지식노동자의 지적 자본이 조직의 성과를 극대화하는 핵심 요소이며, 시장점유율을 높이고 고객이탈률을 낮춰 이익을 증대시킨다. 마르케 함장은 리더십 철학의 패러다임을 완전히 뒤바꿀 만한 화두를 꺼내놓았다. 혁신적인 이 리더십은 모든 산업과 기업의 모든 부문에 적용할 수 있다. 리더십 전문가나 조직 구성원 등 이 분야에 관심이 있는 사람이라면 누구나 이 책을 통해 조직의 목표를 달성하는 데 큰 도움을 얻게 될 것이다.

조 드보노, MBA코퍼레이션의 창립자 겸 회장, 메릴린치 자산관리전문가

데이비드 마르케는 이 책에서 관련자에 대한 권한위임과 모든 계층에서 발휘되는 리더십의 놀라운 힘을 설파한다. 그는 리더에게 함께 일하는 모든 사람들로부터 에너지와 지적 능력 그리고 열정을 이끌어내라고 말한다. 이 책은 피라미드 구조를 허물고 평등한 조직을 창조해내는 방법으로 팔로워가 아니라 리더를 양성하는 과정을 보여줌으로써 위계질서의 조직 패러다임에 정면으로 도전한다.

데일 R. 윌슨, 경영관리 전문가,

'커맨드퍼포먼스리더십' 블로그의 운영자 겸 편집자

데이비드 마르케 함장은 미 해군 핵잠수함 산타페라는 결코 만만치 않은 환경에서 일어난, 과거 그 누구도 경험하지 못한 일을 이야기해준다. 그는 미국 해군 창립 이래 금과옥조로 여겨져온 리더십의 정의를 근본부터 바꾸며 감히 그 대안을 제시했다. 그는 이 일을 위해 엄청난 위험을 감수했다. 그리고 그 결과는 혁명적이었다. 불과 수개월 만에 산타페함의 승조원들은 꼴찌에서 1등으로 올라섰다. 오늘날과 같은 정보화시대에 인적 자본은 그 무엇보다 소중한, 21세기의 최종병기다. 데이비드 마르케 함장의 리더십 실험은 비즈니스계에서 훨씬 더 널리 적용되어왔다. 이것은 사고의 리더십이다.

찰리 킴, 넥스트점프의 창립자 겸 CEO

오늘날의 리더와 관리자는 정확한 실행, 팀워크 그리고 재능의 실현이 경쟁우위를 누리는, 날로 복잡해지는 세상을 마주하고 있다. 데이비드 마르케는 이런 현실을 헤쳐가기 위한 청사진과 현실에서의 실험 그리고 그 적용을 위한 행동원리를 제시한다. 리더십을 발휘하고 변화를 이뤄야 하는 사람이라면 누구나 읽어야 할 책이다.

존 쿠퍼, 인베스코디스트리뷰터스의 회장 겸 CEO

데이비드 마르케 함장과 함께 지내면서, 아래로부터 시작되는 '리더-리더' 문화야말로 사람들에게 높은 동기를 부여하고 최고의 성과를 내는 팀을 만드는 방법이라는 것을 배웠다. 이 방식은 핵잠수함과 아프가니스탄 산악지대에서 효과를 발휘했다. 그러나 이 방식을 실제로 실천하기는 결코 쉽지 않다. 그것은 모든 사람들이 리더십에 관해 어릴 때부터 생각하고 배워온 모든 것을 뒤바꿔놓아야 하는 일이기 때문이다.

데이브 애덤스, 전 산타페함 무기운용 장교,
아프가니스탄 호스트주 지역재건팀 사령관, 산타페함 함장

사령관을 포함한 모든 조직의 리더가 바라는 것이 있다면, 자신이 떠난 후에도 그 조직이 훌륭한 성과를 내고 직접 길러낸 차세대 리더들이 계속해서 동기부여와 성공을 이어가 자신이 공헌한 바를 조직에 안착시키는 일일 것이다. 이 책을 읽으면 지속적으로 높은 성과를 창출하며 금방이라도 일에 착수할 수 있는 인재를 길러낼 수 있다.

토마스 B. 파고, 전 태평양함대 사령부 사령관,
헌팅턴잉걸스인더스트리스 회장

마르케 함장Captain Marquet의 복무 기간에 미 해군 핵잠수함 산타페 USS Santa Fe, SSN-763에 승선하여 그의 리더십이 어떤 성과를 거두었는지 직접 관찰할 기회가 있었다. 그 방문은 평소 내가 가능하다고 생각하던 권한위임과 자발적 직장의 모습에 큰 영향을 주었다.

닷컴 열풍이 일어나던 시기, 미 해군 장교들에게 리더십을 주제로 강의하던 중 나는 하와이Hawaii에 주둔한 잠수함 산타페에서 매우 특별한 일이 일어나고 있다는 이야기를 들었다. 그러던 차에 산타페함을 방문할 기회가 생겼고, 주저 없이 그 기회를 붙잡았다. 마르케 함장의 잠수함에 직접 들러 소문의 실체를 파악하고 싶었다. 그리고 이전에는 결코 보지 못했던 수준의 권한위임이 이루어지고 있음을 확인했다. 우리는 마우이Maui 라하이나Lahaina 해변의 맑고 투명한 바다 위를 조용히 움직이는 이 수십억 달러짜리 핵잠수함의 함교에 나란히 서 있었다. 항해가 시작되고 얼마 지나지 않아, 젊은 장교 한 명이 다가와 말했다. "함장님, 곧 수심 120미터까지 잠수하려고 합니다." 함장은 음파탐지 신호를 묻고는, 함교에서 몇 분만 더 시간을 보내겠다고 하더니 젊은 장교에게 그대로 하라고 지시했다.

그날 하루 종일 사람들은 끊임없이 함장에게 와서 이런저런 계획을 보고했다. 함장은 가끔 한두 가지 질문을 던졌을 뿐, 대개 "알았네"라고만 대답했다. 그의 허락이 필요한 일은 오로지 빙산의 일각에 해당하는 결정뿐이었다. 빙산의 나머지 거대한 부분(즉 95퍼센트의 결정사항)은 함장의 개입이나 확인 없이 진행되었다. 조종실이나 어뢰실, 심지어 점심식사를 준비하는 공간 등 잠수함의 어느 곳을 가봐도 업무의 강도가 골고루 분산된, 전혀 예상치 못한 광경을 목격할 수 있었다. 승조원들은 놀라운 수준의 자발성을 발휘했고, 낮은 목소리로 끊임없이 대화를 주고받으며 정보를 공유했다. 함장이 명령을 내리는 모습은 한 번도 본 적이 없다.

어떻게 이런 획기적인 전환을 이뤄낼 수 있었는지 함장에게 물었다. 그는 해군의 규범에 위배되지 않는 한 부하들에게 최대한 권한을 위임하려 노력했으며, 그밖에 한 일이라고는 별로 없다고 대답했다. 그렇게 말하면서 그는 눈을 찡긋했다. 그는 부하들이 직접 문제에 부딪쳐 해결책을 찾아내도록 하면, 그들 스스로 자신이 지휘 체계 내에서 얼마나 중요한 역할을 맡고 있는지 깨닫게 된다고 믿었다. 그는 승조원들이 진정한 가치 창출의 의미를 깨닫는 문화를 일궈냈다. 그러나 그의 대답은 자신의 목적을 밝힌 것일 뿐, 그것을 위해 (조직의 총책임자를 포함한 모든 사람이) 무엇을 어떻게 했는지 말해 준 것은 아니었다.

어떻게 그런 조직을 만들어냈는가? 도재체 어떤 방법으로 성공한 것인가?

이 책은 바로 그 질문에 대한 대답이다.

이 책의 장점

첫째, 이 책은 미지의 길을 개척한 리더의 자기발견과 긴장 그리고 고독한 자기회의가 담긴 위대한 이야기다. 마르케 함장이 산타페함에서 행한 실험이 큰 성공을 거뒀다는 사실을 지금은 모두 알고 있지만, 당시만 해도 그를 포함한 그 어떤 용감한 승조원도 이렇게 새로운 조직운영 방식이 과연 성공할지 확신하지 못했다.

둘째, 산타페함의 모든 구성원이 변화를 위해 사용한 구체적인 방법을 모두 설명한다. 그들이 어떤 일을 했는지, 승조원들은 어떻게 대응했는지(좋은 것이든 나쁜 것이든), 이 일련의 행동원리가 시간이 지나면서 어떻게 성숙되어갔는지 모두 알 수 있다. 그리고 이 행동원리는 타인과의 상호작용에 관한 것으로, 세상 모든 일에 적용이 가능하다. 희소식이 아닐 수 없다. 우리가 속한 조직, 즉 회사, 학교, 정부 그리고 가정까지 두루 적용할 수 있기 때문이다.

셋째, 리더십에 관한 우리의 기존 관념에 일대 변혁을 일으킨다.

마르케 함장은 전통적인 리더십 모델에서 당연시해왔던 '리더-팔로워'라는 접근방식과 대조되는 '리더-리더'라는 용어를 만들어냈다. 정반대의 용어를 써서 차이점을 부각한 점이 매우 마음에 든다. 산타페함이 어떻게 운영되는지 직접 목격한 나는, 이것이 단지 기존의 업무방식을 일부 개선한 것 정도가 아니라 아예 근본적으로 다른 사고방식이라는 점을 보증할 수 있다. 그리고 바로 여기에 이 방식의 위력이 숨어 있다.

이 책을 읽어야 하는 이유

조직에서 어떤 위치에 있든 누구나 이 책을 읽어야 한다. 조직을 책임지는 위치에 있는 사람이라면 부하들의 열정, 역량과 에너지를 어떻게 발현시킬 수 있는지 배울 수 있다. 그들은 어쩌면 지금까지 자신도 모르게 그런 목표와 정반대되는 행동을 해왔는지도 모른다.

일선에서 일하는 사람들 역시, 의사결정을 기꺼이 책임짐으로써 상사들로 하여금 간섭이 필요 없다고 생각하게 만들 수 있다.

우리는 지금 인류 역사상 가장 심오한 변화를 경험하고 있다. 지금은 인간의 업무처리 방식이 산업시대의 '통제control'로부터 지식노동시대의 '해방release'으로 바뀌는 시기다. 알버트 아인슈타인 Albert Einstein이 말했듯이 "우리가 안고 있는 중대한 문제는 그 문제가 발생한 시대의 사고방식과 수준으로는 결코 해결할 수 없다." 당연히 그 문제는 어느 한 사람의 힘으로 해결될 일이 아니다. '가장 높은' 자리에 있는 사람의 힘으로도 말이다.

리더십이 바로 권한을 위임하는 기술이라는 사실을 깨닫는다면 밝은 미래를 만들어낼 수 있다. 그것은 인간의 재능과 잠재력을 발현하는 기술이다. 의무감은 급여나 직위, 권력 또는 두려움을 동원하면 이끌어낼 수 있을지 모르지만, 인간의 천재성과 열정, 충성심 그리고 지속적인 창의성은 오로지 자발적으로만 발휘될 수 있다. 열정적인 사람들이 '자발적으로' 분출하는 노력이야말로 세상의 가장 중요한 문제들을 해결할 열쇠다.

리더십이란 사람들에게 그들의 가치와 잠재력을 분명하게 알려줌으로써 스스로 그것을 볼 수 있게 하는 의사소통 기술이다. 그리고 이 권한위임형 리더십의 가장 훌륭한 모범을 보여준 사람이 바로 마르케 함장이다. 이 책을 읽는 모든 분들이 스스로의 길을 위한 모범을 발견할 수 있을 것이다.

리더십은 직책이 아니라 선택이라는 사실을 명심하기 바란다. 독자 여러분의 여정이 성공하기를 기원한다!

스티븐 코비, 『성공하는 사람들의 7가지 습관』의 저자

4부 목적을 깊이 이해한다 : 명료성

우리는 직장에서 좌절감을 느낀다.

　우리 대부분은 일을 시작하면 자신의 모든 것을 바칠 각오를 한다. 대개 업무를 개선할 아이디어도 충분히 가지고 있다. 하지만 열정과 지적 능력을 총동원해서 이런저런 제안을 해봤자, 내가 할 일이 아니라느니 전에도 시도해봤다느니 판을 흔들지 말라느니 하는 반응만 돌아온다. 주도적인 행동은 회의론에 부딪치기 일쑤다. 의견을 내도 곧잘 무시당한다. 지시를 따르라는 말만 듣는다. 그래서 우리의 일은 일련의 지시사항을 수행하는 것으로 전락하고 만다. 창의성과 혁신은 존중받지 못한다. 그러다 보면 어느새 새로운 시도를 멈춘 채 시키는 대로 일하는 자신을 발견하게 된다. 체념하고 그럭저럭 살아가는 것이다. 우리의 직장생활 이야기는 결국 그렇게 귀결되는 경우가 허다하다.

가장 촉망받는 직원조차 이렇게 점점 시들어가는 악순환에 빠져들곤 한다. 이안Ian을 예로 들어보자. 그는 수십억 달러 규모의 통신 회사에 입사했으니 능력 있는 사람임에 틀림없다. 그러나 그는 첫 직장생활에 너무나 실망한 나머지 다시는 회사에 취직하지 않겠다고 결심했다. 지금 그는 자기 회사를 운영한다. 무슨 문제가 있었냐고 물었더니, 이렇게 대답했다. "하루 업무량이라고 해야 두 시간 만에 끝낼 수 있었습니다. 일을 더 달라고 요청했더니 '시간에 맞춰서 적당히 하지 그래'라는 대답이 돌아왔죠. 저에게는 결정권이 없었습니다." 놀랍게도 이런 일이 일어난 곳은 사려 깊은 리더십과 혁신적인 제품으로 명성이 자자한 회사였다.

이안은 회사를 그만두고 더 만족스러운 일을 찾아 나섰다. "글쎄요, 시간이 지나다 보면 상황이 나아졌을지도 모르죠. 하지만 그 누가 '잘나가는' 안정된 회사가 하루아침에 변화하기를 바라며 자신의 경력을, 아니 필생의 에너지를 허비하고 싶겠어요? 저는 제 꿈을 추구하고 싶었고, 결국 이루어냈습니다."

이안의 행동에 영감을 받아 그 길을 따르고 싶다는 사람이 한둘이 아니다. 오늘날 미국의 근로자 만족도는 사상 최저를 기록하고 있다.[1] 근로자가 직장에서 보이는 참여와 헌신의 수준 역시 매우 낮다.[2] 자연히 이직률이 매우 높은 편이며, 2019년에는 20년 만에 사상 최고치에 근접하기도 했다. 경제불황으로 실업 문제가 심각한 가운데 일자리가 있는 사람은 그래도 만족할 거라고 생각할지 모르지만, 사실은 전혀 그렇지 않다.

이런 의도적 이탈 현상은 수십억 달러 규모의 생산성 저하를 불러일으킨다. 직원들의 이탈과 불만족, 헌신 부족 등은 조직의 근간을 훼손하고 구성원들의 사기를 꺾어놓는다. 갤럽Gallup에 따르면, 미국 노동시장에서 이 요인 하나가 생산성 저하에 끼치는 영향이 3천억 달러를 뛰어넘을 것으로 추정된다.[3] 생산성 저하도 큰 문제지만, 즐거움과 행복을 잃어버리는 것은 더 심각한 일이다.

좌절감을 느끼는 것은 사장들도 마찬가지다.

고용주라면 누구나, 직원들에게서 열정과 주도성을 찾아볼 수 없을 때 무척 실망할 것이다. 직원들에게 자발적인 의사결정권을 부여하려 애써본 적이 있다면, 사람들이 그저 시키는 대로 일하는 쪽을 더 편하게 여긴다는 사실을 알 것이다. 권한위임 프로그램들은 거창하게 시작하지만, 오래가는 일이 드물다. 학교를 졸업하고 곧장 입사한 신입사원들은 업무방식에 관한 지시사항이 당연히 존재할 거라고 기대한다.

최고의 기업에서조차 이런 일이 비일비재하다. 장애아동의 교육 발달을 지원하는 전문기업 로스니뇨스Los Niños의 CEO, 스콧 메시 Scott Mesh 박사의 예를 들어보자. 로스니뇨스는 최근 '뉴욕에서 가장 일하고 싶은 회사'에 여러 차례 선정된 바 있는 훌륭한 회사다. 나는 그 회사 직원들을 만나본 후, 스콧 박사가 꽤나 우수한 팀을 꾸렸다는 사실을 알 수 있었다.

그럼에도 여전히 스콧 박사는 불만이 있었다. "챙겨야 할 일이 너무나 많습니다. 어떤 직원들은 일에 집중해요. 직접 일을 맡아서 키워가고, 애정을 쏟아서 훌륭한 성과를 내지요. 그런데 꼭 일일이 알려줘야만 되는 친구들이 있습니다. 가장 중요한 후속조치를 하지 않고 다른 데 신경을 쓰는 사람들 말이에요."

과연 그런 일이 그 회사에만 있을까? 최근 조사에 따르면 사업가 중 44퍼센트가 직원들의 업무성과에 불만을 느낀다고 한다.[4]

고용인과 피고용인 모두가 이런 짜증스러운 상황에 처한 데는 근본적인 원인이 있다. 그것은 바로 기존의 리더십 모델이다. 우리는 지금껏 끔찍이도 낡은 모델에 매달려왔다.

'리더-팔로워' 모델의 문제점

미 해군에 복무하면서 필자는 기존 리더십 모델을 직접 체험했다. 해군사관학교 리더십 교과서는 리더가 된다는 것의 의미를 다음과 같이 가르친다.

리더십이란 다른 이들의 생각과 계획, 행동을 지휘하는 능력이나 특권을 말하는 것으로, 그들의 복종과 신뢰, 존중 그리고 전폭적인 협력을 이끌어내고 명령하는 방식으로 구현된다.[5]

다시 말해 해군을 포함한 많은 조직은 리더십을 다른 사람을 조종하는 것으로 이해한다. 그렇게 생각하면 이 세상은 리더와 팔로워라는 두 종류의 사람으로 나뉜다. 오늘날 우리가 리더십을 주제로 공부하고 배우며 훈련하는 내용의 대부분은 바로 이 '리더-팔로워' 틀 안에서 이루어진다. 우리는 오랫동안 이 모델에 익숙해져 있었다. 그리고 이 모델은 주변 모든 곳에 퍼져 있다. 『일리아드 *The Iliad*』나 『베어울프 *Beowulf*』를 포함한 서구 신화들도 바로 이 틀을 묘사하고 있다.

리더십을 주제로 한 유명 소설과 영화에도 이 개념이 녹아들어 있다. 패트릭 오브라이언 Patrick O'Brian 원작의 〈마스터 앤드 커맨더 *Master and Commander*〉가 그 대표적인 예다.

'리더-팔로워' 모델을 통해서도 업적을 이룰 수는 있다. 특히 지휘관이 능숙한 역량을 보유하고 있는 경우에는 더 그렇다. 광범위한 규모의 농지 개간이나 이집트의 피라미드, 산업혁명시대의 수많은 공장은 바로 이 패러다임 안에서 거둔 성과들이다. 이 덕분에 엄청난 부가 창출되었다. 수많은 사업가와 자본가가 부를 거머쥐었고, 팔로워들의 생활도 몰라보게 달라졌다. 이렇게 '리더-팔로워'라는 업무방식이 워낙 효과만점이었기 때문에 도저히 포기할 수 없을 정도의 매력을 발휘하는 것이다. 그러나 이 모델이 형성된 시기는 인간의 노동이 주로 육체적인 영역에 머물던 무렵이었다. 따라서 이것은 인간의 육체노동을 이끌어내는 데 초점을 맞추고 있다.

현대 사회에서 우리가 행하는 가장 중요한 일은 인지활동이다. 육체노동을 위해 만들어진 틀이 지적 노동에 맞지 않다는 것은 분명한 사실이다. 팔로워로 간주되는 사람은 팔로워에 어울리는 생각과 행동을 해야 한다. 팔로워에게 주어지는 의사결정 권한에는 제약이 있으며, 스스로의 지적 능력과 에너지, 열정을 아무리 발휘해봐야 합당한 보상을 기대할 수 없다. 지시에 따라 움직이는 사람은 대체로 제 실력의 절반밖에 보여줄 수 없고 상상력과 진취성도 충분히 발휘하지 못한다. 이것은 군용선에서 노 젓는 일을 할 때는 별 문제가 되지 않지만, 핵잠수함을 기동할 때는 이야기가 완전히 달라진다.

'리더-팔로워' 모델에 이런 한계가 있다는 사실은 이미 잘 알려져 있다. 그리고 우리는 권한위임이 그 해결책이라고 배워왔다.

하지만 권한위임 프로그램에도 문제점이 있다. 바로 그것이 표방하는 명분과 방법론이 서로 충돌을 일으킬 수밖에 없다는 사실이다. 주장하는 바는 '권한위임'이지만, 실제로 운영되는 방법론(리더가 부하들에게 권한을 부여하도록 되어 있다)에서는 직원들의 권한이 근본적으로 박탈된다. 원래 목적은 온데간데없이 사라져버린다.

게다가 '리더-팔로워' 모델에서는 조직의 성과가 리더의 능력과 밀접한 관계가 있다. 따라서 이 모델은 자연스럽게 인물 중심의 리더십을 개발하려는 경향을 보인다. 팔로워들은 특정 개인의 인격적 카리스마에 의존한다. 단기성과가 드러나고 이에 대한 보상이 뒤따른다. 하지만 개인적 성격에 의존하여 모든 일을 혼자서 책임지던 리더가 떠나버리면, 곧 빈자리가 눈에 띄고 조직의 성과도 크게 영향을 받는다. 리더에게는 이 점이 심리적인 만족감을 줄 수 있다. 쾌감을 줄 수도 있을 것이다. 반면 팔로워들의 심리에는 악영향을 미친다. 조직운영의 효율을 극대화하려 최선을 다해 일하기보다는 모든 의사결정을 리더에게 의존하는 데 익숙해지는 것이다.

해결책 : '리더-리더' 모델

이것은 '리더-팔로워'와는 근본적으로 다른 구조다. 이 틀의 핵심에는 우리 모두가 리더가 될 수 있다는 신념이 자리한다. 사실 우리 모두가 리더가 될 때 가장 좋은 결과를 얻을 수 있다. 리더십이란 특별한 사람만 소유하고 나머지에게는 없는, 신비로운 어떤 특성이 아니다. 인간은 누구나 저마다의 자질을 가지고 있으므로 자신이 하는 일의 모든 측면에 각자의 리더십 역량을 발휘해야 한다.

'리더-리더' 모델을 채택하면 성과와 의욕이 크게 향상될 뿐만 아니라 조직의 힘을 더욱 강하게 만들 수 있다. 가장 놀라운 점은 이 모델로 거둔 개선의 효과는 오래도록 지속되며, 리더의 성격이나 존재 여부와 상관이 없다는 것이다. '리더-리더' 구조는 훨씬 더 유연하고 튼튼하며, 특정 리더의 독단적인 결정에 좌우되지 않는다. 더구나 이 틀이 자리 잡으면 조직 전체에 걸쳐 또 다른 리더가 자연스럽게 육성된다. 무적의 조직이 되는 것이다.

고질적 실패자

미 해군 핵잠수함 선피시Sunfish, SSN-649에 하급 장교로 임관하여 첫 복무를 시작했을 때, 내 임무는 원자로를 포함한 배의 모든 시스템을 다루는 전문기관사 역할을 하는 것이었다. 나는 언제나 배우는 일에 열정적이었고, 미 해군이 운영하는 원자력기술학교 수업과 잠수함 기초군사반 과정도 수석으로 졸업했다. 이런 고급 과정과 해군사관학교의 훈련을 거치면서 잠수함과 리더십에 관해 많은 지식을 쌓았다.

기술적인 전문성은 해군 원자력함대에서 발휘할 리더십의 기초가 된다. 내가 처음으로 모셨던 함장은 바로 그런 명제를 몸소 보여준 인물이었다.

무뚝뚝하고 냉정한 성품의 기술전문가였던 그는 선피시함을 지휘하여 첫 배치임무를 매우 성공적으로 이끌었다. 그의 지휘 방식에 관해서는 두 번 생각한 적이 없었다. 그냥 그대로 따르면 되는 것이었다. 내가 첫 배치임무를 마치고 두 번째 임무를 시작하기 전에, 마크 팔레즈 중령Commander Marc Palaez(나중에 소장으로 진급했다)을 신임함장으로 맞이했다. 정규 훈련의 일환으로 대서양을 항해하던 어느 날, 별다른 특이사항이 없던 중에 우리는 거대한 상선 한 척을 잠망경으로 확인했다. 음파탐지기가 켜져 있었지만 상선이 탐지 범위에 들어올지는 확실치 않았다. 잠수함은 원래 비활성 상태를 기본값으로 설정해두고 있기 때문이다. "음파탐지기를 활성화하여 상선에 신호를 날려보면 어떨까?" 내가 음파탐지기 책임자에게 농담조로 말했다. 물론 평소에 그렇게 하는 경우는 극히 드물었다. 그때 팔레즈 함장이 내 뒤에 나타났다. "그렇게 해보지 그러나?" 물론 그는 내가 주저하는 이유를 알고 있었다. 음파탐지기를 활성화하려면 함장의 허락이 필요했던 것이다. 그는 내가 머뭇거리는 것을 보고 이렇게 말했다. "'함장님, 훈련용으로 음파탐지기를 켜겠습니다'라고 말해보게."

나는 그 말을 따라 했다.

"함장님, 훈련 목적으로 음파탐지기를 활성화하겠습니다."

그는 "그렇게 하도록"이라고 말하고 자리를 떴다. 나는 홀로 서 있었다. 처음으로 어떤 일의 책임을 맡게 된 셈이었다.

이후 30분 정도에 걸쳐, 우리는 음파를 온갖 종류로 조합하여 탐지신호를 보냈다. 그리고 모든 담당 승조원들을 차례로 음파탐지실로 들여보내 탐지신호가 실제로 어떤 모습을 보이는지 확인하게 했다. 담당자들은 흔치 않은 기회를 맘껏 누리며 기기를 이렇게 저렇게 써보았다. 음파탐지기 책임자는 부하들을 훈련시킬 수 있어서 좋아했다. 나 역시 흐뭇했다. 휘하 정찰조의 훈련 기회를 만들어낼 권한과 능력을 맛본 그 경험은 나에게 큰 힘이 됐다. 정찰조 차례가 내게 돌아오기를 기다렸다. 당번 업무를 끝낸 후, 나는 정찰 팀의 새로운 훈련 방법을 연구하고 구상하기 위해 많은 시간을 보냈다.

선피시함 복무가 끝난 후 나는 국방성에서 해군제독 보좌관으로 근무했고, 그다음에는 해군대학원에 진학해서 일 년 동안 러시아어를 공부한 후 국가안보 분야 석사 과정을 이수했다. 이렇게 재충전의 시기를 보내고 다시 현장으로 나가 1989년부터 1991년까지 미군 핵잠수함 윌로저스USS Will Rogers, SSBN-659에 승선했다.

나는 스스로가 리더십에 관해 어느 정도 지식을 가지고 있다고 생각했다. 하지만 그것은 착각이었다. 윌로저스함에서 맞이한 경험은 재앙 그 자체였다. 사람들은 오로지 상명하복만 존재하는 일방적 리더십 환경에 환멸을 느끼고 있었다. 모두가 그곳을 벗어나려는 생각뿐이었다. 나는 승조원들의 자발적 참여를 통해 의사결정 권한을 분산시키고자 애쓰며 변화를 모색했다. 부대원들에게 '영감과 권한'을 부여하기 위해 내가 배운 모든 기법을 총동원했지만, 성과 향상이나 사기 진작 면에서 별다른 효과가 없었다. 오히려 훨씬 더 많은 문제만 불거졌다. 도무지 어디서부터 어떻게 잘못된 것인지 알 수가 없었다. 앞서 언급했던 사례의 이안처럼, 좌절감이 들면서 그만두고 싶다는 생각이 들었다. 얼마 후 나는 나눠주려던 지휘권을 되찾고, 프로젝트를 꼼꼼히 챙기며 가능한 모든 결정을 직접 내리는 원래 상태로 돌아가 버렸다.

윌로저스함을 떠난 후 8년이 지나 초현대식 전투용 핵추진잠수함SSN인 산타페의 지휘를 맡았을 때, 과거의 기억이 두려움으로 엄습해왔다. 산타페함에서 문제를 마주할 때마다 윌로저스함에서의 아픈 경험이 떠올랐다. 그것은 모두 본질적으로 사람과 리더십에 관한 문제였다. 마침내 나는 새로운 방식의 리더십을 시도해봐야겠다고 마음먹었다.

즉각적이고 영구적인 성공

핵잠수함은 리더십 혁명이 성공할 가능성이 거의 없는 곳이다. 결코 실수가 용납되지 않는 환경이기 때문이다. 임무완수 기한도, 공간도 모두 빡빡하다. 조종실에서 50미터 거리 안에서 모두 함께 지내다 보니, 저절로 고도의 위계질서 체계가 형성된다. 해군의 전통과 해군 원자력 프로그램은 모두 신뢰성과 기술적 능력을 강조하므로, 자연스럽게 위로부터의 권력과 권위, 통제를 선호하는 방식을 취한다. 잠수함은 무선통신도 없이 장기간 기동하는데, 예전의 장거리 구축함과 매우 유사한 공간이라고 보면 된다. 요컨대, '리더-팔로워' 틀을 강제하기에 완벽한 환경인 셈이다.

내가 산타페함의 지휘를 맡았을 당시, 승조원들은 한마디로 바닥을 기고 있었다. 실질적으로나 운영 면에서나 감정적인 면에 있어서나 그것이 현실이었다.

그런데 단 일 년 만에 완전히 상황이 달라졌다. 거의 모든 성과지표에서 우리는 꼴찌에서 1등으로 올라섰다. 그중에서도 내가 가장 자부심을 가지는 지표가 바로 우리 배의 승조원과 장교의 복무 유지율이었다. 간부들은 나날이 발전해갔고, 성과는 혁명적이었다.

산타페함은 내가 함장으로 복무하는 동안 탁월한 성과를 거두었다. 거기서 그쳤다면 이 이야기는 십중팔구 오늘날 리더십 서적에서 흔히 찾아볼 수 있는 인물 중심 리더십의 사례가 되었을 것이다. 하지만 10년이 지나자 그때 우리가 했던 일의 진정한 성공을 목격할 수 있었다. 산타페함은 지금도 여전히 지속적으로 탁월한 성과를 거두고 있으며, 장교와 승조원들은 믿기 어려울 정도의 높은 비율로 진급을 거듭하고 있다. 이것은 '리더-리더' 모델이 남겨준 유산이다.

이 책은 그 여정과, 나와 산타페함에서 함께 지냈던 사나이들에 관한 이야기다. 그리고 우리의 소통 수준을 한 차원 더 높게 변화시키기 위해 몸부림쳤던 네 단계의 과정을 그리고 있다. 1부에서는 기존의 관념을 버리고 새로운 생각을 도입해야 했던 이유를 다룬다. 2부와 3부, 4부에서는 '리더-리더' 모델로 건너가는 다리와 이를 지탱하는 기둥을 설명한다. 다리란 바로 통제권을 말한다. 조직 내 다른 사람들에게 통제권을 넘겨주면서도 그들로 하여금 책임감을 잊지 않게 해야 한다. 통제권은 오직 조직의 목적을 제대로 아는 유능한 인력이 있을 때만 유효하다. 그러므로 통제권Control을 이양하려면 두 기둥, 즉 구성원의 전문적 역량Competence과 조직의 명료성Clarity이 함께 강화되어야 한다. 책은 대체로 이런 범주를 기준으로 구분되어 있지만, 실제 리더십 혁명은 이 과정이 반복적으로 선순환을 일으키면서 계속 발전해가는 식으로 구현된다.

우리 모두가 일에서 만족을 누리는 세상을 상상한다. 그러기 위해서는 모든 사람들이 지적 능력을 발휘하고, 동기를 부여받으며, 스스로 영감을 얻을 수 있어야 할 것이다. 인간의 인지능력은 당면한 중요한 문제들을 해결해나가는 과정에서 가장 크게 발휘된다.

이 책은 결국, 리더십에 관한 기존의 틀이 도무지 현실에 맞지 않아 좌절하는 모든 실무자와 상관에게 행동개시를 요구하는 일종의 선언문이다. 우리는 '리더-팔로워' 모델을 거부해야 하며, 이 세상이 새로운 리더십의 비전을 달성할 수 있는 리더로 가득하다는 사실을 인정해야 한다. 독자 여러분이 상관이든 직원이든, 교사든 학부모든, 이 목표를 달성하기 위한 방법을 분명히 찾아낼 수 있을 것이다.

즐겁게 그 여정을 걸어가시기 바란다. 그리고 '리더-리더' 모델이 어떤 효과가 있었는지 알려주시기 바란다. 여러분의 이야기와 생각을 다음의 이메일 주소로 보내주시길 부탁드린다.

david@turntheshiparound.com

1. 존 M. 기븐스(John M. Gibbons), "내가 나의 직업에 만족하지 못하는 이유(I Can't Get No… Job Satisfaction, That Is)", 2009년 직업 만족도 조사, 미 비영리민간경제조사기관 컨퍼런스보드(The Conference Board)

2. "직장인의 속마음 : 새로운 참여의 길을 찾아서(Inside Employees' Minds: Navigating the New Rules of Engagement)", 2011년 6월, 컨설팅그룹 머서(Mercer)

3. "직원 참여 : 재무 성과의 선행 지표(Employee Engagement: A Leading Indicator of Financial Performance)"

4. 스킵 와이즈먼(Skip Weisman), "직원의 성과에 만족하지 못하는 리더가 44퍼센트에 달하는 이유(Why 44% of Today's Leaders Are Unhappy With Their Employees' Performance)"

5. 미국 해군사관학교 리더십 및 법학과, 카렐 몬토(Karel Montor), 앤서니 J. 시오티 대령(Major Anthony J. Ciotti), 『해군 리더십의 기초Fundamentals of Naval Leadership』

이 책의 등장인물

마크 케니Mark Kenny 준장

예비지휘관PCO 담당 교관. 나중에 산타페함이 소속된 제7잠수함전대의
전대장이 되었음.

톰 스탠리Tom Stanley 소령

산타페함의 부함장. 1999년부터 2000년까지 복무.

마이크 버나치Mike Bernacchi 소령

산타페함의 부함장. 2000년부터 2002년까지 복무.

릭 판리리오Rick Panlilio 소령

산타페함의 기관사. 1998년부터 2001년까지 복무.

빌 그린Bill Greene 소령

산타페함의 항해사. 1997년부터 1999년까지 복무.

데이브 애덤스Dave Adams 대위

산타페함의 무기운용 장교. 1998년부터 2001년까지 복무.

케일럽 커Caleb Kerr 대위

산타페함의 항해사. 2000년부터 2004년까지 복무.

앤디 워섹Andy Worshek 상사

산타페함의 음파탐지반장 및 무기소대반장. 1998년부터 2002년까지 복무.

데이비드 스틸David Steele 중사

산타페함의 무기통제반장. 1996년부터 2000년까지 복무.

브래드 젠센Brad Jensen 중사

산타페함의 원자로 선임반장(불누크Bull Nuke). 1998년부터 2001년까지 복무.

마이크 시코Mike Ciko 중사

산타페함의 원자로 선임반장(불누크). 2000년부터 2002년까지 복무.

스캇 딜런Scott Dillon 행정반장

산타페함의 행정반장. 1998년부터 2001년까지 복무.

'슬레드독Sled Dog'

산타페함의 조타수(해도 작성자). 1998년부터 2001년까지 복무.

미 해군 핵잠수함 산타페의 모든 승조원에게

이 책을 바친다.

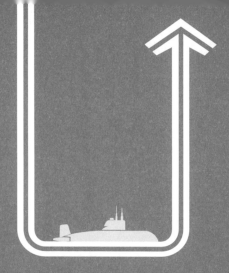

1부

다시 시작하다

언제나 가장 힘든 싸움은 내면에서 일어난다. 인간의 사고 과정을 어떻게 이해하든, 우리는 끊임없이 배움을 가로막는 장애물이 존재한다는 사실을 잘 안다. 내가 가진 리더십에 대한 개념은 『베어울프』, 『오디세이 *The Odyssey*』 등의 서양 고전과 해양시대의 역사서를 읽거나 대중영화를 보면서 형성되었다. '리더는 곧 영웅적 존재'라는 나의 관념은 미국 해군사관학교에 입학한 후 더욱 강하게 고착되었다.

1부에서는 그런 리더십에 대한 믿음이 불러온 좌절과 의문 그리고 마침내 이에서 벗어나게 된 과정을 설명한다. 당시에는 미처 깨닫지 못했지만, 그러한 리더십 체계에 대한 확신 이면에는 나의 무의식을 지배할 정도로 깊이 뿌리 내린 가정이 있었다. 그것은 바로 리더와 팔로워가 따로 존재한다는 생각이었다. 나는 이 선입견을 떨쳐낸 후에야 비로소 진정한 소통을 하는 더 나은 방법이 있음을 알게 되었다.

1장. 실패의 고통과 함께 찾아온 깨달음

실패는 우리에게 어떤 영향을 미치는가? 나는 한 조직의 책임자로서 윌로저스함에 새로운 리더십을 도입하고자 노력했고, 그 결과는 실패로 끝났다.

1989년 : 아이리시해

미군 핵잠수함 윌로저스가 아이리시해의 깊은 바닷속을 조용히 지나가고 있었다. 이 8천 톤 쇳덩이의 조종실에서는 당직사관OOD, officer of the deck이 북대서양의 더 깊고 넓은 영역으로 항로를 설정하고 있었다. 그는 미사일 제어반을 살펴보며 배에 실린 총 16기의 포세이돈급 미사일의 상태를 확인했다. 그 미사일들은 각각 14기의 다탄두재돌입탄도탄을 탑재할 능력을 갖추고 있었다. 이 미사일들이야말로 윌로저스함의 존재 이유였다. 다시 말해 이 배는 승조원들이 '부머Boomer'라는 애칭으로 부르는 전략핵탄두미사일잠수함(SSBN이라고 줄여서 부른다)이었다. 부머에서 중요한 일은 오직 한 가지다. 즉 명령이 떨어지면 곧장 미사일을 발사할 수 있는 태세를 유지하며 항해하는 것이다. SSBN은 미국의 전략적 억지력을 구성하는 핵심 요소다.

조종실은 이 배의 신경중추에 해당하는 곳이다. 16기의 미사일이 워낙 중요한 데다 잠수 시 난공불락 상태를 보장해야 했으므로, 이 배는 블루 팀과 골드 팀이라는 두 개의 교대조로 승조원을 운영하고 있었다. 바다를 순찰하는 시간을 최대화하여 전략적 억지력을 확보하기 위함이었다. 승조원들은 코네티컷Connecticut주 뉴런던New London에 거주했고, 윌로저스함은 스코틀랜드Scotland 홀리로크Holy Loch의 전진기지를 출항하여 작전을 펼쳤다. 승조원들은 석 달 주기로 교대했으며, 업무 인수인계 기간은 사흘이었다. 후속조의 승조원은 업무를 인수한 후 4주에 걸쳐 교정 및 예방정비를 마친 후 항해에 나선다. 윌로저스함이 제 시간에 준비를 마치지 못하면 다른 잠수함이 바다에 더 오래 남아 있어야 한다. 미국의 전략적 억지력을 확보하기 위해서는 언제든 미사일을 발사할 수 있는 태세를 완비해야 하기 때문이다.

이런 핵탄두미사일잠수함 중 41척이 소련의 위협에 대응하여 1958년부터 1965년 사이에 건조되었다. 대단한 산업적 성취라 할 만하다. 윌로저스함은 그 41척의 SSBN 중 마지막 잠수함으로서,

6. 전략핵탄두미사일잠수함을 일컫는다. 적함에 대한 공격과 격침을 목적으로 하는 핵잠수함은 킬러(killer)라고 한다.—옮긴이

취역한 이래 줄곧 작전을 수행해오고 있었다. 당시 건조된 잠수함들은 고성능의 최신예 오하이오급 잠수함으로 꾸준히 교체되어왔지만, 윌로저스함만큼은 여전히 중요한 임무를 맡고 있었던 것이다. 그러나 33년이 지나는 동안 이 배도 노후화되었다. 게다가 윌로저스함은 내가 승선하기 전, 순찰 도중 트롤어선과 충돌하는 바람에 중요한 인증 심사에 불합격한 일도 있었다.

조종실에서 차트를 확인했다. 우리는 30분 내로 심해잠수에 들어갈 예정이었다. 나는 미사일 발사대와 원자로를 지나, 기관실을 향해 선미 쪽으로 걸어갔다. 손전등을 켜고 최종 점검을 하기 시작했다. 보수작업이 정상적으로 완료되었음을 이미 확인한 상태였으나, 한 번 더 눈으로 확인한다고 나쁠 것은 없었다.

블루 팀의 기관 장교였던 나는 원자로와 주요 보조설비에 대한 검사와, 그 정비와 작동을 수행할 60명의 승조원에 대한 지휘 책임을 맡고 있었다. 모든 임무를 완수하고 마감을 지켜야 했으므로 항상 긴장을 늦출 수 없었다. 승조원들도 모두 마찬가지였다. 대단히 고된 일이었고, 업무 상황이 그리 만족스럽지도 않았다.

앞 교대조의 선임자는 세부사항을 대단히 꼼꼼하게 챙기는 성격이었다. 그는 언제나 기술문서를 점검하고 유지보수를 비롯한 다른 운영사항을 감독했다. 나는 그런 방식을 바꿔야겠다고 결심했다. 승조원들 각자에게 자신의 일에 대해 더 큰 책임과 재량권을 부여하며, 과업의 목록도 줄여줘야겠다고 생각했다. 그렇게 해서 과거 선피시함에서 경험했던 열정이 윌로저스함에서도 발현될 수 있기를 바랐다. 즉 나는 시류를 거스르고 있었던 것이다.

이 배에 승선하기 전 나는 다른 SSBN에 며칠간 탑승할 기회가 있었다. 그 배는 전투준비 상태를 검열받던 중이어서, 승조원들은 고도의 내부협력이 필요한 여러 가지 과업을 수행하고 있었다. 나는 함장을 따라다니며 그의 행동을 지켜봤다. 그는 구석구석을 모두 살폈다. 기관실에 뛰어갔다가 곧장 조종실로 향했으며, 음파탐지기를 살핀 후 다시 어뢰실로 달려갔다. 나는 채 24시간도 되기 전에 지쳐버렸다. 사흘 동안 지켜보면서 도대체 그가 잠을 자기나 하는지 궁금해졌다.

그 함선은 무사히 검열을 마쳤다. 검열관들도 함장의 수고를 특별히 치하했다. 그러나 내 마음은 그리 편치 않았다. 나라면 잠수함을 저런 식으로 운영하지는 않을 거라고 생각했다. 설사 그것이 바람직한 방식이라 해도, 내 체력으로는 도저히 그를 따라 할 수 없을 것 같았다.

해군은 이런 상명하복 리더십을 권장할지 모르지만, 나는 선피시함에서 영감을 얻은 나만의 방식을 밀고 나갔다. 즉 일방적인 명령보다는 소대에 재량권을 주는 방식이었다. 예컨대 윌로저스함 각 분대의 장교와 책임자에게 특정 업무목록을 하달하는 것이 아니라, 개략적인 지침만 밝힌 후 각자가 업무의 목록을 만들어 나에게 보고하도록 지시했다. 해야 할 일을 모두에게 일일이 말하는 대신, 문제에 어떻게 접근할지 그들의 생각을 묻는 쪽을 택했다. 각 분대 사이를 조정하는 중재자가 되기보다는 분대장들에게 서로 직접 대화하라고 말했다.

결과는 신통치 않았다. 유지보수 기간 중 몇 가지 실수가 생겨 작업을 다시 해야만 했다. 일정에 뒤처지게 된 것이다. 중간 관리자들이 부품과 승인을 확보하지 못하거나 작동에 필요한 추진설비 상태를 완비하지 못해 업무를 제 시간에 시작하지 못한 경우도 있었다. 무슨 일을 해야 하는지 말해줄 노련한 기술자가 있었으면 좋겠다고 수군거리는 것을 우연히 듣게 된 적도 있었다. 사실 일방적으로 업무를 지시하면 일이 훨씬 빨라진다. 나 역시 어떻게든 일을 마무리하기 위해 명령을 왕창 쏟아낸 적도 많았다. 그러고 나면 마음이 불편했지만, 정작 명령을 듣는 사람들은 크게 개의치 않는 것 같았다. 좀 더 민주적이고 자율적인 업무현장을 조성하고 싶은 사람은 오직 나뿐이라는 생각이 들었다. 그래서 과연 내 생각이 옳은지 의심이 들기도 했다.

매우 아슬아슬한 과정이었다. 그러나 유지보수 기간이 끝나가면서, 권한을 위임하려 애쓴 나의 노력이 효과를 거두는 듯했다. 낙관주의가 싹트기 시작했다. 마감 시간을 지킬 수 있을 것 같았다.

그러나 그것이 불가능하다는 사실을 이내 깨달았다. 기관실 아래층으로 사다리를 걸고 내려갔을 때였다. 손전등을 비춰가며 설비를 구석구석 살펴보다가 어느 지점에서 멈춰 섰다. 대형 해수 열교환기 말단 결속부품의 볼트와 너트가 제대로 잠겨 있지 않았다. 너트가 볼트의 나사선을 충분히 물지 못하고 있었다. 규정된 기술규격에 딱 맞지 않는 부품이란 걸 확실히 알 수 있었다. 누군가 꼼수를 썼던 것이다. 이 냉각기는 잠수할 때 발생하는 수압을 고스란히 견뎌내야 하는 장치다. 미세한 균열만 발생해도 엄청난 압력으로 해수가 배를 뚫고 들어온다. 사고가 일어나면 끔찍한 재앙으로 이어진다.

가슴이 철렁 내려앉았다. 곧 심해잠수에 들어가기로 되어 있었다. 즉각 잠수를 취소해야 할 상황이었다. 이 냉각기만 정비해서 될 문제가 아니었다. 다른 냉각기에 같은 실수가 없는지 전부 확인해봐야 했다. 무엇보다 어째서 이런 일이 일어났는지 파악해야 했다.

당직사관에게 연락해서 심해잠수를 연기해야 한다고 말했다. 그리고 함장에게 보고하러 갔다. 참 먼 길이었다. 미사일 적재함 내의 발사관 열여섯 개를 지나 걸어가는 내 심정은 무척 외로웠다. 잠수함 전체, 특히 우리 소대의 평판에 심각한 손상이 생길 판이었다. 소대원들에게 권한을 부여하려 애썼던 노력이 허사로 돌아간 것이다. 이런 일이 일어나서는 안 되는 것이었다. 예상대로 함장은 노발대발했다. 물론 그런다고 문제가 해결될 리는 없었다.

그 사건 이후 상황은 더욱 악화되었다. 소대원들에게 권한과 통제권을 더 많이 넘겨주려 노력해온 터였지만, 더 이상 그럴 마음이 사라져버렸다. 부하들에게 결정권을 주려 했지만, 그들은 그 권한을 잘못된 방향으로 사용했다. 하지만 위로부터 질책을 듣더라도 이 일은 내 잘못으로 해두기로 했다. 그리고 다시 예전부터 배워왔던 방식대로 부하들을 지휘하기 시작했다. 사사건건 내가 직접 알려줬다. 모든 결정은 내 허락을 받도록 했다. 24시간 내내 모든 일을 내게 보고하라고 지시했다. 의사결정 때문에 부하들이 찾아대는 통에 잠을 제대로 잘 수도 없었다. 나는 심신이 지쳐갔고 구석으로 내몰렸다. 소대원들도 불만이 있기는 마찬가지였지만, 꾹 참고 각자의 일을 해나갔다. 더 이상 큰 문제가 일어나는 것은 막았지만, 이제 모든 일은 오로지 나한테 달려 있었다. 곳곳에서 무수한 실수가 눈에 띄었다. 실수를 잡아내는 일에서는 어떤 보람도 느낄 수 없었고 나 없이는 되는 일이 하나도 없다는 사실이 한심했다. 내가 피곤하거나 잠이 들면 어쩌나 혹은 잘못된 판단을 내리면 어쩌나 하는 생각으로 걱정에 휩싸였다.

앞으로 내가 바라봐야 할 직급인 부함장에 선임될 가능성을 곰곰이 따져보니, 별로 승산이 없을 것 같았다. 윌로저스함의 다른 소대장 중에서도 부함장에 선임(선발)된 사람은 없었다. 골드 팀의 소대장 중에서도 마찬가지였다. 부함장 중에서 함장이 된 사람도 없었다. 이 배의 함장은 내부 승진으로 발탁되는 경우가 없었다. 윌로저스함에 배속된 순간 경력이 끝난 것이나 마찬가지였다. 뭔가 다른 진로를 모색해야겠다고 마음먹었다. 그래서 잠수함 승조원 업무를 그만두고, 구소련과 맺었던 전략무기감축협정START, Strategic Arms Reduction Talks과 중거리핵전력INF, Intermediate Nuclear Forces 협정을 감시하는 현장사찰기관On-Site Inspection Agency에서 일하기로 했다.

볼고그라드Volgograd[7]에서 사찰 업무를 마치고 복귀하니, 한 통의 전문이 도착해 있었다. 지난번에 복무한 기관소대장 다음 직급인 부함장으로 선임되었다는 소식이었다. 다시 잠수함을 타고 바다로

나가게 된 것이다. 환호성을 질러야 마땅했다. 부함장은 함장 바로 아래 직급이었다. 그런데 이상하게도 마음이 복잡했다. 리더가 되기를 갈망했지만 막상 리더로서 내가 어떤 존재였는지 다시 떠올리고 갈등을 할 수밖에 없었다.

처음부터 다시 생각하기

현장사찰기관에 배속되어 일하면서, 윌로저스함에서 겪었던 일을 깊이 생각해보았다. 리더십과 경영, 심리학, 커뮤니케이션, 동기부여, 인간행동 등에 관해 구할 수 있는 모든 책을 샅샅이 읽어나갔다. 그리고 내 마음속 깊이 숨어 있는 진정한 동기가 무엇인지, 내가 남들로부터 어떤 대접을 받고 싶은지 생각했다.

선피시함에서 정찰부대를 지휘할 때 에너지와 열정을 느꼈던 기억과 창의성이 샘솟았던 경험을 떠올렸다. 그리고 윌로저스함에서 3년간 지내면서 맛봤던 고통과 좌절 그리고 공허함을 다시 겪지 않겠다고 결심했다. 지시를 받을 때나 남을 지휘할 때에 모두 해당되는 결심이었다.

고민 끝에 나는 세 가지 사실을 깨닫게 되었다.

첫째, 나는 권한위임이란 개념을 좋아해서 이를 실천하려 했지만, 정작 그것이 왜 필요한지 모르고 있었다. 하지만 생각해보니, 적극적으로 권한을 행사하는 것은 인간의 자연스러운 태도였다. 인간

---

7. 구소련 남부의 도시로 이전 이름은 스탈린그라드다.—옮긴이

의 본성이 소극적이었다면 어떻게 지구를 정복했겠는가. 권한위임 프로그램은 그동안 우리가 사람들의 권한을 빼앗는 일을 적극적으로 해온 데 대한 반작용으로 나타난 것이었다. 하지만 권한위임 프로그램을 도입해야만 내가 부하들에게, 또 상관이 나에게 권한을 위임할 수 있다는 생각 자체가 모순이었다. 내가 가진 힘은 나의 내면에서 우러나오며, 따라서 누군가 나에게 권한을 위임한다는 것은 일종의 속임수나 마찬가지기 때문이다.

둘째, 그동안 배워왔던 다른 사람들을 관리하는 방식은 입장을 바꿔 내가 그 대상이라고 생각하면 결코 내키지 않는 방법이었다. 내가 최고의 성과를 올렸던 상황을 떠올려보면, 구체적인 목표가 주어지되 그것을 달성하는 방법에 관해서는 폭넓은 재량권이 허락된 경우였다. 나는 단순히 맡겨진 임무만 잔뜩 처리해야 하는 상황에는 잘 대처하지 못하는 사람이었다. 사실 그런 상황에 처하면 짜증부터 나고 생각이 멈춰버렸다. 지적인 면에서 대단히 소모적이고 어떠한 성취감도 맛볼 수 없는 방식이었던 것이다.

셋째, 리더의 전문적 역량과 조직의 성과가 밀접하게 결부된다는 사실도 문제였다. '유능한' 함장이 지휘하는 함정은 좋은 성과를 냈다. 내가 승선했던 핵잠수함도 마찬가지였다. 반면 함장이 유능하지 못한 배는 성과도 저조했다. 그러나 훌륭한 함정도 함장이 바뀌면 하룻밤 사이에 형편없는 배로 전락할 수 있었다. 그럴 경우 어이없는 일이 계속 일어났다. 자잘한 사고가 연달아 일어나서 사람들이 한탄을 내뱉곤 했다. "이 훌륭한 함정에서 이런 일이 일어나다니!" 함장이 실수하면 부하들도 마치 따라 하듯이 똑같이 실수를 저지르는 것이다. 결국 역량이란 리더에게만 달린 문제가 아니었다. 그 역량이 조직 전체에 퍼져나가야 했다.

윌로저스함에서 내가 이루고자 애썼던 것은 '리더-팔로워'라는 틀 안에서 권한위임 프로그램을 운영하는 일이었다. 이 리더십 체계의 골자는 '시키는 대로 하라'는 것이다. 그러니 내가 아무리 애를 써도 전달되는 메시지는 고작 "시키는 대로 해. 다만…" 정도에 지나지 않았다. 내 시도는 실패할 수밖에 없었던 것이다.

나는 선피시함에서 성공했던 방식을 윌로저스함으로 옮겨와 확장하려 했다. 그 배에서 나는 분명히 권한을 위임받았었다. 하지만 리더십을 발휘하는 것은 오로지 나 하나로 그쳤다. 내가 이끌던 정찰조 대원들은 전통적인 모델의 팔로워들이었다. 대원들이 음파탐지기를 마음껏 사용하도록 훈련을 지시했던 그 여섯 시간 동안 마음이 그토록 자유로웠던 것은 나는 팔로워가 아니라는 느낌 때문이었다. 윌로저스함 기관소대의 장교와 승조원들에게도 바로 그런 기분을 맛보게 해주고 싶었던 것이다.

배움을 가로막는 것은 뭔가에 대해 이미 알고 있다는 생각이다. 윌로저스함에서의 경험으로, 나는 지금까지 해온 방식에 근본적인 문제가 있다고 확신하게 되었다. 그저 '적극적으로 행동해라', '주인의식을 가져라', '활발히 참여해라' 같은 말로 사람들을 다그치며 온갖 권한위임 프로그램을 돌려봤자 그저 수박 겉핥기에 지나지 않는다. 나는 윌로저스함에서 복무한 후에야 비로소 마음을 열고 리더십을 새롭게 인식하게 되었다. 함장에게 부여된 〈마스터 앤드 커맨더〉 같은 영화의 전지전능한 능력자 이미지에 진지하게 의문을 품기 시작했다. 지금까지 리더십에 관해 배운 모든 것들이 틀렸을 수도 있다는 생각을 하게 된 것이다.

체크리스트

- 권한위임은 왜 해야 하는가?
- 나에게 권한을 부여해줄 누군가가 있어야 하는가?
- 내가 속한 조직은 의사결정을 내릴 때 한 사람이나 소수 그룹에 얼마나 의존하는가?
- 내가 속한 조직이나 기업은 어떤 리더십 모델을 채택하고 있는가?
- 리더십에 관한 영화의 이미지를 떠올린다면 어떤 인물이나 장면을 들 수 있는가?
- 그런 이미지의 바탕에는 어떤 가정이 숨어 있는가?
- 이런 이미지가 나 자신을 리더로 인식하는 데 미치는 영향은 무엇인가?
- 이런 이미지는 리더로서의 나의 성장을 어떻게 제약하는가?

2장. 익숙한 관행의 문제점을 파악하라

여러분과 부하들은 조직의 최적화를 추구할 때 자신의 임기까지만 유효한 것을 생각하는가, 아니면 이후에도 영속될 것을 염두에 두는가? 나는 장기적 성공을 추구하면서 단기적 보상 시스템은 아예 고려하지 않았다.

1998년 12월 : 하와이 진주만

미군 핵잠수함 올림피아USS Olympia, SSN-717가 내가 탑승하지 않은 상태에서 진주만의 주 항로를 출발했다. 전혀 생각지 못했던 일이었다.

나는 이 특수 잠수함을 지휘하기 위해 이미 12개월간 연수를 받아왔는데, 함장 교체는 불과 4주 전에 단행되었다. 올림피아함은 최전방에서 공격 작전을 수행하는 SSN 중 하나였고, 이런 함정을 지휘하는 것이 바로 내가 꿈꾸던 일이었다. 윌로저스함의 임무는 광활한 해저에 숨어서 작전을 펼치는 것이었던 반면, 공격함인 올림피아함은 말 그대로 적함을 찾아내 직접 교전을 펼치는 일을 했다. 나는 장비 배치 현황과 배관 구성, 정밀 원자로, 일정, 무기체계를 모두 공부했고, 지난 3년간 이 잠수함에서 일어난 모든 문제가 담긴 보고서를 완벽하게 숙지했다. 승선 장교 전원의 경력 현황을 모두 익히고 자기소개서까지 다 읽었다. 검열보고서도 모두 살펴보았다. 전술검열, 원자로검열, 안전검열, 배식검열을 총망라했다. 지난 1년간 내 머릿속에는 올림피아함의 승조원들과, 앞으로 3년간 그들을 어떻게 지휘할 것인지에 대한 생각밖에 없었다. 해군 핵잠수함 분야에 투신한 만큼, 이 배에 관한 전문 지식을 자세히 습득했다. 최근 수료한 예비지휘관prospective commanding officer, PCO 연수를 받으면서도 그 일이 너무 좋았다. 지난 1년간은 그저 학생 신분이었으므로 책임져야 할 대상은 오로지 나 자신뿐이었다. 올림피아함의 물리적 세부사항 외에 전술과 리더십에 대해서도 배웠다. 로드아일랜드 Rhode Island주 뉴포트Newport에 있는 리더십학교에서 일주일간 공부하기도 했다. 그때는 아내 제인과 함께 있었다. 전체 연수 과정의 마지막에는 어뢰 발사를 포함하여, 잠수함을 실전 운항하는 2주간의 집중 과정이 있었다.

PCO 연수 과정을 이끄는 담당교관은 검증된 함장들이 직접 선출한다. 예컨대 우리 그룹을 지휘했던 교관은 로스앤젤레스급 잠수함 버밍엄USS Birmingham, SSN-698의 함장을 지냈던 마크 케니 준장이었다. 케니 준장은 우리에게 훌륭한 가르침을 주었을 뿐 아니라 내적 성찰의 기회까지 제공했다. 우리는 매일매일 잠수함과 우리 자신에 대해 배웠다.

한번은 어뢰 연수 과정을 수행하면서, 내가 적 잠수함을 격퇴하는 동시에 우리 공격에 꼼짝없이 당하도록 하는 묘책을 고안해낸 적이 있었다. 나는 조종실에 있던 교관(이 경우에는 또 다른 PCO였다)에게 앞으로 어떤 일이 일어날지에 대한 예측을 보고했다. 상황은 내가 예측한 그대로 흘러갔고, 우리는 조용하고도 집요하게 따라붙던 적함을 격침시킬 수 있었다. 그러나 그 공격 과정에서 내가 다른 PCO의 영역을 침범해서 그가 해야 할 일을 대신 해야 하는 상황이 발생했다. 그 PCO가 혼동을 일으킨 탓이었다.

나는 잘했다고 생각했지만, 케니 준장은 나를 한쪽으로 부르더니 야단을 쳤다. 팀이 실행할 수 없다면 내가 아무리 똑똑한 계획을 세웠더라도 아무 소용없는 일이 되었다. 이것은 나에게 매우 소중한 교훈이었다.

올림피아함은 임무를 썩 훌륭히 해냈다. 승조원의 복무 유지율도 훌륭한 편이었고 검열 점수도 평균을 웃돌았다. 해군정비창에서의 작전 수행에 대해서는 완료 평가를 받았다. 즉, 임무를 완수했다는 뜻이었다. 나는 이런 올림피아함에서 어떤 리더십을 발휘하면 좋을지 궁리했다.

이렇게 잘 돌아가는 함대에 합류해서 리더십 전환 과정을 마무리할 수 있기를 학수고대했다. 지휘를 맡기 전에 미리 승선하기로 되어 있던 그 달에, 이 배는 항구에 정박하여 정기 보수를 받는 일정이 잡혀 있었다. 단, 그 기간 중 이틀은 원자로 가동성능 평가에 배정되어 있었다. 따라서 나는 진주만 입구에서 검열관들과 함께 올림피아함을 맞이한 뒤 승선할 예정이었다.

내가 지휘하기 전에 배를 내 눈으로 직접 보고, 승조원들이 바닷속에서 임무를 수행하는 모습을 미리 지켜볼 유일한 기회였다. 그뿐만 아니라 함선의 검열 과정을 볼 수 있다는 것 자체가 나에게는 엄청나게 유익한 경험이었다. 벌써부터 승조원의 일원이라는 감정은 느끼지 않겠지만, 검열에서 지적된 사항에 대한 교정 조치는 함장이 된 후에 모두 내가 책임져야 하는 일이었다.

올림피아함이 항로에 모습을 드러내고 회전 수면에 접근하자, 내가 탄 소형보트의 무선통신에서 잡음이 들리기 시작했다. 키잡이가 승조원들에게 올림피아함 승선 요청 의사를 전달했다. 그러자 올림피아함에서 응답이 왔다. PCO는 제외하고 검열관들만 타라고 했다. 나에게 승선 허락이 떨어지지 않았던 것이다. 내가 계획을 잘못 알아들은 게 틀림없었다. 잠수함이 선회하면서 소형보트가 나란히 따라붙고, 판자 다리가 내려오는 모습, 검열관들이 올림피아함으로 건너가는 장면을 모두 지켜봤다. 함교에 서 있는 함장의 모습을 봤지만, 서로 눈을 마주치지는 않았다. 판자 다리가 거둬졌고, 올림피아함은 다시 바다로 돌아갔다. 나는 소형보트를 타고 다시 내항으로 돌아와 내렸다.

함장이 나의 승선을 원치 않았다는 사실에 울컥 화가 났다. 잠수함의 기동과 검열 과정을 지켜볼 기회를 그가 앗아간 것이다. 이 잠수함의 운영을 전적으로 책임질 날이 채 한 달도 안 남았는데, 그 생생한 현장을 지켜볼 수 없게 되었다.

한편으로 생각하면 과연 그를 탓할 수 있을까 싶었다. 내가 배에 타면 괜히 침상만 차지하고 민폐를 끼치게 될지도 모른다. 이틀간 바다에서 진행되는 현장 평가가 그가 떠난 후에 올림피아함의 성과를 유지하는 데 아무리 유용하게 쓰인다한들, 그의 입장에서는 적극적으로 협조할 아무런 이유가 없었다. 내가 어떻게 그를 나무랄 수 있을까? 해군 체계에서 함장에 대한 평가는 그가 떠나는 날까지 자신의 배를 얼마나 잘 운영했느냐에 따라 내려진다. 그 기간에서 단 하루라도 지나서 생기는 일은 그와는 상관없는, 다른 누군가의 문제일 뿐이다.

잠수함과 전함 그리고 중소함대를 책임지고 있는 수백 명에 달하는 모든 함장들이 최선의 성과를 내기 위해 수천 가지 결정을 내리지만, 그것은 어디까지나 자신의 항해를 위해서만 기울이는 노력이다. 그들이 장기적 관점에서 어떤 일을 한다면 그것은 어디까지나 숭고한 의무감에 눈을 떴기 때문이다. 해군 체계 내에서는 그에 대해 털끝만큼이라도 보상을 해주지 않는다. 우리는 어떤 지휘관의 리더십을 평가할 때, 그가 떠난 후에 그 부대가 거두는 성과까지 포함해서 생각하지 않는다. 그의 부하들이 2년이나 3년, 심지어 4년 후에 몇 명이나 진급했느냐 하는 것도 당연히 평가의 대상이 되지 않는다. 그런 정보는 아예 추적하지도 관리하지도 않는다. 중요한 것은 오직 그 당시의 성과일 뿐이다.

여기가 아니라 다른 곳으로

결국 올림피아함에 승선했다. 3일 후, 배가 부두에 정박했을 때였다. 예상대로 검열은 무사히 잘 마친 상태였다.

올림피아함에 대한 인수인계 절차를 일사천리로 진행했다. 기록 검토, 물자 검수, 장교를 포함한 승조원 대상 면담 등을 차근차근 수행해나갔다. 함선 내를 둘러보면서 승조원들의 자세가 확고하고 사기도 충만한 것을 확인했다. 사실 자신감이 지나치다고 할 정도였다. 함정과 체계, 문제 보고에 관해 속속들이 파악하고 있던 나로서는, 파헤치려는 기술적 문제점이 무엇인지 정확히 짚어낼 수 있었다. 기존의 특정 업무방식이 왜 그렇게 진행되어왔는지에 관해 수많은 질문을 던졌다. 승조원들의 답은 간결하고 명확했다. 변화의 여지가 전혀 없다는 것을 금방 알 수 있었다. 올림피아함은 상명하복과 기존 관행의 질서대로 가동되고 있었으며, 그 방향에 불만을 가진 사람은 아무도 없었다.

이제 내가 지휘를 맡으면 어떻게 이끌어갈 것인지 생각했다. 내가 생각해오던 관리방식의 급격한 변화는 당분간 보류하기로 했다. 거센 내부 저항에 부딪칠 것이 너무나 분명했기 때문이다. 승조원들은 지금도 잘하고 있기 때문에 변화의 필요성을 깨닫지 못할 것이 뻔했다. 기존의 위계질서에 맞춰 점진적인 변화를 수행하는 수밖에 다른 도리가 없었다.

상명하복, '리더-팔로워' 체계가 그토록 매력적인 이유는 그것이 유효하기 때문이다. 성과 측정의 시간 범위가 단기간인 이상, 이것은 아주 효과적인 체계다. 그에 따라 해당 지휘관은 없어서는 안 될 인물이 되며, 떠난 후에도 추앙의 대상이 된다. 지휘관이 떠난 후에 그 부대의 성과가 저조해지면, 그것은 그가 훌륭한 리더였다는 증거일 뿐 결코 그가 부하들을 제대로 훈련시키지 못한 흔적이라고 여겨지지 않는다.

이런 방식의 리더십에 매력을 느끼게 되는 데에는 유도된 무감각도 한몫을 차지한다. 부하들은 이런 리더십에 기댄 채 생각하고 결정하며, 책임져야 하는 힘든 일들을 회피하는 데 아무런 가책을 느끼지 않는다. 그저 남들이 정해놓은 일을 수행하는 하나의 톱니바퀴가 되는 것이다. "난 그저 시킨 대로 했을 뿐이에요." 이런 말을 하며 사람들은 이 질서를 편히 여기게 된다.

그러나 거기에는 대가가 따른다. 이 사실은 시간이 흐를수록 극명히 드러난다. 남의 말을 따르던 사람들은 자신이 리더의 위치에 올라서는 순간 다른 사람들에게도 무조건적인 복종을 강요한다. 하지만 다른 사람들을 그저 팔로워로만 인식하면 숨어 있는 인간의 엄청난 잠재력을 사장시키게 된다. 그 결과는 (대략 3년에서 10년 후와 같이) 오랜 시간이 지나서야 드러나지만, 막상 그때가 되면 사람들은 모두 다른 보직으로 옮겨가버리고 없다.

올림피아함이 부두에 정박해 있는 동안 나는 검토와 검열, 면담 등의 절차를 서둘러 진행했다. 그 함선에 관해서는 이미 전문가나 다름없었으므로 인수 절차가 지루했던 나는, 일주일 휴가를 내고 아내와 시간을 보내기로 결정했다. 하와이 제도를 일주하는 SS 인

디펜던스SS Independence호라는 유명한 크루즈 선박이 있었다. 우리 부부는 내가 함장으로 취임하기 전 마지막 주를 크루즈 여행을 하며 보내기로 했다. 처음 나흘간은 아름다운 섬을 관광하며 정말 여유 있게 지냈다. 올림피아함이 어떻게 돌아가는지에 대해서는 훤히 꿰뚫고 있었으므로, 그곳에서 리더십을 발휘하는 것은 그야말로 내 집 안마당을 정리하는 일이나 마찬가지였다. 윌로저스함에서 그랬듯이 말이다.

닷새 째 되는 날 아침, 내가 탄 크루즈선이 킬라우에아Kilauea 화산에서 흘러나와 바다로 들어가는 용암 옆을 막 지나치려는 찰나, 전화가 한 통 걸려왔다. 당시만 해도 바다 위에서 외부 전화를 받는 일이 매우 드물었으므로, 처음에는 배 안의 누군가가 걸어온 전화인 줄 알았다. 전화기 너머로 들려오는 깐깐한 목소리는 내 함장 취임이 취소되었다는 소식을 전했고, 나는 깜짝 놀랄 수밖에 없었다. 그 대신 새해 초에 산타페함으로 취임하게 되었다고 했기 때문이다.

나는 거의 공황 상태에 빠졌다. 나의 리더십과 전문 역량을 발휘할 곳이 전혀 엉뚱한 잠수함이 되어버린 것이다.

체크리스트

- 우리 조직에서는 사람들이 이직한 후에 일어난 일로 그들에게 보상을 하는가?

- 사람들은 자기 부하의 성공에 대해 보상을 받는가?
- 사람들은 자신이 떠난 후에 남은 이들이 자신을 '그리워하기를' 바라는가?
- 어떤 조직의 리더가 떠나자마자 조직의 성과가 나빠졌다면, 그 사람의 리더십에 대해 어떻게 평가해야 할까? 당신은 이 상황을 어떤 관점으로 바라보는가?
- 임기에 대한 생각은 우리가 리더십을 발휘하는 데 어떤 영향을 미치는가?
- 장기적 사고방식을 장려하기 위해 우리가 할 수 있는 일은 무엇일까?

3장. 항로 변경의 위험을 감수하라

여러분은 과연 얼마나 헌신하고 있는가? 내가 계획했던 개선 프로젝트에서 가장 어려웠던 부분은 바로 나의 투지였다.

1998년 12월 : 하와이 진주만

크루즈 여행에서 돌아와 가장 먼저 한 일은 PCO 연수 과정 교관 출신인 나의 새로운 상관과 면담을 하는 것이었다. 올림피아함에서 업무를 수행하기 위해 잠수함 부두로 가는 대신, 한 순간에 행선지가 태평양함대사령부 건물로 바뀌었다. 그 건물에 태평양함대사령부가 차려진 것은 1941년 12월 7일, 즉 진주만 공습이 있었던 시기였다. 지금은 해군의 진주만 지역 세 개 전대사령부가 이 건물에 입주해 있다. 나는 말 그대로 급선회를 하게 된 셈이었다. 올림피아함은 제3전대 소속이었고, 산타페함은 제7전대 소속이었다. PCO 연수 과정에서 나의 멘토였던 마크 케니 준장이 막 제7전대의 지휘관인 전대장이 되어 공교롭게도 나의 새로운 상관이 되었다. 그는 산타페함을 개선하는 임무를 나에게 맡겨야 한다고 강력하게 주장해온 터였다. 그가 추천한 사람은 보통 틀림없다고 할 정도로 능력을 발휘했기에 내가 산타페함의 함장이 되었던 것이다.

나중에 그는 PCO 연수 과정 내내 내가 특출한 학습열을 뚜렷이 보여주었기 때문에 나를 천거했노라고 말했다. 그는 내가 보여준 간절한 호기심이야말로 산타페함과 그 승조원 조직의 성공적인 개혁을 이뤄내기 위한 필수 요소라고 생각했다. 이것은 나중에 당시에는 미처 생각지 못한 방식으로 내가 체감하게 된 사실이기도 하다.

나는 산타페함을 지휘하게 되었다는 소식을 듣고 충격을 받았다. 진주만에 정박한 여러 잠수함 중 하나로, 앞으로 6개월간 임무를 수행할 예정이라는 것 말고는 산타페함에 관해 아는 게 하나도 없었다. 올림피아함과 달리, 산타페함은 우리가 PCO 연수 과정 내내 조롱거리로 삼던 배였다. 그 전해에는 산타페함의 부주의한 승조원들을 비판하는 사진이 인터넷에 돌아다녔다. 그 때문에 함장은 심한 질책을 들어야 했고, 연수 과정에서 산타페함은 반면교사의 역할을 했다. 산타페함은 하필이면 그때 가장 어려움을 겪고 있었다. 게다가 전체 잠수함 중에서 가장 낮은 복무 유지율을 기록하고 있었다. 신규 입대한 승조원도 몇 명 없었다.

케니 전대장은 내가 새로 맡게 된 일에 대해 설명해주었다. "산타페함과 그 승조원들을 6개월 안에 실전배치할 수 있는 상태로 준비시켜야 하네. 콘스텔레이션 항모전단Constellation Battle Group의 일원이 된다는 것은 작전 면에서 보면 꿈같은 일이지만, 동시에 아주 힘든 일이기도 하지. 자네가 해야 할 일 중에는 수심이 얕은 페르시아만Arabian Gulf에서 어뢰발사 훈련을 하고 작전 태세를 완비하는 것도 포함되어 있네. 우리 전투력의 우수성을 입증하는 일일세."

그는 결코 장밋빛으로 볼 수 없는 말을 이어갔다. "사실을 숨길 생각은 없네. 그 함선은 영 신통치 않아. 내가 보기에도 리더십의 공백이라고 말할 수밖에 없네. 이번 일은 참 특이한 경우일세. 나도 해군에 몸담은 지 오래되었지만, 이렇게 모든 일이 겹치는 상황은 처음이야."

"이렇게 하지. 바꾸고 싶은 사람이 있다면 말해주게. 하지만 대대적인 인원교체를 할 생각은 없네. 그래봐야 그들에게 좋을 것은 하나도 없으니까. 현재 인원을 데리고 일하는 데 더 집중해주었으면 하네. 6개월 안에 실전에 배치되어야 하는데 교체하면 시간도 별로 없을 테니 말이야."

내 생각도 마찬가지였다. 결국 나는 아무도 교체하지 않았다.

그런 결정은 문제의 원인이 승조원들이 아니라 리더십에 있다는 나의 생각을 드러내는 것이기도 했다. 이제 내가 할 일은 똑같은 승조원들과 지원 팀을 데리고 의사소통과 행동 방식을 바꿔내 산타페함의 전투력을 극적으로 끌어올리는 것이었다. 매우 힘든 과제가 아닐 수 없었다.

함장이 되면 부함장XO, executive officer이 곁에서 보좌하게 된다. 부함장은 함장의 유고 시에 함정을 대신 지휘할 자격을 갖춘 사람이다. 군함에는 네 명의 소대장이 존재한다. 즉 무기, 기관, 항해·운영 그리고 보급이다. 이 중 보급 장교를 제외한 나머지 소대장은 모두 핵잠수함에서 훈련받았기 때문에 잠수함의 함장이 될 꿈을 꿀 수 있다. 그러나 대개는 이 셋 중 한 명만이 함장이 된다. 그리고 아직은 이들 중 누가 그렇게 될지 모르는 일이었다. 케니 전대장의 설명에 따르면 부함장은 떠나는 함장과 긴밀한 관계를 맺고 있으며, 소대장 중 두 명은 평가 대상이 되기에는 아직 신참이라고 봐야 했다.

그는 계속해서 말했다. "나를 포함해서 우리 전대 간부들은 자네를 전적으로 지지하고, 자네가 그 잠수함을 정상으로 되돌릴 수 있도록 도울 거야. 물론 직접 거기 들어가서 이것저것 간섭하지는 않겠지만 자네가 필요하다고 생각하는 거라면 무슨 일이든 지원하겠네."

우리는 하급 장교들에 관해서도 이야기했다. 그들은 이렇다 할 관심도 받지 못했고 제대로 된 훈련도 못 받았으며, 결국 해군을 떠나기 일쑤였다. 이번이 첫 항해인 만큼, 아마도 잠수함 내에서 가장 소외된 그룹임에 틀림없었다. 그들이 잠수함에 대해 그리고 장교로서의 자세에 대해 배운 것은, 교과서를 제외하면 산타페함에서 경험한 것이 다였다. 출신 학교로 따지면 두 부류로 나뉘었다. 해군사관학교 출신이 절반 정도고, 나머지 절반은 NROTC(해군학군단) 출신이었다.

산타페함의 반장[8]들에 대해서도 이야기를 나누었다. 그들은 권한이 없고 사기도 낮았다. 모두 열두 명이었으며 신분은 선임사병이었다. 중간관리자에 해당하는 사람들이었다. 잠수함 사관학교 시절 교관들로부터 배운 바로는, 장교는 우리가 올바른 일을 하도록 이끌고 반장은 우리가 일을 똑바로 하도록 돕는다고 했다. 그들의 전문 역량과 리더십은 핵심적 역할을 한다. 물론 그들의 전문성을 활용하는 나의 능력도 중요하지만 말이다.

전략핵탄두미사일잠수함 SSBN을 건조한 이유가 정찰 임무를 수행하는 데 있듯이, 전투용핵잠수함 SSN을 만든 목적은 실전배치에 있었다. 즉 모항을 떠나 6개월간 기동에 나서야 하는 것이다.

그 기간 동안 우리는 대부분의 시간을 잠재적 적군이 활동할 가능성이 있는 해역에서 잠수 상태로 기동한다. 해수면 위로 올라 모항에 재보급을 요청하거나 자잘한 수리를 하는 경우가 있으나, 전체적으로 보면 4만 8천 킬로미터에 달하는 거리를 혼자서 항해해야 한다. 잠수함이란 적진 깊숙이 침투해 들어갈 때 쓸모가 있는 것이지, 항모전단이나 기타 아군의 보호를 받으며 지내자고 만든 것이 아니다. 따라서 실전배치를 위해서는 배와 승조원들의 정비와 훈련, 인원 배치 그리고 보급 수준을 최상의 상태로 끌어올려 놓아야 했다.

함장의 갑작스러운 교체 때문에 예정된 일정이 허물어지는 일은 없을 것이라는 게 케니 전대장의 설명이었다. 해군과 이 나라가 요구하는 바는 산타페함이 만반의 준비를 갖추도록 하는 것이었다.

---

8. 대한민국 해군의 중사에 해당한다. 계급과 직책을 동시에 일컫는 단어이므로 반장으로 옮겼다.—옮긴이

잠수함이 실전배치될 상태가 되었는지에 대해서는 물론 전대장이 최종 판단한다. 케니 전대장이 마지막으로 격려해주었다. "자네 능력이라면 분명히 이 일을 할 수 있다고 믿네. 한마디만 더 보태자면, 손전등은 좋은 것으로 쓰도록 하게."

악수를 나눈 후 잠수함으로 건너갔다. 우리는, 아니 나는 앞으로 어떻게 이 일을 할 수 있을까? 정말 해낼 수 있을지 확신이 들지 않았다. 너무나 막막해서 어디부터 시작해야 할지 몰랐다. 바닥에 떨어진 승조원들의 사기를 끌어올리는 것은 차치하고, 실전배치 태세를 갖추는 것만으로도 벅찬 일이었다. 여기에다 새로운 리더십의 도입이라는 위험천만한 일까지 과연 할 수 있을까?

지금 와서 생각해보면 케니 전대장이 정말 훌륭한 리더십을 보여준 것이었다. 그는 구체적인 목표(모든 방법을 동원해서 산타페함을 실전배치 상태로 만들라)를 제시했지만, 그것을 이루는 방법은 말해주지 않았다. 그는 또 잠수함에서 활용할 수 있는 인력과 자원은 이전과도, 다른 어느 잠수함과도 같다는 사실을 알려주었다. 그러므로 바꿀 수 있는 유일한 것은 우리의 행동과 의사소통 방식이었다. 나는 여기에 온 정신을 집중해야 했다.

비로소 현 상황을 다른 관점으로 생각해보기 시작했다. 최소한 케니 전대장이 나를 사사건건 간섭하지는 않을 것이므로, 이번에야말로 뭔가 다른 일을 시도해볼 기회가 주어진 것인지도 몰랐다. 승조원들을 '시키는 대로 해라' 식의 상명하복 리더십에서 탈출시킬 절호의 기회 말이다. 어쩌면 일생일대의 호기가 온 것인지도 모른다. 물론 이 일은 전적으로 내 책임이고, 산타페함이 제대로 준비되지 못한다면 그것은 내 잘못이 될 것이다. 내가 해결해야 할 문제인 것이다.

하지만 시도해보기로 결심했다. 나는 케니 전대장의 집무실을 나와 산타페함이 정박해 있는 부두로 향했다.

체크리스트

- 여러분은 개인적으로 어떤 위험을 감수할 준비가 되어 있는가? (때로는 더 나은 무언가를 추구하기 위해 다른 것은 포기해야 한다. 사람들과 임무를 책임지면서도, 개인적 경력에 미치는 결과는 포기해야 하는 경우가 있는 것이다.)
- 리더가 통제권을 포기하면서도 책임을 고스란히 떠안기 위해 정신적, 감정적으로 극복해야 할 것은 무엇인가?
- 세세한 간섭과 상명하복 리더십, 개인에 대한 숭배를 포기하고 큰 어려움을 겪었던 때가 있는가?
- 주어진 자원이 동일한 조건하에서 내 프로젝트 팀의 소통 방식을 바꾸려면 어떻게 해야 할까?
- 프로젝트를 새로운 방식으로 진행할 수 있도록 상사로부터 허락을 받아내고 싶다면 부하로서 어떻게 해야 할까?
- 부하들에게 뚜렷한 목표를 제시하면서도 그 달성 방법을 선택할 수 있는 자유를 허락하고 있는가?

4장. 사람들이 왜 좌절감을 느낄까

여러분은 호기심을 품고 있는가? 나는 그전까지 잠수함에서 복무하는 동안 호기심을 발휘해왔다고 생각했다. 그러나 알고 보니 그저 '의심'을 해왔던 것뿐이었다.

함장 취임 25일 전

1998년 12월 15일 : 하와이 진주만, 산타페함 승선 후

산타페함으로 향하는 내 마음에는 호기심과 걱정이 섞여 있었다.

미 해군이 운용하는 잠수함 급의 명칭은 해당 급에 속하는 첫 선박의 건조번호에 따라 정해진다. 따라서 로스앤젤레스급 잠수함의 명칭은 모두 688호다. 그리고 이 급수에 속하는 잠수함은 두 개의 편대, 즉 제1편대와 제2편대로 나뉜다. 올림피아함은 제1편대 688호 중 서른 번째 함정이다. 산타페함은 제2편대에 속하는 688호다. 선체의 전체적인 형태를 제외하면 이 두 편대에 속한 함정은 서로 현격한 차이를 보인다. 제1편대의 잠수함에는 세일플레인sail plane⁹이 달려 있고,

네 개의 어뢰관과 한 기의 원자로가 설치되어 수명이 다할 때까지 연료를 한 번 더 공급받게 되어 있다. 제2편대에 속한 잠수함들은 바우플레인bow plane[10]을 활용한다. 또한 열두 개의 수직발사형 토마호크 지상공격 미사일TLAM관과 네 개의 어뢰관이 추가로 장착되어 있으며, 수명을 마칠 때까지 연료를 다시 채울 필요가 없도록 재설계된 원자로가 갖추어져 있다.

좁은 승강구를 열고 내려갔다. 하갑판을 지나치면서 상부 현측 정찰병이 규정에 따라 외치는 소리를 들었다. "미 해군 지휘관 입장!" 나는 좁은 통로를 지나 앞으로 나아갔다. 지나가면서 승조원들과 마주칠 때마다 기쁜 마음으로 인사를 건넸다. 잠수함 내의 통로는 폭이 겨우 60센티미터에 불과하다. 누군가를 모른 체하고 지나치는 것이 애당초 불가능하다. 비행기 안 통로에서 누군가를 지나치는 것과 같다고 보면 된다. 그럴 때마다 승조원들은 주로 뭔가 중얼거리거나 들릴 듯 말 듯한 소리를 냈고, 시선을 아래로 내려버리는 경우도 있었다. 다들 쑥스러워하는 것 같았다. 좀처럼 눈길을 마주치려 하지 않았다. 내가 말을 걸까 봐 조마조마한 모습이었다. 이들은 지금 패배의식에 빠져 있었다. 자기들이 전체 잠수함 전력 중에서 최악이라는 말을 수없이 들어오면서 그 말을 곧이곧대로 믿어버렸다. 그리 멀지 않은 곳에 있는 올림피아함과는 완전히 다른 세상이었다.

---

9. 배의 잠수와 상승에 필요한 수평타의 일종이다.—옮긴이
10. 세일플레인과 달리 선체에 달려 있고 반응성이 더 좋은 수평타를 말한다.—옮긴이

내가 승선했다는 사실을 알리려고 함장실에 들렀다. 나는 후임자로서 불과 몇 주 후면 이 배를 책임지게 된다. 그러나 아직은 그가 이 배의 책임자였다. 다소 어색한 만남이기는 했다. 그의 이임은 예정보다 일 년 일찍 이뤄지는 것이었기 때문이다. 부함장실의 두 번째 책상을 근무 장소로 배당받을 예정이었지만, 당장은 내 자리가 없었다. 명령체계의 변동은 산타페함 승조원들에게도 갑작스럽기는 마찬가지였다. 마땅히 자리 잡을 데도 없고 해서 조종실로 가 한번 둘러보기로 했다. 장비는 꺼져 있었지만 전면 패널과 계기반, 다이얼 등을 보니 지금까지 봐왔던 것들과 다르다는 사실을 알 수 있었다. 내 자리가 없었기 때문에 지금은 선내를 이리저리 돌아다닐 수밖에 없었다. 시간이 지나면서 근처에 있는 승조원들에게 장비의 여러 부분에 관해 질문을 던지기 시작했다. 처음으로 진정한 호기심이 발동했던 것이다.

원래부터 나는 배 안을 돌아다니면서 승조원들에게 그들의 장비와 임무에 대해서 여러 가지 질문을 던지곤 했다. 과거에, 그런 질문에 대해 승조원들이 보인 반응은 미심쩍다는 태도였다. 그 이유는 주로 내가 호기심을 보이는 것이 아니라 꼭 '심문'하는 것 같은 느낌을 주었기 때문이다. 예전에는 그들이 장비를 잘 알고 있는지 확인하기 위해 질문을 던졌던 것이다. 하지만 이제는 내가 장비를 제대로 알고 있는지 확인하기 위해 질문을 했다.

내가 잠수함의 기술적인 세부지식에 어둡다는 사실이 역설적으로 재미있는 부수적 효과를 불러왔다. 장비의 구체적인 사항에 관여할 수 없었기 때문에 승조원들에게 그리고 그들의 상호작용에 집중하고, 평소보다 더 그들에게 의존하게 되었던 것이다. 잠수함을 실사하고 기록을 검토할 예정이었지만, 그것은 오로지 승조원들을 이해하기 위한 하나의 방편일 뿐이었다. 올림피아함에 대한 기록 검토는 혼자 했었지만, 산타페함에서는 모든 일을 장교나 반장, 승조원과 함께 하리라고 마음먹었다.

반장과 장교가 있는 곳을 찾아가 그들과 면담하기 시작했다. 먼저 그들이 자신의 부하들에 관해 이야기하도록 한 다음, 다음과 같이 다소 느슨한 형태의 질문을 던져보았다.

- 내가 바꾸지 않기를 바라는 것은 무엇인가?
- 내가 바꾸어주었으면 하고 내심 바라고 있는 것은 무엇인가?
- 소중히 지켜야 할, 산타페함의 좋은 점이 있다면 무엇인가?
- 귀관이 내 입장이라면 가장 먼저 하고 싶은 일이 무엇인가?
- 산타페함이 개선되지 못하는 이유는 무엇인가?
- 산타페함에서 이루고 싶은 개인적인 목표는 무엇인가?
- 귀관이 하는 일에 방해가 되는 것은 무엇인가?
- 산타페함을 실전배치 상태로 만드는 데 있어 가장 큰 과제는 무엇인가?
- 산타페함의 현재 운영방식에 대해 가장 크게 좌절감을 느끼는 점은 무엇인가?
- 내가 귀관에게 해줄 수 있는 최고의 일은 무엇인가?

그 뒤에 그들의 대답에 대해 검토해보았다. 그중 상당수가 산타페함의 업무방식에 관한 문제였다.

- 관리업무가 블랙홀에 빠져 사라져버린다.
- 당직 장교들이 유지관리 업무를 질질 끈다.
- 하급 장교들이야말로 기준 미달 사태의 주범이다.
- 나는 정찰대에 근무할 자격을 갖추고 이미 여러 배에서 일했는데, 이제 와서 백지 상태에서 시작하라고 한다.
- 자격시험을 보느라 기다리는 데만 4주가 걸렸다.
- 부인들 모임을 열어도 참석하는 사람이 없다.
- 최근에 무선통신기를 설치하고 개선작업도 마쳤지만 예전보다 성능이 떨어진다.
- 이곳에 왔을 때 어떤 일을 맡겨준다는 약속을 받았지만, 전혀 이루어지지 않았다.
- 그저 고개를 바짝 숙이고 나만 아무 탈 없기를 바랄 뿐이다. 나쁜 일이 생기면 다음번에는 다른 사람이 일을 망치기를 속으로 바란다.

위와 같은 내용은 무기통제담당 데이비드 스틸 중사와 나눈 대화에서도 여실히 드러났다. 그는 솔직히 인정했다. "네. 전보 신청을 했습니다." 스틸 반장은 산타페함에 승선한 지 2년이 되었지만 그동안 즐겁게 일한 적이 별로 없었다. 함장의 총애를 받은 것도 아니고 업무고과에서도 높은 평점을 받지 못했다. 그는 고등학교를 중퇴한 뒤 열

여덟 살 되던 해에 해군 모병관을 찾아갔다. 적성검사에서 잠수함에 승선할 수 있는 결과가 나왔기 때문에 모병관의 설득으로 고졸학력 인증을 취득하고 입대를 했다. 현재 스틸 중사가 맡은 임무는 무기통제체계FCS, Fire control system를 맡아 운영하는 일이다. FCS는 산타페함에서 발사하는 모든 미사일과 어뢰를 향해 목표물 안내신호를 발신한다.

"저는 아직 제 평가서에 서명도 하지 않았습니다." 그가 말했다. 나는 그것이 얼마나 큰 손해가 되는지 말해주고 싶은 충동을 간신히 참았다. 지금이 벌써 12월인데, 업무고과는 9월 15일이 마감이었다. 진급심사위원회가 소집되었을 때 그의 서류는 미결 상태였다는 말이므로 그가 진급할 가능성은 사라진 것이다. 반장의 고과가 이 정도라면 하급 사병들은 과연 어떤 지경인지 안 봐도 알 것 같았다.

"어쨌든 함장님이 승조원들을 평가하는 방식이 맘에 안 듭니다." 스틸 반장이 웅얼거렸다. 있는 대로 거침없이 말하는 그의 스타일이 거슬리는 사람도 있겠지만, 나는 그를 존중했다. 그는 산타페함의 전투력에서 핵심적인 역할을 맡은 인물이었고, 그가 가진 미사일수직발사체계VLS, vertical launch missile system에 관한 지식 역시 나에게 매우 중요한 것이었다.

"반장. 자네에게 EP[11]를 보장한다는 약속은 할 수 없네. 하지만 이

---

11. EP란 조기진급(early promote)이라는 뜻으로, 최고 평점을 받아야 가능하다.

잠수함의 임무에 자네가 기여한 몫에 합당하게 고과평점을 하겠다는 것만큼은 약속할 수 있네. 이상일세."

한번은 원자로 소대의 한 반장이 이렇게 말했다. "제가 여기 온 이후로 아직 아무도 제 장비현황목록ESL, equipment status log을 살펴본 적이 없습니다." ESL은 해당 소대가 관리하는 장비의 모든 부분에서 일어난 문제점을 샅샅이 기록해둔 방대한 데이터베이스로, 유지보수 및 운영계획 수립에 근간이 되는 자료다.

내가 잠수함에 탑재된 모든 장비의 세부사항에 대한 지식을 가진 전문가가 아니라는 점 때문에 마음이 불편했다. 이러한 사실로 인해 잠수함 운영과 관련한 세부적인 사항들을 알려주는 승조원들에 의존해야 했다. 그리고 이것은 내가 해군에서 쌓아온 리더십이나 과학적 훈련과는 전혀 맞지 않았다. 그러나 현 상황에는 어쩔 수 없이 새로운 운영방식을 적용할 수밖에 없었다. 남들과 똑같이 하면서 다른 결과를 바라는 것은 이치에 맞지 않는 일이었다.

장비에 대해 몰라도 된다는 말은 결코 아니다. 그러나 나로서는 그들이 없으면 안 되는 상황이었으므로 승조원들에게 진지한 호기심을 보이고 그들에게 의지하는 것은 반드시 거쳐야 하는 과정이었다. 시간이 지나 항해를 계속할수록 산타페함의 모든 분야에 대한 전문가가 되어갔지만, 긍정적인 행동습관이 자리를 잡으면서 나는 계속해서 승조원들과 똑같은 관계를 이어나갈 수 있었다. 여러분 중에도 조직을 구석구석 방문하며 사람들과 대화를 나누려는 분이 있다면 최대한 호기심을 발휘하라는 조언을 드리고 싶다. 만찬 자리에서 대화를 잘 이끌어가는 사람들처럼 하나의 질문을 또 다른 질문으로 자연스럽게 이어갈 줄 알아야 한다. 심문이나 비판적 질문은 충분한 신뢰가 다져진 이후에 할 수 있는 것이다.

체크리스트

질문을 하는 이유가 당신이 알고 싶어서인가, 그들이 알고 있는지 확인하기 위해서인가?

- 리더는 조직 내에서 가장 똑똑한 사람이 되어야 하는가?
- 기술적 전문성은 리더십의 기초를 닦는 데 얼마나 중요한 요소인가?
- 기술적 전문성은 개인의 역량인가, 조직의 역량인가?
- 내가 맡고 있는 조직의 현장에서 어떤 일이 일어나는지 아는 방법은 무엇인가?

5장. 변화를 위해 행동할 의지가 있는가

조직의 구석구석을 돌아다니며 사람들로부터 상명하복 관리체계
의 좋은 점과 나쁜 점 그리고 추악한 점까지 모두 들어본 적이 있는
가? 내가 산타페함의 함장이 되기 위해 준비한 첫 단계는 바로 돌아
다니며 경청하는 일이었다.

함장 취임 24일 전

1998년 12월 16일 : 하와이 진주만, 산타페함 승선 후

정해진 절차에 따르자면 이후 2주 동안 잠수함의 모든 세부사항을
검토해야 했다. 거기에는 연수 경력, 학력 사항, 행정 기록, 상훈 기
록, 진급 기록, 원자로의 운영과 유지보수에 관한 기록, 무기 체계, 어
뢰와 미사일, 일정 계획, 훈련 상황, 비밀 자료 등이 모두 포함된다.
나는 이것을 모두 건너뛰었다. 대신 함선 내부를 돌아다니며 사람들
과 대화를 나누는 데 시간을 썼다. 그러면서 반장이나 장교를 대동하
고 그들이 관할하는 분야를 살펴보는 일을 정례화했다. 일을 제대로

하기 위해 손전등을 하나 가져다달라고 했다. 테스트하려던 것은 아니었는데, 손전등이 모두 엉망이었다. 깨진 것, 배터리가 나간 것, 전구가 흐리멍덩한 것들뿐이었다. 케니 전대장이 한 말의 뜻이 바로 이거였구나 하는 생각이 바로 들었다. 나는 건전지 네 개가 들어가는 맥라이트 손전등을 마련했다. 태양처럼 밝은 빛을 내는 아주 좋은 물건이었다. 내가 어디를 가든 그걸 들고 다니자 얼마 안 가 다들 제대로 된 손전등을 소지하기 시작했다.

사관실에 모여 유지보수 관련 사안들을 논의하는 정기 소대장 회의에 참석했다. 사관실은 10인용 테이블이 놓여 있어 주로 장교들이 식당으로 쓰는 작은 방이었다. 또한 영화를 보는 곳이기도 했고, 훈련이나 작전계획을 짤 때 회의실로 쓸 뿐 아니라 필요할 때면 수술실로 활용하기도 했다.

네 명의 소대장들을 죽 둘러봤다. 이들이 바로 나와 함께 전쟁을 치르고, 승조원 135명의 목숨을 책임지며, 어쩌면 같이 죽을지도 모르는 핵심 인물들이었다. 그런데 첫인상부터 별로 좋지 않았다. 다들 어디서 어슬렁거리다가 지각을 했다. 그들이 다 모일 때까지도 함장은 보이지 않았고, 그들은 모두 모이고 나서야 함장을 모시러 갔다. 일단 회의가 시작부터 늦어졌다. 별일 아니라고 생각할 수도 있겠지만, 핵잠수함에서는 지각 같은 사소한 일이 차곡차곡 쌓이다 보면 결국 문제가 발생한다. 이 회의만 봐도 벌써 제대로 시작도 못하고 있지 않는가.

회의가 시작되었다. 무기운용 장교 데이브 애덤스 대위가 선수부

수직발사체계의 문제점을 설명했다. 오링이니 밀폐장치니 재시험이니 등을 놓고 긴 토론이 이어졌다. 이 미사일체계는 올림피아함에 설치된 것과 달라서 연수 때 별로 신경 쓰지 않았기 때문에 기술적 세부 사항에 주의를 기울여야 했다. 그러나 나는 오히려 회의실에 모인 사람들에게 더 집중했다. 애덤스 대위의 태도는 솔직했지만 자신이 답해야 할 모든 질문에 쩔쩔매며 버거워하는 모습이었다. 다른 소대장들과 반장들은 지루하다는 표정을 짓고 있었다.

회의가 끝나고 애덤스 대위를 따라 그의 방으로 갔다.

"자네 뭔가 불만이 있는 것 같군."

그는 이렇게 말했다. "함장님, 저에게는 이 소대의 운영방법에 관한 비전이 있습니다." 나는 그가 원하는 변화의 내용에 대해 들으면서 점점 열정이 솟아올랐고 깊은 감명을 받았다. 그가 자신의 소대에 대한 개선 방안을 설명하면, 나는 그것을 실제로 어떻게 적용해왔는지 물어보는 식으로 대화를 이어갔다. 그런데 매번 대답은 똑같았다. 고위급 지휘관들이 이렇다 할 지원을 해주지 않아 결국 아무런 성과도 없었다는 것이었다. 그와 협력해야 할 반장들 역시 스스로의 아이디어를 실천하려는 의지가 없기는 마찬가지라고 했다. 안타깝게도 그는 함 내에서 무시당하고 있었다. 그는 장교들과 함께 토마호크 미사일 공격 훈련을 진행하기를 여러 차례 건의했으나, 계획이 아예 잡히지 않거나 번번이 취소되곤 했다. 이 훈련은 우리가 1월에 시범적으로 하게 되어 있는 일이기도 했다.

애덤스 대위가 설명한 이 상황의 본질은 '리더-팔로워' 모델이 안고 있는 문제점이었다. 비록 그가 그런 단어를 직접 사용하지는 않았지만 말이다. 그는 통찰력과 열정을 겸비한 인재였으므로, '리더-리더'의 개념을 받아들여 꾸준히 실천한다면 앞으로 산타페함의 훌륭한 역군이 될 사람이었다.

나는 애덤스 대위가 굉장히 똑똑하고 의지가 넘치며 능력이 있는 장교라는 사실을 알게 되었다. 그는 어느 직업군인의 작은아들이었다. 깐깐한 성품의 부친으로부터 보기 드문 투지를 이어받았다. 부하들을 존중할 줄 알았지만 동시에 그들에게 높은 수준의 업무성과를 요구하기도 했다. 내 머릿속에 들어 있던 계획을 생각하면 잘된 일이었다. 가능한 한 애덤스 대위를 비롯한 소대장들의 기술적 전문성에 기대야 했기 때문이다.

좌절에 빠져 있는 사람은 애덤스 대위뿐만이 아니었다. 항해사이자 선임소대장인 빌 그린 소령은 잠수함에서 빼달라고 전근 신청을 내기도 했다. 하급 장교 두 명은 아예 전역을 신청해놓고 있었다.

산타페함의 상황이 악화일로를 달리자, 승조원들은 너나없이 소극적인 자세를 취했다. 그들의 최우선 관심사는 실수를 면하는 것이었다. 오로지 최소요건을 충족하는 데만 집중하고 그 외에는 아무런 관심이 없었다.

한번은 함 내를 순회하다가 유독 씁쓸한 표정을 짓고 있는 하급 사병을 발견했다. 이유가 궁금해서 말을 걸었더니, 휴가신청을 했는데 아직 답이 없어 크리스마스에 고향에 갈 수 있을지 모르겠다고 대답했다. 휴가신청서를 이미 일주일 전에 제출했는데, 아무 답도 듣지 못한 상태에서 휴가기간이 코앞에 닥쳐왔던 것이다. 휴가를 갈 수 있을지 여부를 모르니 비행기 표도 아직 못 샀고, 이제는 표가 남아 있다 해도 값이 엄청나게 뛰었을 게 뻔했다.

잠수함조직 및 규정매뉴얼SSORM, Standard Submarine Organization and Regulation Manual에 따르면 모든 사병들의 휴가신청을 승인할 책임과 권한은 부함장, 즉 선임참모COB, chief of the boat에게 있다. 그리고 장교들의 휴가신청은 함장이 승인한다. 지휘계통에 따라 사병이 낸 휴가신청서는 직속상관인 하사를 지나 분대장, 소대반장, 선임참모, 분대 장교, 소대장을 거쳐 마침내 부함장에게 전달된다. 무려 일곱 명이다. 신청서의 서명란이 다섯 줄밖에 없어서 모두 서명하려면 자를 대고 두 군데를 절반으로 나눠야 한다.

이 사병에게 우리가 못할 짓을 한 셈이다. 즉각 그 휴가신청서의 행방을 추적해서 처리하도록 지시했다. 신청서는 누군가의 서류함에 처박혀 있었다. 그러나 이번 일의 문제는 사람이 아니라 시스템에 있었다.

일단 사람들과 어느 정도 친해지자 함 내에서 이루어지는 일상 업무를 지켜보는 데 시간을 투자했다. 어느 날 아침 기관사인 릭 판리리오 소령과 이야기를 나누고 있는데, 무전병이 통신판을 들고 나타났다. 그 시절에는 해군이 함정에 보내는 모든 메시지를 매일 모아(약 서른에서 마흔 통 가까이 되었다) 출력한 다음, 회람용 스탬프를 찍어서 클립보드에 철한 후 돌려 보았다. 스탬프에는 메시지를 읽고 나서 표시할 수 있도록 사람들의 이름 첫 글자가 새겨져 있었다. 메시지 중에는 포괄적이고 행정적인 내용도 있었다. 이를테면 항로나 서류요건 변경 또는 매뉴얼 수정을 고지하는 내용들이었다. 유지보수 절차 변경 사항을 알려달라거나 특정 회사 제품을 사용한 특정 밸브에 관한 데이터를 제공해달라는 등의 구체적인 요청이 포함되는 경우도 있었다. 또 운영상의 내용이 전달되기도 했다. 함정의 일정 안내나 해저항로 지정, 함정에 대한 기동명령 등이 그런 예에 속했다.

메시지를 훑어본 판리리오 소령은 한눈에도 화가 난 표정이 역력했다. 절차상 메시지는 가장 먼저 함장에게 보고된 후, 부함장에게 전달되고, 그다음에 지휘계통을 따라 아래로 내려간다. 그래야 함정의 일정이 변경될 경우 함장이 제일 먼저 알 수 있다. 해군은 그런 식으로 정보를 관리한다.

그 통신판은 이미 함장과 부함장을 거쳐서 온 것이었다. 메시지 중에는 함장이나 부함장이 추가해놓은 대목도 많이 보였다. '이 메시지 내용을 대장 변경에 반영할 것' 또는 '이 내용에 관해 금요일까지 보고서를 제출할 것' 등이었다. 판리리오 소령의 표정이 우울했다. "보십시오. 이 메시지는 시급히 서류대장부터 변경하라는 내용입니다. 변경사항이 있으면 반영해야 한다는 건 당연히 우리도 알고 있어요. 그런데 할 일이 있다는 사실도 모르는 상황에서 그 일을 하라는 명령을 받은 셈이지 않습니까."

"함장이나 부함장이 그런 내용을 왜 써놓았다고 생각하나?"

"제가 틀릴 수도 있겠지만, 뭔가 제대로 되지 않았는데(전달되어야 할 기록이 누락되었거나 일정이 변경되었는데 미처 모르고 넘어간 경우 등) 감사 팀이 기록을 들여다본다고 해보십시오. 그러면 함장은 자기는 분명히 말했다고 하면서 담당자를 질책할 수 있겠죠. 자신이 일일이 개입했다는 증거를 온 사방에 뿌려놓고 자기 평가를 관리하는 거예요. 하지만 제 입장에선 이런 건 아무런 도움도 안 됩니다. 또 제가 할 일은 제가 가장 잘 아는데 그걸 굳이 하라고 명령할 뿐 아니라, 언제 어떻게 해야 하는지 일일이 간섭할 때도 많습니다. 그러면 저에게는 아무런 의사 결정 권한도 없는 것 아닙니까?"

산타페함은 다른 잠수함과 마찬가지로 일주일에 한두 번씩 부두에 전원이 집결하는 경우가 있었다. 조례집회의 일환으로, 반장과 장교가 맨 앞에 서고 그 뒤로 전 승조원이 사각대형으로 도열했다. 함장과 부함장, 선임참모가 중앙에 서서 공지사항을 발표했다. 내가 말하는 그날 아침에는 시상식이 열렸다. 자랑스러운 업적을 거둔 승조원들을 제대로 인정해주는 모습은 언제 봐도 멋진 광경이었다. 그날은 이 잠수함에서 떠나는 사람들을 위한 이임식과 이미 그전까지 수행해온 일들에 관한 시상이 진행되었다. 그런데 부인들은 아무도 초대받지 않았고, 사진병도 전혀 보이지 않았다. 이런 가슴 뿌듯한 업적을 더 많은 사람들에게 알릴 기회를 놓치는 셈이었다. 마지막에 상장과 메달을 받은 사람들이 한자리에 모이는 순서가 있었다. 새로 합류한 승조원을 환영하고 떠나는 사람들에게 작별인사를 고하는 자리였다. 그런데 함장은 그 자리에 모인 사람들의 구체적인 이력과 행선지에 대해 잘 모르는 것 같았다.

식이 진행되는 동안 나는 주변을 이리저리 돌아다녔다. 승조원 대다수가 자리한 뒷자리에 서 있자니 함장이 하는 말을 거의 알아들을 수 없었다. 승조원 한 명에게 잘 들리는지 물어봤다. 그 역시 무슨 말인지 안 들린다며, 그래도 상관없다고 했다. 중요한 내용이 있으면 식이 끝나고 분대별 모임에서 반장들이 따로 말해주기 때문이었다. '리더-팔로워' 체계에서는 어차피 내가 할 일을 누군가가 알려준다.

오로지 문제를 피해야 한다는 분위기가 사람들을 짓누르고 있었다. 음주운전 소환장이나 방종 사건, 체력적 결함, 안전장치 표지 실수, 재작업 등을 피해야 하며 원자로에도 결코 문제가 있어서는 안 되었다.

그러나 이 모든 좌절감 속에서도 일을 멋지게 해내려는 뜨거운 열정의 불씨가 숨어 있었다.

올림피아함 승조원들이 스스로에 대해 생각하는 것만큼 완벽하지 않은 것처럼, 산타페함 승조원들 역시 자신의 생각처럼 그렇게 형편없지는 않다는 사실을 뚜렷이 알 수 있었다. 더 나아지려는 갈망이 있었고 변화에 대한 의지도 존재했다.

며칠 동안 나는 승조원들이 느끼는 고통과 좌절을 직접 몸으로 겪었다. 아침에 출근해서 오늘은 또 어떻게 승조원들의 시간이 허비되고 그들의 재능이 묻힐까 생각하면 속이 다 뒤집힐 것 같았다. 그렇지만 동시에 그들이 겪는 아픔과 절망이 나에게 엄청난 행동의지를 불러일으켰다. 기존의 일하는 방식을 바꿔야겠다는 생각은 분명히 있으므로 그것을 이용하기만 하면 된다. 이 상황을 완전히 뒤집어엎겠다고, 반드시 그렇게 하고야 말겠다고 굳게 결심했다. 윌로저스함에서 실패했던 방식을 이번만큼은 꼭 성공시켜야 했다.

케니 전대장을 다시 찾아가 이번 일을 꼭 성공시키겠노라고 말했다. 제 시간 내에 실전배치 준비를 마치겠다고 말이다.

체크리스트

- 여러분의 조직에는 행동의지가 있는가?
- 변화의 의지가 있는가, 아니면 현재 수준의 성과에 만족하고 있는가?
- 환경이 너무 편하지는 않은가?
- 현실에 안주하려는 분위기인가?
- 사람들이 방어적인 태도를 보이는가, 성과를 개선하려는 투지를 보이는가? 여러분 조직의 리더십은 통제권을 틀어쥐려는 쪽인가, 권한을 이양하는 쪽인가?

6장. '시키는 대로' 하는
'리더-팔로워'의 문제점

직장에서 윗사람들이 이끄는 대로 그저 따르기만 하면 된다는 생각을 공고히 하는 일이 일상적으로 일어나는가? 산타페함에서는 깜짝 놀랄 정도로 이런 생각이 만연해 있었다.

함장 취임 14일 전

1998년 12월 26일 : 하와이 진주만, 산타페함 승선 후

크리스마스 휴가를 맞아 조용한 어느 날이었다. 갑판 위에는 망루대만 남아 있었고 그나마 유지보수 업무도 전혀 없었다. 승조원들은 일지를 작성하거나 식수 공급, 정화조 비우기 같은 일상 업무를 처리하고 있었다.

나는 손전등을 들고 배 안을 돌아다니다가 기관실까지 갔다. 가는 길에 기동실을 지나쳤다. 원자로와 추진 설비를 조종하는 곳이었다. 이곳에서는 언제나 까다로운 절차를 지켜야 했다. 이곳에 들어가려면 누구나 입장승인을 얻어야 한다. 계급이 아무리 높아도 예외는 인정

되지 않는다. 장성이라 해도 마찬가지다. 기동실에서 절차를 무시하는 행위는 함정의 안전에 치명적인 해가 되므로 다들 엄청난 금기로 간주했다.

PCO 연수를 받을 때, 텁수룩한 몰골의 승조원들이 찍힌 사진을 본 기억이 났다. 그들의 모습은 편안한 정도를 넘어 거의 부랑자 수준이었다. 더 나쁜 일은, 이 사진이 인터넷상에 떠돌다 못해 원자로의 다이얼과 측정계기반 뒤에 걸리기까지 했다는 사실이다. PCO 연수 과정에서 이 사진을 보여준 것은 표준절차를 제대로 지키지 않으면 상황이 어디까지 악화될 수 있는지 알려주기 위해서였다. 즉 경고의 취지였던 것이다. 그리고 사진의 주인공들은 두말할 것 없이 산타페함의 승조원들이었다.

나는 사진에 나오는 정찰병들의 얼굴을 기억하고 있었다. 그들은 과연 자신이 얼마나 유명한지 알고나 있을까? 기관실 앞에서 보초를 서던 하사 한 명과 이야기를 나누었다. 하사는 반장보다 한 계급 아래다. 그들은 해군의 주력부대로, 보초업무에서 유지보수 작업, 하급 사병 훈련에 이르는 엄청난 업무량을 감당하고 있었다. 다들 그들을 장차 리더가 될 재목이라고 여기고 있었다.

"여기서 하는 일이 뭔가?"

질문을 이렇게 넓게 던져보면 승조원들이 자신의 일에 대해 어떻게 생각하는지 잘 알 수 있다.

"위에서 시키는 것은 뭐든지 다 합니다."

망설임 없는 대답이 돌아왔다. 누가 들어도 비꼬는 투였다. 팔로워

라는 자신의 신분을 잘 알고 있고 그것을 좋아하지 않지만, 자신에게
는 아무런 책임이 없다는 말이기도 했다. 윗사람들이 모두 틀려먹었
다고 나의 면전에 대고 쏘아붙인 것이나 다름없었다. 얼굴이 화끈거
릴 정도로 모욕적인 언사였지만, 문제의 핵심을 찌른 것이 사실이었
다. 나는 격분해야 마땅했지만, 이상하게도 그 상황이 남의 일처럼 느
껴졌다. 마치 객관적인 과학자의 눈으로 지켜보는 기분이었다.

"위에서 시키는 대로 합니다." 이것이 바로 산타페함에 만연한 정
서였다. 그때부터 이 모든 상황이 새로운 각도로 보이기 시작했다.

위에서 시키는 대로 합니다!

하루 일과가 거의 끝나가던 어느 오후, 나는 부함장과 함께 그의
사무실에 앉아 있었다. 항해사 빌 그린 소령이 들어오더니 부함장에
게 더 시킬 일이 있느냐고 물었다. 부함장은 질문이 갑작스러웠는지
아무것도 없다고 대답했고, 그린 소령은 곧바로 퇴근했다. 그린 소령
역시 이 배의 여느 사람들처럼 위에서 시키는 것은 뭐든지 하는 사람
이었다.

이것은 나에게 좋은 구경거리였다. 점검절차가 정상적으로 수행되
고 있느냐고 부함장에게 물어봤다. 그는 소대장들이 일을 똑바로 했
는지 보기 위해 그들과 함께 점검에 나서는 일이 많으며, 중요한 일이
마무리되지 않으면 퇴근도 안 시킨다고 자랑스레 말했다. 물론 그는
그들이 말을 듣지 않을 때도 있다는 사실도 인정했다.

나중에 모든 장교와 함께 일과종례 점검절차를 자세히 들여다보았

다. 내가 느낀 문제점은 각 소대장들의 업무에 대한 최종 책임자가 소대장 자신이 아니라 부함장이라는 것이었다. 따라서 업무에 대한 책임감 역시 소대장들이 아니라 부함장의 몫이었다. 나는 점검하는 것은 좋지만 일하는 방식을, 예컨대 다음처럼 바꿔야 한다고 말했다. "부함장님, 이만 퇴근하겠습니다. 다음 주 항해에 필요한 해도 작성은 잘 진행되고 있으며 내일 함장님께 개요를 보여드리겠습니다. 스미스 부사관 자격면담 건은 오늘은 못했고, 내일까지 하겠습니다." 소대장 스스로가 자신의 업무에 최종 책임을 지겠다는 태도다. 이것이 바로 조직의 모든 단계에서 발휘되는 리더십이다.

소대장들은 이 방식에 문제점이 숨어 있다고 했다. "업무의 책임이 과연 누구에게 있는 겁니까?" "의사결정 권한을 우리에게 넘기시면 함장님의 평판과 경력이 우리가 잘하고 못하고에 좌우되는데, 그거야말로 위험천만한 일 아닙니까?" "이런 개념을 실행에 옮기기가 그렇게 어려운 이유도 바로 그 때문이지 않습니까?"

그들의 말에 일리가 있었다. 나는 심사숙고했다. 그들의 의사결정이 미칠 위험을 나는 기꺼이 떠안을 수 있는가? 잠수함, 그것도 전함 내에서 처리하는 업무는 누군가의 경력이기 전에 수많은 사람의 목숨이 왔다 갔다 하는 일이다. 결국 산타페함의 운영성과에 대한 책임은 나에게 있지만, 소대장들에게 실질적인 결정권을 부여하기로 했다. 물론 불안감이 없지 않았지만, 상황이 워낙 어렵다 보니 달리 선택의 여지가 없었다. 산타페함의 모든 상황은 바닥을 치고 있었다. 더 나빠질 일이 뭐가 있겠는가?

'위에서 시키는 대로 합니다' 식의 태도는 '리더-팔로워'라는 기본 구조 자체에 문제가 있다는 잠수함의 현실을 보여주었다. 함장과 소대장을 제외한 그 아래 모든 사람들은 머리를 쓸 필요가 전혀 없었다. 그 결과가 무엇인가? 배 안에 135명이 있지만 관찰과 분석, 문제 해결에 힘을 기울이는 사람은 고작 다섯 명에 불과하다. 고향에서 겪었던 한 장면이 뇌리에 떠올랐다. 내 고향은 매사추세츠Massachusetts주 로웰Lowell 인근의 콩코드Concord라는 마을이다. 그곳에는 예전에 방직공장으로 쓰던 건물들이 많았는데, 우리 승조원들이 머리를 쓰는 방식이 딱 이런 모습이었다. 쓰지 않고 놀리는 모습 말이다.

또 하나 거슬리는 대목이 있었다. '위에서 시키는 대로 다 한다'고? 거기서 위가 도대체 누구란 말인가? 당연히 나도 포함되겠지.

'리더-팔로워'라는 리더십 틀이 일하는 방식에 어떤 영향을 미치고 있는지 파악하고 나자, 그 구체적 사례가 사방에 널려 있는 것이 눈에 띄었다. 작전 수행, 종례 점검, 회의 진행, 통신 회람, 부두 조례 등 모든 상황에서 말이다.

우리는 모든 면에서 리더십이란 그저 윗사람들의 일이고, 나머지 승조원들은 그저 따르기만 하면 된다는 생각을 강화하고 있었다. 산타페함의 문제는 리더십이 실종된 것이 아니라, '리더-팔로워'라는 잘못된 리더십이 너무 많이 횡행하고 있다는 것이었다.

조례에서 드러난 승조원들의 소극적 자세나 주도권 결여, 회의에 지각하는 사람으로 인해 낭비되는 시간, 소대장 회의에서 함장이 없으면 아무것도 못하는 소대장 등은 '리더-팔로워' 구조가 불러온 또 다른 폐해의 사례들이었다.

모두 바꿔야만 했다.

체크리스트

- 시키는 대로 한다는 말이 왜 사람들에게 호소력을 발휘하는가?
- 사람들은 정말 윗사람이 시키는 대로 하기를 원할까?
- 우리 회사 직원들의 모습이 인터넷에 떠돈다면 사람들 눈에 어떻게 비칠까?
- 우리 회사의 일하는 방식이 '리더–팔로워' 모델을 강화하고 있지는 않는가?
- 이 장에서 설명한 방식의 점검 체계를 우리 회사에 도입한다면 중간 관리자들이 어떻게 반응할까?

7장. 실수가 아닌 성과에 집중하라

여러분의 조직이 뛰어난 성과를 올리기보다 실수를 피하는 데 더 힘을 기울이지는 않는가? 우리가 그랬다.

실전배치 172일 전

1999년 1월 8일 : 하와이 진주만, 잠수함 기지

진주만 잠수함 기지에 말끔하게 단장한 산타페함이 위풍당당한 자태를 드러냈다. 1월의 날씨는 눈부셨다. 햇볕도 화창했고 기온은 섭씨 24도에 무역풍이 가볍게 불고 있었다. 갑판 위에 임시로 마련된 무대에는 연단과 네 개의 의자가 마련되어 있었다. 나는 두 번째 의자에 앉아 승조원들과 그 가족 그리고 진주만의 잠수함 관련 종사자들이 천막 아래에 앉아 있는 부두 쪽을 바라보고 있었다. 불과 몇 분 뒤부터 나는 핵추진 군함 한 척의 지휘관이 되어 국민 세금 20억 달러와 135명의 승조원들을 책임지게 된다. 이 전함을 맡아 적과 싸우고 무사히 귀환할 채비를 갖추는 것이 앞으로 내가 맡을 책임이다. 아주 버

거운 임무였다. 생각보다 훨씬 일찍 찾아온 일이었고, 아무리 생각해
도 난 아직 준비가 안 된 것 같았다.

미 해군 규정에는 지휘관, 즉 함장의 권위와 책임이 다음과 같이
명시되어 있다.

> 함장은 자신의 지휘에 대해 절대적인 책임을 진다. 자신의 재량에 따
> 라, 법률이나 규정에 위배되지 않는 한 업무의 세부사항을 부하에게
> 위임할 수 있다. 그러한 경우에도 지휘권에 따른 안전과 복지, 효율의
> 책임은 일체 면제되지 않는다.
>
> 규정 제0802항[12]

위임은 강제규정이 아니라 예외사항에 속한다. 지휘관의 절대책임
조항은 미 해군이 영국 해군을 모범으로 삼아 창설된 이래 고수해온
기본 철학이다. 만약 바로 그 시각에 배가 가라앉는다 해도 그것은 내
책임이 아니었다. 그러나 그런 일이 한 시간 후에 벌어진다면 그 책임
은 100퍼센트 나에게 돌아오는 것이다. 책임의 소재가 뚜렷하게 구분
되는 시점이 있다는 사실은 여러 가지 면에서 매력적이기도 하지만,
동시에 단점도 있다. 그 시점을 기준으로 어떤 일이 일어나도 전임 지
휘관은 전혀 책임을 지지 않는다. 따라서 이미 지적한 바도 있지만,
모든 함장들은 오직 재임 기간 중의 성과를 극대화하는 데만 몰두한

---

12. 미 해군 규정 8장, 개정안 1호, 워싱턴 D. C. 미국 해군성, 1990년

다. 임기가 끝난 후에 대해서는 단 1초도 관심을 기울이지 않는 것이다. 맡은 기간 외의 시간에 우수한 성과를 창출하도록 하는 노력에는 어떠한 보상이나 유인도 없기 때문이다. 이런 체계가 해군 전체에 걸쳐 지휘관들이 내리는 수천 건의 의사결정에 어떤 영향을 미칠지 상상해보라.

예컨대 적과의 교전 상황을 상정한 해군 규정 제0851항을 보면, 함장은 다음과 같이 행동해야 한다.

교전이나 작전에 돌입하기 전에는 가능한 한 지휘관들에게 교전 및 작전계획 또는 그에 준하는 가치 있는 정보를 전달하여 그들 중 누구라도 지휘권을 승계할 수 있게 해야 한다.

언뜻 생각하면 전투를 개시하기 전에 지휘관이 가능한 한 부하들에게 전투 계획을 알려줘야 한다고 규정해놓은 것이 놀라울 수도 있다. 승조원들이 사전에 전투 계획도 모르고 제대로 이해하지도 못한 채 싸운다면 패배는 거의 확실하니까 말이다.

그러나 사실 이 규정은 상명하복식의 냉담한 '리더-팔로워' 체계를 설명하는 구절이다. 해군 장교들이 모두 이런 내용을 배우고 있는 것이다. '리더-팔로워'라는 개념을 생각할 때 우리 머리에 떠오르는 이미지는, 확고한 결의를 지닌 지휘관이 부하들을 이끌고 용감하게 전투에 나서는 모습이다. 우리는 이것이 훌륭한 리더십이라고 생각한다.

연단에 앉아 지금부터 책임져야 할 일들에 관해 생각하면서, 산타페함에서 직접 조사한 내용을 다시 떠올렸다.

첫째, 승조원들은 변화를 원했다. 비록 구체적인 방법은 몰랐지만 말이다. 그들에게 내가 바꾸면 안 되는 일, 즉 특별히 잘되고 있는 일은 뭐냐고 물었지만 대답은 별로 듣지 못했다. 그들은 지난 수년간 좌절과 시간 낭비 그리고 그저 그런 성과를 겪어온 터라 뭔가 다른 시도가 필요하다고 믿고 있었다. 결국 그들이 전부터 해온 것과 다른 방식을 도입해야 하고, 그렇게 해서 그들이 겪어온 고통을 덜어주어야 한다. 변화에 대한 갈망이 없다면 승조원들로서는 리더십에 관한 전혀 새로운 사고방식을 수용하기가 무척 어려울 것이다. 내가 구상하던 변화를 위해서는 행동의지가 반드시 필요했다.

둘째, 우리에게는 위에서부터 내려오는 든든한 지원 세력이 있다. 나의 상관인 마크 케니 전대장과 태평양함대 잠수함군 사령관(COMSUBPAC 또는 CSP) 앨 코네츠니Al Konetzni 해군 소장은 언제든지 나에게 필요한 지원을 해줄 사람들이다. 물론 내가 잘못하면 언제든지 나를 자를 수도 있다. 그들의 관심은 어디까지나 성과에 있기 때문이다. 그들은 이 잠수함의 성과와 전투력이 상승하고 사기가 진작되는 증거가 보이는 한, 우리가 구체적으로 어떤 일을 하는지에 대해서는 관심도 없을 것이다. 그리고 사실 알 필요도 없다. 이것은 좋은 일이었다. 왜냐하면 나부터가 앞으로 이 길을 어떻게 헤쳐갈 것인지 뚜렷이 설명할 자신도 없었고, 내가 설명을 한들 그들이 동의해줄 것 같지도 않았기 때문이다.

셋째, 이 배의 운영에 관한 세부사항은 어차피 승조원들에게 의존할 수밖에 없으므로, 내가 과거의 습관으로 돌아가거나 '리더-팔로위'의 함정에 빠지고 싶어도 그럴 수가 없다. 구체적인 지시를 내리려는 충동을 몇 번이나 경험했으나 그럴 수 없었다. 기술적 지식을 갖추지 못한 나 자신을 자책했지만, 그 덕분에 옛날의 나쁜 습관이 다시 튀어나올 수가 없었던 것이다. 예전에는 승조원들에게 일이 어떻게 돌아가는지 물으면서 그저 호기심을 보이는 척만 했었다. 사실 그 일에 대해 훤히 알고 있었기 때문이다. 그런데 이제는 이 배에 관해 질문하는 이유가 실제로 내가 궁금하기 때문이었다.

마지막으로, 승조원들이 스스로 악순환에 빠져들고 있는 모습이 분명히 보였다. 잘못된 방식으로 일을 하니 실수가 잦았고, 그 실수 때문에 사기가 저하되었으며, 그에 따라 주도적으로 일하기는커녕 꼭 필요한 일만 하려는 보신주의가 횡행하게 되었다. 이 악순환을 끊어내려면 실수를 피하려는 태도에서 뛰어난 성과를 거두려는 태도로 전환시켜, 하루하루를 살아가는 동기를 근본적으로 뒤바꿔놔야만 한다.

행동원리 : 실수를 피할 것이 아니라 탁월한 성과를 내라

핵잠수함에서 근무하는 우리 해군은 실수에 주의를 기울인다. 실수를 추적하고, 자세히 보고하며, 발생 사유를 분석하느라 열을 올린다. 무엇이 잘못되었고 어떻게 개선할 것인지를 놓고 투명하고 솔직하게 토론하는 강력하고 효과적인 문화가 있다. 그 결과, 해군에서는 실수에 근거해서 함정을 평가하게 되었다. 실수를 피하는 일이야말로 리더를 포함한 전 승조원의 주된 관심사가 된 것이다.

그런데 산타페함에서는 그 정도가 지나쳐 승조원들이 실수를 저지를까 무서워 벌벌 떨게 된 것이 문제였다. 실수하지 않는 가장 좋은 방법은 아무 일도 하지 않고, 어떠한 결정도 내리지 않는 것이다. 처음에는 실수를 피하는 데 지휘의 초점을 맞추면, 업무가 어떻게 돌아가는지 이해하고 큰 문제가 발생하기 전에 미리 알아채는 데 도움이 되리라고 생각했다. 하지만 실수 예방이 조직의 목표가 되면 오히려 조직을 약화시킨다는 사실을 깨달았다.

실패는 모든 사람의 운명이다. 실수가 없다고 자부하는 사람도, 잠수함처럼 복잡한 일을 상대할 때면 실수를 피할 수 없다. 빈도와 심각성을 낮출 수는 있겠지만 실수를 완벽하게 없앨 수는 없다. 물론 눈금을 잘못 읽는다거나 일정을 중복해서 잡는 등의 사소한 것이겠지만, 어쨌든 사람들은 늘 실수한다. 그래서 사람들은 늘 자신감이 없다. 이런 맥락에서 성공 역시 부정적 관점으로 정의하게 된다. 즉 실수하지 않고, 꾸지람이나 사건이 없는 상태가 성공인 것이다. 서글프게도 산타페함에서는 이런 농담이 떠돌고 있었다. "잘했어. 네가 받을 상은 벌을 받지 않는 거야."

실수를 방지하는 데 정신이 팔리다 보면 진정한 탁월함에 대한 관심은 사라진다. 실수를 예방하고 그럭저럭 만족할 만한 상태를 유지한 채 임무를 완수하면, 더 이상 뭔가를 열심히 이뤄낼 필요가 없다.

나는 이런 상황을 바꾸기로 결심했다. 실수 감소가 아니라 탁월함이 우리의 목표가 되어야 한다. 이제 이 잠수함은 뛰어난 성과를 거두는 데 초점을 맞출 것이다. 그래서 위대한 일을 성취해낼 것이다.

탁월함을 달성하기 위해 실수를 제대로 이해하려는 노력이 필요할 수는 있다. 즉 실수의 원인과 그것을 없애기 위한 방법을 알아내야 하는 것이다. 그렇다고 해서 승조원들이 그에 하루 종일 매달릴 필요는 없다. 실수가 줄어드는 것은 우리의 본래 목적, 즉 탁월함의 달성 과정에서 따라오는 중요한 부수효과일 뿐이다. 탁월함이란 방수격벽에 써놓은 구호 이상의 것이다. 우리가 살아가고, 먹고, 잠자는 일상의 모든 방식이 되어야 한다.

이런 생각에 깊이 빠져 있다 갑자기 정신을 차리고 보니, 이임하는 함장의 연설이 마무리 단계로 접어들고 있었다. 나는 일어서서 "그동안 수고하셨습니다"라고 인사했다. 그 순간부터 산타페함의 함장이 된 것이다. 케니 전대장을 향해 산타페함 함장으로 교대 복무하게 되었음을 신고했다.

이제 산타페함의 모든 일은 내 책임이 되었다. 나는 다음과 같이 선서했다.

나는 개인의 자유를 믿고 인간의 존엄성을 존중하며, 미합중국에서 우리가 누리는 경제적 번영이 인류 역사와 전 세계에 걸쳐 유일한 일이라고 생각합니다.
나는 이것이 당연한 것이 아니라 우리가 끊임없는 노력으로 유지하고, 필요하다면 싸워 지켜내야 하는 것이라고 믿습니다.

나는 바로 이 부두에서 핵잠수함 탕Tang, 와후Wahoo 그리고 바브Barb 같은 배를 타고 출항한 사람들이 영예롭고 소중한 탐험에 나섰다는 사실을 압니다.

비운의 암초를 만나 영원한 초계 근무를 떠난 분들의 희생이 헛되지 않음을 믿습니다. 우리의 미래는 이 영예롭고 가치 있는 모험을 지속하기로 결심한 사람들의 손에 달려 있습니다. 그러므로 나는 나라 안 밖의 모든 적들로부터 미합중국의 헌법을 수호하겠노라고 다시 한번 서약합니다.

산타페함의 동료 여러분, 여러분과 함께 항해에 나서게 되어 무한한 자부심을 느낍니다.

감사합니다.

나는 자리에 앉았다.

이제 많은 일을 할 준비가 되었다. 172일 안에 실전배치 준비를 완료해야 한다. 부두에 결집한 모든 장교와 반장 그리고 승조원을 바라보았다. 나는 중간관리자들과 함께 일을 시작해야 한다는 점을 잘 알고 있었다. 그중에서도 반장들이 먼저였다.

6개월간 가족을 떠나 잠수함을 타고 바다로 나가는 것은 힘든 일이다. 물론 명예로운 일이지만, 힘든 것은 틀림없다. 이 젊은이들은 적선을 노략해서 부를 거머쥐려는 것이 아니었다. 자기 자신을 위해 임무를 시작한 것도 아니었다. 이런 그들 사이에 두려움이 만연했고, 나는 그 상황을 바꿔놓아야만 했다.

매일 하는 활동에서 어떤 대의를 발견하는 것은 승조원들에게 큰 동기부여가 된다. 사실 그 대의는 원래부터 존재했지만 우리가 오랫동안 잊고 있었을 뿐이다. 체크리스트를 채우고 검열관을 만족시키며 그럴싸한 포장을 하는 데 열중해 기억하지 못하는 것이다. 산타페함에서는 크고 작은 형태의 '문제 회피'라는 목적을 위해 움직이는 승조원들의 모습만 보일 뿐이었다.

나는, 그리고 우리는 이 잠수함의 궁극적인 목적을 모든 사람들에게 보여줘야 했고, 또 그것이 숭고한 목적임을 증명해야 했다. 아울러 우리의 노력이 이 나라를 위해 싸우고 희생한 잠수함군의 오랜 전통을 계승하는 일임을 알게 해주고 싶었다. 우리가 하는 일의 의미와 그 이유를 떠올리는 한, 승조원들은 이 사명을 위해 어떤 일이든 할 수 있을 것이다. 그저 일하면서 망치지만 않으려 애쓰는 태도에 비하면 하늘과 땅의 차이가 아닐까.

실수를 피할 것이 아니라 탁월한 성과를 내라. 이것은 명료성에 관한 행동방침이다. (이와 관련해 사이먼 사이넥Simon Sinek의 『나는 왜 이 일을 하는가? *Start with Why*』를 추천한다.)

체크리스트

- 우리 조직의 사람들은 탁월함을 달성하려 애쓰는가, 그저 실수를 피하려 하는가?

- 뭔가를 시도할 때 발생한 실수 때문에 우리 조직이 복지부동의 태도를 보이고 있지는 않는가?
- 실수를 줄이려는 여러 조치 때문에 과감히 움직이고 위험을 감수하는 활력을 잃어버리지는 않았는가?
- 성공을 치하하는 것보다 실수를 지적하는 데 시간을 더 많이 쓰고 있지는 않는가?
- 업무 현장에서 실수를 회피하려는 증상이 감지되는가?
- 무슨 일을 하느냐는 질문을 받은 직원들이 실수를 줄이는 것이 자신의 일이라는 요지로 대답하지는 않는가?
- 의사결정의 배후에 숨은 기준을 분석했을 때, 부정적 결과의 회피가 긍정적 성과의 달성을 압도하지는 않는가?
- 중간관리자와 일반 직원의 가장 중요한 동기는 무엇인가? (회의실 밖에 써 붙여놓은 표어를 제외하고 대답해보라.)
- 조직이 실수를 최소화하면서도 그 일에만 매달리지 않으려면 어떻게 해야 할까?

TURN THE SHIP AROUND

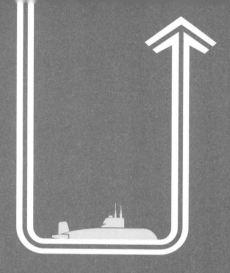

2부

누가 결정하는가 : 통제권

산타페함의 함장이 되었을 때 내 첫 번째 목표는 장교와 승조원들에게 통제권을 넘겨주는 것이었다. 통제권이란 일하는 방식만이 아니라 최종 목표에 관한 의사결정까지 포함하는 개념이었다.

잠수함에는 일정한 지휘계통을 따라 결정권자에게 정보가 전달되는 구조가 단단히 자리 잡혀 있다. 그런데 우리는 이 틀을 깨고 의사결정 권한을 정보가 처음으로 생성되는 제일 아래 단계까지 내리려고 했다. 이를테면 '정보를 권한에 맞추지 말고 권한을 정보에 맞추려는 것'이었다.

2부에서는 '리더-리더' 방식을 도입하기 위해 고안해낸 행동원리들을 소개한다. 이는 크게 세 그룹으로 나뉜다. 즉 통제권, 역량 그리고 명료성이다. 처음에는 통제권을 분산하고 이양하는 데 가장 중점을 두었지만, 이 세 분야에서 모두 노력할 필요가 있었다.

- 통제권의 핵심코드를 찾아내서 수정하라.
- 먼저 행동을 바꾼 다음 생각을 바꿔라.
- 일찍, 짧게 대화하여 일의 효율을 높여라.
- "이렇게 하겠습니다"라고 말하라.
- 리더가 먼저 해결책을 제시하려는 충동을 억제하라.
- 하향식 추적관리 체계를 없애라.
- 생각을 크게 말하라.
- 검열관을 환영하라.

8장. 통제권의 핵심코드를 찾아내서 수정하라

조직의 의사결정권에 변화를 불러오는 가장 좋은 방법은 무엇일까? 일단 결심을 하고 뛰어들면 변화의 도입은 생각보다 훨씬 쉽다는 사실을 알 수 있다.

실전배치 172일 전

1999년 1월 8일: 진주만, 잠수함 기지, 구식 잠망경 시설

그날 오후 나는 지금은 멈춰 선 제2차 세계대전 시절의 잠망경 수리 시설에서 산타페함의 반장들과 마주앉았다. 부두 바로 옆에 위치한 낡고 보잘것없는 2층 건물인 이곳에도 한때 기술자들이 미 해군 잠수함의 잠망경을 수리하고 초점을 맞추느라 늘 분주히 움직이던 시절이 있었다. 제2차 세계대전 당시 활약한 해군 제독 딕 오케인Dick O'kane, 머쉬 모튼Mush Morton, 진 플러키Gene Fluckey 같은 분들이 일본 제국을 상대로 싸울 때 여기 있는 장비들을 썼을 것이다. 현재 잠망경 수리는 이곳에서 100미터도 안 되는 곳에 있는 더

큰 규모의 최신식 시설에서 이루어지고, 이 장소는 비공식 라운지로 활용되고 있다. 이곳은 덥고 불편했다. 우리는 재활용 의자에 앉아 있었다. 천정에 달린 선풍기가 삐거덕거리며 천천히 돌아갔고, 창문은 산들바람이 들어오도록 열려 있었다.

부함장, 선임참모, 소대장 등의 고위간부들부터 만났다면, 밑에서 올라오는 상향식 리더십을 도입하자면서 여전히 위에서 내려가는 상명하복에 매달리는 꼴이 되었을 것이다. 그것은 애초에 모순이다. 게다가 그랬다면 참여인원이 여섯 명뿐이라, 개혁에 필요한 최소한의 인적 자원이 되기에 부족했다. 하급 장교들을 데리고 시작하는 것은 그리 좋은 생각이 아니었다. 그들은 지휘관들의 신뢰를 잃었고, 아직 리더십의 기초를 더 배워야 하는 사람들이었다. 하급 사병같이 가장 아래에 있는 사람들부터 시작하는 방법도 효과가 없기는 마찬가지일 것이다. 그들과 나의 거리는 너무 멀었고, 나머지 지휘관들의 전폭적인 지지가 없다면 그들은 늘 의혹의 시선에 시달리게 될 것이었다. 그래서 나는 반장들을 불러 모았다.

그들이 '함께 협력해야 한다', '먼저 나서야 한다' 등의 장광설을 몇 시간이나 늘어놓는 바람에, 그걸 다 들어주느라 고생을 해야 했다. 정작 구체적인 실행이나 보상에 관한 방안은 전혀 나오지 않아 안 하느니만 못한 대화가 되고 말았다. 내 귀에는 그저 위선적이고 현실과 동떨어진 말로만 들렸다.

나는 판을 완전히 뒤집어야겠다고 결심했다. 사고방식을 바꿔 행동의 변화를 일으키려 하지 말고 먼저 행동을 바꾸자. 그러면 새로운 생각이 따라오게 될 것이다. 최소한 내 희망은 그랬다. 무엇보다 오래 생각할 시간이 없었다. 지금 당장 변화가 필요했다.

내 말이 반장들에게 먹힐지 100퍼센트 확신할 수 없었다. 선임참모는 나를 지지해줄 것 같았다. 그는 선임사병이기 때문에 원래 나를 지지할 수밖에 없었다. 나머지 사람들에 대해서는 확신하기가 힘들었다. 음파탐지반장 및 무기소대반장인 앤디 워섹 상사가 휴가로 자리를 비우게 된 점이 아쉬웠다. 그가 있었다면 든든한 우군이 되어주었을 것이다. 주변을 둘러봤다. 맞은편에 전자통신병 ET, electronics technician인 존 라슨 반장이 앉아 있었다. 사려 깊고 배우려는 열의가 있는 사람으로 보였다. 원자로 선임반장(일명 불누크) 브래드 젠센 중사와 다른 원자로 반장들도 함께 앉아 있었다. 그들은 동참할 것이 거의 틀림없었다.

그 속에 데이비드 스틸 반장이 보여서 반가웠다. 전에 만났을 때 그는 집에 가서 아내와 이야기를 나눠보겠다고 했었다. 새 함장에게 기대를 걸어보겠다는 것이 부부가 내린 결론이었고, 그래서 그는 자신이 제출했던 전보 신청을 철회했다. 그의 긍정적 태도는 회의가 시작되기도 전에 이미 주변 사람들에게 좋은 영향을 미치고 있었다.

손전등은 더 이상 필요치 않았지만, 어쨌든 가지고 다녔다. 그걸 휘두르며 질문을 던졌다. "제군들, 해군을 움직이는 사람은 반장이라는 말이 있다. 산타페함에서도 그런가?"

그들이 반사적으로 그렇다고 대답했다.

"정말인가?"

"글쎄요…."

내가 재차 확인하자 다들 바닥만 내려다봤다. 산타페함의 현실은 그렇지 않은 게 분명했다.

사실 반장은 해군을 움직이지 못했으며 산타페함의 주역도 아니었다. 반장들의 권위는 오래전부터 무너지고 있었다. 그 원인은 제도와 사람 양쪽 모두에 있었다. 제도적인 면에서는 잠수함 내에서 오로지 함장에게만 유일하고 완전한 책임자의 지위를 부여하는 분위기가 형성되면서, 반장들이 여러 가지 일을 관리할 여지가 사라져버린 것이 문제였다. 하이먼 릭오버Hyman Rickover 제독과 그가 도입한 해군 핵잠수함 프로그램은 안전성 면에서 전례 없는 기록을 보이며 큰 성공을 거두었다. 조직의 관점에서 봐도, 함장이 맡은 책임은 매우 엄중했다. 이들을 어떻게 선임하고 훈련하느냐 하는 것은 너무나 중요했다. 소대장들이 작전을 승인했고, 유지관리의 권한도 소대장들이나 함장이 가지고 있었다. 방대한 활동과 절차는 오직 함장이 일일이 허가해야만 진행될 수 있었다. 만사가 이런 식이었다.

이런 관행이 잠수함 전력 내에서 '리더-팔로워' 체계를 강화했다. 그 결과 잠수함의 성과는 함장의 전문적 역량에 직접적으로 의존하게 되었다. 그래서 이미 언급했듯이, 전임 함장이 지휘할 때 잘해나가던 잠수함이 함장이 바뀐 뒤에는 형편없는 성과를 내는 경우가 허다했다.

그와 동시에, 해군 핵추진 프로그램은 개인 중심의 리더십 방법을 대체하는 새로운 방식도 만들어냈다. 그것은 바로 절차 중심의 리더십 방식이었다. 말 그대로 모든 일이 절차대로 돌아가는 리더십 체계였다. 이 구조는 원자로를 운영할 때 효과를 발휘했다. 모든 일이 예측 가능하고 규정되어 있는 시스템이었다. 고도의 훈련을 받은 사람들이 절차에 따라 일했다. 사실 원자로의 운영에 이런 절차 중심의 리더십이 필요하다는 데는 누구나 동의할 것이다. 이런 시스템에서는 잠재적인 조건과 반응을 일정 범위 내로 한정할 수 있다. 정말 예상치 못한 나쁜 일이 생기는 때는 운영자들이 절차를 따르지 않는 경우다.

그러나 이런 식으로 오로지 절차를 준수하는 데만 신경 쓰다 보면 좌절감을 주는 결과를 불러올 수 있다. 아주 똑똑한 사람들을 뽑아다가 폭넓은 훈련을 받게 한 다음에, 그들에게 고작 절차만 따르도록 하는 것이다.

적과 전투를 치러야 하는 잠수함의 운영에 이런 절차 중심 방식을 적용하는 데는 일정한 한계가 있을 수밖에 없다. 잠수함 운영뿐 아니라 그것을 조종하는 사람들의 지성을 활용하는 데 있어서도 마찬가지다. 원래 잠수함의 전술적 운영방식은 원자로의 운영과는 다르다. 호시탐탐 우리의 약점만 생각하고 파고들어 이용하려는 적의 똑똑한 머리를 상대해야 하기 때문이다. 복잡하기가 이루 말할 수 없다. 곧이곧대로 절차만 따른다면 어림도 없는 일이다. 우리가 다시 개인 중심의 리더십 체계로 회귀하려는 함정에 빠지는 것도 바로 이 때문이다.

'리더-팔로워' 체계 속에서 반장들의 권위가 무너져온 세월을 돌이키기 위해, 산타페함의 반장들은 이제 내 지휘하에서 대세를 거슬러야만 했다. 나는 그들이 충분히 고민한 후에 이 책임을 떠맡기를 바랐다. 억지로 시킨다고 될 일이 아니었다. '리더-팔로워' 체계에서 '리더-리더' 체계로 바꾸겠다고 '리더-팔로워' 법칙을 강요해봐야 아무 소용없는 일이다.

이 친구들의 마음속에 의심이 가득한 것은 두말할 필요도 없었다. 물론 뭔가 달라져야 한다는 데는 다들 공감하고 있었지만, 어쨌든 지금까지 산타페함이 무슨 충돌이나 좌초 같은 사고를 낸 것도 아니고 큰 사건을 일으킨 것도 아니다. 산타페함이 과연 이렇게 큰 모험을 할 정도로 형편없는 잠수함이었던가?

게다가 그들은 해군에서 평균 15년 이상을 근무해왔고, 다른 잠수함에서도 다들 이런 방식으로 일해왔다. 더 나은 방식이라는 게 과연 존재하는 것일까?

아까 모두가 산타페함을 움직이는 사람이 반장들이 아니라는 데 동의했던 터라 다시 질문을 던졌다.

"제군들, 이 일을 하고 싶은가?"

그들이 다시 반사적으로 그렇다고 대답했다.

"정말인가?"

그 순간부터 우리는 산타페함을 움직이는 주체가 반장이 되려면 무엇을 바꾸어야 할지에 관해 솔직하게 대화하기 시작했다.

행동원리 : 통제권의 핵심코드를 찾아내서 수정하라

반장들이 겪고 있는 어려움은 다음과 같았다.

- 평균에 못 미치는 부하들의 진급률
- 정찰병 자격 취득자가 극소수에 그치는 장황한 자격검증 프로그램
- 산타페함의 형편없이 낮은 평가점수
- 항해 중 좌·우현 정찰근무[13]와 정박 시 세 개 조로 운영되는 빡빡한 정찰 일정(항해 중에 세 개 조, 정박 시에는 최소 네 개 조로 운영하는 것이 목표였다. 즉 항해 중에는 모든 사람이 3교대로 운영되는 정찰 당번이 돌아올 때마다 근무를 서야 했다. 보통 여섯 시간 정찰 근무를 하고 열두 시간 쉬는 식이었다. 정박 중에는 나흘마다 하루꼴로 당직이 돌아왔다.)
- 제 시간에 이뤄지지 않는 일정 수립, 업무의 개시와 감독
- 각자의 분대와 부하들의 일정을 통제할 수 없는 현실

우리는 대화 끝에 산타페함을 움직인다는 것은 사실상 자신이 맡은 분대의 성과를 책임지는 일이라는 데 동의했다. 이제는 더 이상 소대장과 분대 장교가 함장에게 일이 잘못된 이유를 설명하는 동안 아늑한 반장 사무실에 앉아 있을 수 없다. 나중에 나는 여기에 '직접 목도 책임'이라는 이름을 붙였다. 즉 함정 내에서 일어나는 모든 일

---

13. 한 근무지에 당번근무를 서는 정찰대원이 두 명뿐인 경우를 말한다.—옮긴이

과 활동에 직접 개입하라는 뜻이었다.

반장들의 열정은 눈에 띄게 식었다. 일부는 이로 말미암아 자신의 위치에 대한 스스로의 인식이 달라질 수도 있다고 생각했다. 사실 반장을 아무 특권도 없이 책임과 업무만 잔뜩 짊어지는 자리로 여기게 될 수 있었다. 모두 이런 방식이 더 좋을 것이라고 생각하는 것도 아니었다. 우리는 이 문제를 오랫동안 치열하게 토론했다. 그렇지만 오늘날 해군에서 반장들이 맡은 역할을 논하거나 훈계나 일장연설을 늘어놓으며 시간을 허비하지는 않았다. 그 정도로 한가한 때가 아니었다.

마침내 우리는 뜻을 모았다. 우리가 내놓을 것은 오직 구체적인 행동원리뿐이었다. 짐 콜린스Jim Collins와 제리 포라스Jerry Porras의 『성공하는 기업들의 8가지 습관Built to Last』을 보면, 개인적 성격과 능력은 일시적이지만 제도적인 행동양식은 조직의 변화에 지속적인 영향을 미친다는 내용이 나온다. 이를 산타페함의 반장들에게 적용해서 이런 질문을 던져보았다. "우리가 이 잠수함을 실질적으로 이끌기 위해 할 수 있는 일은 무엇인가?"

반장들이 다른 무엇보다 원했던 것은 부하들의 일에 대한 권한이었다. 다시 말해 직속부하들의 휴가신청 정도는 자기들 선에서 재가할 수 있기를 원했다. 일부는 여기에 이의를 제기했다. 부하들의 휴가신청을 승인하는 권한은 사실상 이미 자신에게 있다는 것이었다. 그러나 선임참모가 휴가신청서에 서명한 후에도(선임참모의 결재권은 사병 전체가 대상이었다) 분대 장교, 소대장, 부함장의 승인이 필요했다. 즉 반장에게 권한이 없는 것과 다름없었다.

반장들이 해결책을 생각해냈다. 사병들의 휴가신청에 대한 최종 결재권을 선임참모에 부여하면 안 되는가? 너무나 간단한 결론이었다. 열네 개 단계의 효율을 높이려고 애쓸 것이 아니라(사병 계급과 선임참모, 분대 장교, 소대장, 부함장을 포함, 일곱 단계를 올라갔다가 다시 일곱 단계를 내려오는 과정), 아예 일부 단계를 없애버리면 될 일이었다. 당장 함내 규정집을 찾아 부함장 자리에 선을 긋고 대신 선임참모라고 써넣기만 하면 되는 일이었다. 그것이 바로 핵심코드였고, 그들이 제안한 내용이었다.

그런데 나로서는 몇 가지 이유로 선뜻 동의할 수 없었다. 이전에 복무하던 곳에서, 나는 반장들이 충분한 고민 없이 올린 휴가계획을 불허한 적이 있었다. 상관들이 과도한 휴가계획을 거절할 것을 뻔히 알면서도 반장들은 부하들로부터 인기를 잃고 싶지 않아서 승인을 남발하는 경향이 있었다. 더구나 하급 장교들이 인사관리를 배울 기회를 놓치거나 자신의 분대와 충분히 소통하지 못하게 되지 않을까 걱정됐다. 무엇보다 함장에게는 이것을 변경할 권한이 없었다. 잠수함조직 매뉴얼은 해군 문서이므로 우리가 마음대로 바꿀 수 없었다.

이런 문제에 관해 또 토론해보았다. 그리고 반장들이 나름대로 해결책을 내놓았다. 반장들이 각 분대의 성과를 포함한 모든 일에 책임을 지겠다는 것이었다. 나는 그들의 의견에 동의했고 그날 오후에 매뉴얼을 수정했다. 함장이 된 지 채 하루도 지나지 않아 이미

내 권한 밖의 일을 저질렀던 것이다.

딱 한 단어가 바뀌었을 뿐인데, 반장들은 부하들의 모든 면에 대한 관리 책임을 고스란히 떠맡게 되었다. 부하들의 정찰근무 편성에서 자격시험 일정, 훈련소 등록에 이르기까지 실로 모든 일이 망라됐다. 반장들이 휴가계획을 좌우할 수 있는 유일한 방법은 부하들의 정찰근무 편성권을 틀어쥐는 것이었다. 그리고 편성권을 장악하기 위해서는 자격시험 절차를 장악하는 것 말고는 방법이 없었다. 알고 보니 휴가일정 통제는 빙산의 일각이었고, 그 뒤에 엄청나게 많은 다른 일들이 자리 잡고 있었다. 그 모든 것에 대한 권한은 엄청난 힘이었다. 우리는 그걸 '반장 책임'이라고 불렀다.

사병의 휴가신청 승인 절차에서 부함장을 제외함으로써 그의 권한을 상당 부분 줄인 셈이었으므로, 나도 뭔가 솔선수범의 행동을 보여줘야 했다. 그래서 원래 내가 결재해야 하는, 장교 전체에 대한 휴가 승인 업무를 부함장에게 위임했다. 반장들에게 허락했던 일에 비추어볼 때 일관성이 있는 조치였지만, 이 역시 내 권한을 넘어서는 일이었다.

내 권한 문제에 대해서는 걱정하지 않았지만, 사람들이 어떻게 행동할지가 우려스러웠다. 반장들이 착한 상사 노릇을 하며 휴가신청서가 올라올 때마다 모두 재가해버린다면 지휘관의 입장은 완전히 무시될 것이다. 그러나 다행히도 그런 사태는 일어나지 않았다.

조직 내 통제권의 핵심코드를 찾아라

다음은 고위급 지휘관들이 모인 자리에서 함께 시도해볼 수 있는 방법들이다.

- 의사결정 권한이 명시된 조직의 정책서류를 검토한다(원한다면 이 작업을 미리 할 수도 있다).
- 조직의 아래 단계에 곧 지시할 예정인 결정사항의 후보들을 파악한다.
- 결정을 내리는 가장 쉬운 방법은 의사결정 권한을 가지게 될 사람의 마음을 움직일 내용을 먼저 글로 써보는 것이다. 큰 결정일수록 하나하나 따져볼 필요가 있다.
- 모인 사람들에게 다음과 같은 글이 적힌 메모지를 나눠주고 문장을 완성해보라고 한다. "이 결정권을 위임할 때 걱정되는 점은⋯."
- 그 종이를 벽에 붙여두고 충분한 시간을 둔 다음, 모인 사람들이 그 내용에 관해 숙고해보도록 한다.
- 다시 모인 자리에서 걱정거리들을 분류하고 우선순위를 매겨 따져본다.

이 방법을 실제로 써봤더니, 걱정거리를 크게 두 가지 범주로 분류할 수 있었다. 하나는 역량 문제였고 또 하나는 명료성 문제였다. 사람들은 자신의 직속 부하가 현명한 결정을 내리지 못할 것을 우려했다. 그 이유는 첫째, 그들이 해당 주제에 관한 전문성을 갖추지 못했다고 여겼기 때문이고, 둘째는 그들이 조직이 추구하는 바가 무엇인지 이해하지 못한다고 생각했기 때문이다. 그런데 이 두 가지는 모두 해결할 수 있는 문제였다.

즉 핵심코드를 찾아서 수정하면 되는 것이다. 이것은 통제권에 관한 하나의 행동원리다. 어떤 조직이나 시스템에서든 핵심코드를 바꾸는 첫걸음은 통제권 또는 의사결정권을 편안함의 한계를 조금 벗어날 정도까지 위임하는 것이다. 이것은 권한위임 프로그램이 아니다. 조직의 통제권에 관한 결정 방식을 지속적인 차원 그리고 개인적인 차원에서 바꾸는 일이다.

방금 설명한 예에서, 휴가신청서에 서명하는 업무에 복잡한 일은 아무것도 없다. 문제는 산타페함의 목표에 관한 반장들의 생각이 나와 같다고 믿을 수 있느냐는 것이다. 나는 이것을 조직의 명료성, 더 짧게는 명료성이라고 부른다(이 주제는 4부에서 더 자세히 다룰 것이다). 이 문제를 해결하려면 내가 이루고자 하는 바를 모든 계층을 상대로 항상 솔직하고 적극적으로 알려야 한다.

수많은 권한위임 프로그램들이 실패하는 이유는 그것이 조직의 중심 원리, 즉 핵심코드가 되기보다는 그저 프로그램이나 운동에 그치기 때문이다. 권한위임 프로그램은 지시한다고 성공하는 것이 아니다. 지시에 의한 위임 프로그램이 지닌 약점은 그것이 다음과 같은 가정을 전제로 한다는 것이다. '나는 너에게 권한을 위임할 권위와 능력을 가지고 있다(하지만 너는 그렇지 않다).' 근본적으로 이것은 권한을 내놓지 않겠다는 뜻이다. 이 내적 모순 때문에 이런 프로그

118

램이나 운동은 실패할 수밖에 없다. 말로는 권한을 위임한다고 하지만, 실제로는 권한을 뺏는 행동을 하는 것이다. 그리고 행동은 구호를 압도하기 마련이다.

이 행동원리를 보면 알 수 있듯이 우리는 이루려는 변화에 대해 떠들거나 심오한 철학을 논할 필요가 없다. 그보다는 조직의 관행과 절차 중에 바꿔야 할 부분을 찾아 가장 큰 영향을 미칠 변화를 실제로 이뤄내는 것이 중요하다. 개인적인 면에서나 직무 면에서나 조직에 이익이 될 지속적인 행동원리를 이 잠수함의 사람들과 업무방식에 정착시키고, 그것이 내 개인의 성격이나 능력에 좌우되지 않게 만드는 것이 내 목표였다.

산타페함에 복무하는 3년 동안 몇 차례나 반장들의 힘을 확대하는 조치를 취했다. 시작은 그들에게 부하들의 휴가계획 통제권을 주는 것이었다. 다음은 반장들로 하여금 개선과 발전을 모두 책임지게 했다. 잠수함에서 어떤 일이 일어나든, 반드시 반장 중의 누군가가 그것을 책임지고 바로잡도록 하고 싶었다. 그 방법은 기획문서의 각 항목 옆에 빈칸을 추가하여 '반장 책임'이라고 써넣는 것이었다. 온갖 오류 가능성을 점검하려 애쓰기보다는 해당 업무를 책임지는 사람에 집중하는 것이 더 중요했다. 이 '반장 책임' 제도는 그 후 산타페함이 7년 연속 '최고반장상'을 수상하는 데 결정적 역할을 하게 된다.

우리는 곧 통제권을 분산하는 것 자체만으로는 충분치 않다는 사실을 알게 되었다. 그 과정에서, 새로 의사결정권을 갖게 된 사람들은 과거 어느 때보다 높은 차원의 전문 지식을 습득하고 더욱 분명히 조직의 목적을 이해해야 하는 상황을 맞이했다. 기술적으로도 적합하고 조직의 이해에도 부합하는 일련의 기준에 맞게 의사결정을 해야 하기 때문이다. 다음 장에서는 이 두 가지 조건을 실현하기 위한 행동원리에 관해 설명한다.

체크리스트

- 어떻게 하면 조직의 중간관리자들로 하여금 특권을 누리는 자리를 지키는 태도를 버리고 책임과 행동을 실천하는 태도를 갖도록 할 수 있을까?
- 중간관리자들에게 더 많은 의사결정 권한을 주기 위해 단 한 단어로 바꿀 수 있는 절차나 프로세스에는 어떤 것이 있는가?
- 통제권의 위임을 고려할 때 걱정되는 점은 무엇인가?
- '리더–리더' 방식을 주장하는 사람의 입장에서, 말뿐이 아니라 행동으로 보여주기 위해 위임해야 할 일은 무엇인가?

9장. 먼저 행동을 바꾼 다음 생각을 바꿔라

조직문화의 어떤 점이 마음에 들지 않아 바꾸고 싶은가? 우리는 간단한 방식으로 그렇게 할 수 있었다.

실전배치 169일 전

1999년 1월 11일 : 하와이 진주만

월요일 아침, 반장들이 새로 얻은 권한에 관해 이야기를 나누는 산타페함에는 흥분에 찬 분위기가 감돌았다. 승조원들 역시 일과를 시작하는 몸놀림에 한층 활기를 띠었다. 일이 제대로 돌아가도록 책임져야 하는 반장들과 배관을 정렬하고 절차를 관리하며 여러 관리업무를 실제로 수행하는 승조원들이 서로 긴밀하게 협조하면서, 부대와 관리자가 함께 참여하는 분위기가 형성되는 것 같았다. 모두 한층 열의를 보이며 업무에 더 집중했다.

군의 규율도 개선되었다. 과거에는 하급 사병 중 일부가 직속 반장에게 불만을 표시하곤 했다(이를 두고 우리는 '반항적 태도'를 드러낸다고 했는데, 이것은 분명 좋은 일이 아니었다). 그때는 부하에 대한 반장들의 권한이 제한적이었으므로, 철없는 사병들이 이렇게 불평을 늘어놓을 수 있었다. 그래도 별로 손해가 없었던 것이다. 그런데 이제는 반장의 권한이 증대되어 하급 사병들이 자신의 미성숙한 행동을 다스리고 업무에 전념해야 할 동기가 생겼다. 거기까지는 순조로웠다.

전체적인 분위기는 아주 좋았다. 그러나 해야 할 일이 너무나 많았다. 앞으로 169일 안에 실전배치 준비를 마쳐야 했다. 더욱 시급한 일은 실전배치 전에 훨씬 더 복잡한 검열을 여러 차례 받아야 한다는 것이었다. 일정상 첫 검열은 8일 내로 시작해야 했다. 바로 내 직속상관 마크 케니 전대장이 주도하는 검열이었다. 그를 비롯한 전대 간부들이 나흘간 우리를 다그치며 산타페함이 수행하는 여러 작전을 지켜보게 된다.

어떻게 하면 그 일을 잘 치러낼 수 있을지 몰랐다. 지식 격차가 워낙 크고 현재 수준이 너무 엉망이라 도저히 다음 주까지 필요한 사항을 모두 배우고 연습할 수 있을 것 같지 않았다. 지난달부터 시작한 수리와 유지보수 업무를 끝내고, 화물을 적재하고, 항해용 해도 작성과 작전계획 준비를 제 시간 안에 마치는 데만 해도 24시간, 일주일 내내 쉴 틈이 없었다.

전대 간부들에게 우리의 역량을 보여주기만 하면 되는 것도 아니었다. 그들로부터 내가 원하는 변화에 대한 지지를 얻어내야만 했다. 이 새로운 계획이 불러올 효과에 대해 모두가 다 이해하는 것은 아니었기 때문이다. 벌써부터 승조원들 사이에는 나에 관한 회의론이 싹트고 있었다.

나를 의심하는 사람들의 입장을 이해하려고 애썼다. 우선 그들은 이 방식이 전부터 해왔던 것과 달라서 못마땅해했다. 산타페함뿐 아니라 다른 잠수함을 다 놓고 봐도 말이다. 여기에는 두 가지 요점이 있었다.

첫째, 반장 중 다수가 산타페함이 두 번째, 세 번째, 심지어 네 번째로 복무하는 잠수함이었다. 사병 휴가 승인의 최종권한을 선임참모에게 부여하는 사람은 나 말고는 그 누구도 없었다. 세상에 듣도보도 못한 일이었던 것이다. 그 누구도 들어보지 못한 방식이, 해군이 무려 백년 이상 지속해온 방법보다 좋은 성과를 내는 것이 과연 가능한 일일까? 매우 정당하고 합리적인 의문이었다.

둘째, 변화에 대한 두려움과 치러야 할 대가가 존재했다. 설사 이것이 더 좋은 방법이라는 사실을 우리가 증명해낸다 하더라도, 꼭 해군의 나머지 55척의 전투용 핵잠수함과 다른 방식으로 일해야만 하는 것일까? 몇몇 참모들은 나에게 정말 경력을 걸고 이 일을 할 용의가 있느냐고 대놓고 묻기도 했다. 그들은 이렇게 제안했다. "그냥 다른 사람들처럼 평범하게 하시는 게 어떻겠습니까? 팀워크를 구축하고, 표준을 강화하고, 훈련을 수행하면서 말입니다." "물론 새로운 프로그램을 추진해서 일이 잘되면 더할 나위 없겠지만, 실패하면 금방 수많은 사람들의 입에서 '그 사람이 우리 모두가 하는 것과는 다른 방식으로 일해서 그래'라는 말이 나올 겁니다."

물론 별난 사람으로 내몰릴 수도 있겠지만, 그것이 두렵다는 생각은 전혀 들지 않았다. 이 문제를 아무리 생각해도 권한을 아래로 이양하는 것은 그저 좋은 일일 뿐이었다. 선피시함의 함장이 정찰팀 운영에 관해 나에게 전권을 위임했을 때, 그 효과가 얼마나 강력했었는지 똑똑히 기억했다. 다시 상명하복 리더십으로 회귀했던 윌로저스함에서 얼마나 사기가 저하됐었는지도 잊지 않았다.

옳든 그르든 나는 산타페함과 해군, 나아가 이 나라를 위해 최선이라고 생각하는 것은 무엇이든 하겠다고 결심했고, 그것이 미칠 영향에 대해서는 걱정하지 않았다. 나는 이것을 '신경 쓰면서도 신경 쓰지 않는' 모순이라고 불렀다. 다시 말해 부하들과 조직에 대해서는 대단한 관심을 기울이지만, 자신에게 미치는 조직적 영향은 별로 개의치 않는 태도를 보인 것이다.

회의론이 불거져 나오는 중에도 많은 사람들이 일단 나를 믿고 새로운 방식을 기꺼이 시도해보려고 했다. 그중에서도 몇몇은 열렬한 태도를 보이며 핵심 지지층을 형성했다. 회의론자들 역시 비록 열성적이지는 않았지만 일단 시도해볼 의사는 있었다. 최소한 방해하지는 않겠다는 입장이었다.

사관실에서 연 조례회의는 사실상 장교들과 함께 한 첫 회의였다. 각자 서류함에 들어 있는 휴가신청서를 모두 가져오라고 했고, 회의실에서 그걸 모두 모아 선임참모에게 넘겨주었다. 미승인 휴가신청서를 모아보니 그 양이 상당했다. 그것만 봐도 우리가 이루려는 변화의 규모를 한눈에 느낄 수 있었다. 처음에는 이렇게 반장들의 기를 살리는 조치를 취했지만, 내가 정말 원한 것은 잠수함 전체를 위한 뭔가를 생각해내는 일이었다. 이제 장교들이 나를 도와 그 뭔가를 만들어내야 할 차례였다.

행동원리 : 먼저 행동을 바꾼 다음 생각을 바꿔라

인원 이탈 문제를 놓고 회의를 하면서 들었던 이야기 중에, 승조원들의 사기를 진작시키고 싶다는 내용이 있었다. 승조원 한 명을 선발하는 데 평균 5만 달러가 투입되며, 다시 잠수함 전력으로 양성하여 바다에서 중요한 책임을 부여하는 데 10만 달러가 추가로 필요하다. 그런데 산타페함에서는 첫 번째 항해임무 기간을 넘어 근속하는 사병이 극히 드물었다. 1998년에는 135명의 승조원 중 단 세 명만이 다시 승선했었다. 그리고 훈련비용이 훨씬 더 많이 드는 하급 장교 두 명은 이미 전역을 신청해놓고 있었다.

조속히 사기를 진작하는 방법은 무엇일까? 단순한 명령 한마디로 이런 문화를 바꿀 수 있을 것 같지는 않았다. 하지만 우리가 한 일은 바로 그것이었다.

나는 장교들에게 승조원들이 이 배에 자부심을 품게 된다면, 그 사실을 뭘 보고 알 수 있겠냐고 질문했다. 침묵이 흘렀다. 확실히 이들은 적극적으로 나서는 데 익숙지 않은 것 같았다. 하급 장교 한 명을 손전등으로 가리켰다. "자네부터 말해보게." 내 지시로 그가 발언을 시작하자, 다른 사람들이 나서서 의견을 덧붙였다.

• 가족과 친구들에게 자랑을 늘어놓을 것이다.

- 복도에서 외부 방문객과 마주칠 때 상대방 눈을 똑바로 바라볼 것이다.
- 산타페함 로고가 들어간 모자를 가능한 한 자주 쓸 것이다.
- 다른 잠수함에 있는 친구들에게 자랑할 것이다.
- 함 내 매장에서 산타페함 라이터, 펜, 핀 등을 살 것이다.

내가 말했다. "자네들이 말한 그대로 사람들에게 해보라고 하면 어떻겠나? 존중과 정성 그리고 자부심을 품은 채 다른 사람들을 맞이하자고 말해보는 것이 어떨까? 새로운 사고방식으로 행동하고 대화해보는 거야."

나의 제안으로 활발한 토론이 촉발됐다. 본말이 전도된 생각이라고 말하는 사람도 있었다. 사람들에게 존중심과 자존감을 부여하는 근무환경을 먼저 만들어야 매일 일하는 것이 즐거울 것이다. 그래야 행동이 바뀌고 저절로 사기가 진작될 수 있다는 것이었다. 심지어 어떤 사람은 이런 방법은 스스로를 속이는 것이나 다름없다고까지 했다.

나는 우리 스스로 새로운 사고방식을 억지로라도 주입해보자고 했다. '세 이름 원칙'이라고 부른 그 방법은 이런 것이었다. 누구라도 함 내에서 방문객과 마주치면 세 개의 이름과 함께 인사를 건네야 한다. 방문객과 자신 그리고 배의 이름을 말하는 것이다. 예를 들면 이런 식이다. "안녕하십니까, 케니 전대장님. 부사관 존스입니다. 산타페함에 오신 것을 환영합니다."

다음 날 조례집회 때, 나는 '세 이름 원칙'을 승조원들에게 설명하려다가 곧바로 멈췄다. 승조원들이 도열해 있던 곳은 평상시처럼 장교들과 반장들의 뒷자리였는데, 거기서는 내가 하는 말이 거의 들리지 않는다는 것을 알고 있었기 때문이다. 나는 팔을 흔들며 소리쳤다. "다들 둥글게 모여." 그 어느 교본에도 나와 있지 않은 행동이었지만, 다들 내 의도를 알아차렸다. 그들이 움직였다. 이제 나는 백여 명의 인원이 가까이 밀착한 대형 한가운데 서게 되었다. 패튼 장군[14]이 봤다면 그리 좋아할 모습은 아니었지만, 확실히 전보다는 나았다. 그래도 장교들과 반장들이 앞줄에 나와 있었다. 그들과는 평소에 자주 만날 기회가 있으므로 뒤로 물러서게 했다. 그때부터 조례집회에서는 승조원들이 나를 둘러싸고 카키군복, 즉 장교들과 반장들은 뒤에 서는 것이 관례가 되었다.

나는 추진하고자 하는 바를 승조원들에게 설명했다. 7일 만에 이 배를 출항할 수 있도록 준비해야 한다. 어뢰도 준비해야 하고, 유지 보수와 수리 작업도 완료해야 하며, 해도 작성, 화물 적재 및 기타 사항도 모두 마쳐야 한다. 따라서 '세 이름 원칙'이 왜 필요한지 길게 설명할 생각이 없었다. 그들이 빨리 돌아가 일을 해야 하는 것도 알고 있었다. 그래서 딱 원칙만 설명하고 시범을 보여주었다.

---

14. 제2차 세계대전 중에 활약한 미 육군 대장으로, 뛰어난 지휘관이었으나 격정적이고 좌충우돌적인 성격으로 유명했다.—옮긴이

바뀐 문화를 조직에 심는 법

리더들과의 토의를 통해 그들이 동의하는 모종의 문화적 변화를 이끌어냈다고 해보자. 이제 해야 할 일은 그것을 리더 개인의 생각이나 능력과 무관하게 지속될 수 있도록 조직 내에 심는 것이다.

- 모인 사람들에게 다음과 같은 글이 적힌 메모지를 나눠주고 빈칸을 채우도록 한다. "직원들이 _____ 하면, 문화적 변화라는 목표가 달성되었음을 알 수 있을 것이다."(이렇게 구체적으로 질문을 하면 일반적이고 정량적이지 못한 대답을 보다 구체적이고 측정 가능한 표현으로 바꿀 수 있다. 예를 들면 대답이 '직원들이 더 창의적으로 변모하면' 등에서 '직원들이 분기당 최소 한 건의 아이디어를 내고, 그 아이디어에 다른 직원들이 의견을 보태면' 등으로 바뀌는 것이다.)
- 5분간 시간을 준다. 종이를 벽에 붙이고 잠시 휴식 시간을 갖는다. 그리고 모두 모여 종이의 글을 읽어본다.
- 토론 결과와 제출된 대답의 양에 따라서 다시 한번 메모지를 작성할 기회를 줄 수도 있다.
- 대답을 분류하고 우선순위를 매긴다.
- 그런 행동양식을 조직의 업무방식에 어떻게 이식할 수 있는지 토론한다. 예를 들면 '세 이름 원칙' 적용하기 등을 이야기할 수 있다.
- 최종적으로 새로운 업무방식을 조직의 적절한 절차에 반영하여 공식화한다.

직원의 행동을 바꾸려 할 때 취할 수 있는 방법은 기본적으로 두 가지가 있다. 첫 번째는 먼저 생각을 바꾼 다음 새로운 행동이 이어지기를 기대하는 것이다. 두 번째는 행동을 먼저 바꾸고 새로운 생각이 따라오기를 바라는 방법이다. 산타페함의 장교들과 나는 후자를 택했다. 행동을 바꾼 다음 새로운 생각이 따라오도록 한 것이다. 우리는 생각을 바꾸고 그것을 확산시켜 결국 사람들의 행동이 바뀔 때까지 기다릴 시간이 없었다. 당장 행동을 바꿔야 했다. 솔직히 말해 사람들이 우리가 원하는 대로 행동하기만 하면, 당분간은 생각이 안 바뀌어도 상관없었다(물론 결국에는 생각이 바뀌었다). 승조원 중에는 우리가 무얼 하려는지 이해하지 못한 채 '리더-리더' 모델로의 이행을 꺼리는 사람도 분명히 있었지만, 겉으로는 다들 내 말을 믿는 것처럼 행동했다.

어떤 사람들은 산타페함의 사기가 낮은 이유를 장거리 항해에서 찾기도 했지만 내 생각은 달랐다. 나는 그것이 위대한 성취를 추구하기보다는 실수를 줄이려는 데만 급급한 태도와 그 결과로 나타나 조직 전체에 퍼진 무력감 때문이라고 생각했다.

이 잠수함에는 우리가 적극적인 행동의 주체가 아니라 외부 자극에 반응하는 수동적 존재라는 인식이 널리 퍼져 있었다. 일정은 무리하게 잡혔고, 부품은 제때 도착하지 않았으며, 지원 팀 사람들은 승조원들에게 원하는 보직을 주지 않았고, 어뢰는 '운 나쁘게도' 말을 듣지 않았다. 오직 외부의 요인과 영향에 대한 불평만 존재했고, 승조원들은 이구동성으로 집단 전체의 책임감 부족을 탓했다. 그리고 이런 피해의식이 차례차례 전염되어 사기 저하로 나타났다. '세 이름 원칙'이 이루어낸 업적이 있다면 바로 주변 환경에 대한 이러한 피해의식을 걷어냈다는 것이다. 비록 사소한 규모 안에서지만, 산타 페함 승조원들은 이제 자신의 운명을 책임지는 존재가 된 것이다.

먼저 행동을 바꾼 다음 생각을 바꿔라. 이것도 통제권에 관한 또 하나의 행동원리다.

체크리스트

- 우리 회사 사람들이 늘 하던 방식을 바꾸고 싶지 않다고 할 때 어떻게 대응하는가?
- 우리 업계의 관행과 다른 방식을 시도하려면 어떤 대가를 치러야 하는가?
- 행동을 먼저 하고 나중에 생각하는가? 아니면 먼저 생각한 다음에 행동을 바꾸는가?

10장. 일찍, 짧게 대화하면 일의 효율이 높아진다

우리 조직에 혹시 '돌멩이 가져오기' 식의 업무지시가 횡행하지 않는가? 다시 말해 리더가 목표를 명확하게 설명하지 못해 부하 직원이 시간을 허비하게 되는 일은 없는가? 산타페함에는 분명히 그런 일이 만연해 있었고, 우리는 이것을 바꿔야만 했다.

실전배치 160일 전

1999년 1월 20일 : 하와이 진주만

함장이 된 지 12일이 지났다. 나는 수평선 너머로 해가 점점 지는 것을 보며 산타페함 함교에서 안절부절 못하고 있었다. 유지보수 시설로부터 수리 업무에 대한 승인과 출항 허가 메시지가 도착하기를 기다리는 중이었다. 메시지가 늦는다면 그것은 우리 잘못이었다. 몇 가지 사소한 재시험이 우리 발목을 잡고 있는 상태였다. 하지만 윌로저스함에서 겪었던 것처럼 최악의 상태는 아니었다. 예인선이 우리 배 옆으로 다가왔다. 더 늦었더라면 출항이 하루 연기될 뻔했다. 그랬다면 마크 케니 전대장을 비롯한 검열관들을 모셔오기 전에 남아 있던 나흘 중 하루를 통째로 날려먹었을 것이다.

전령이 함교에 오르더니 딱딱하게 말했다. "함장님, 부함장님. 승인되었음을 전달합니다."

당직사관이 나를 향해 말했다. "함장님, 전 소대 출항준비 완료했음을 보고드립니다. 출항 승인을 요청합니다."

내가 대답했다. "출항 개시!"

예인선은 부두에서 멀어져갔고, 우리 함정은 조용히 수로 위에서 미끄러져 바다로 나아갔다. 잠수함이 해안과 예인선 모두와 연결된 마지막 끈을 푸는 순간이 주는 마술 같은 힘은 경험한 사람만이 안다. 그때 역시 똑같은 감정을 느낄 수 있었다.

잠수함의 함장을 맡는다는 건 아주 굉장한 일이다. 내가 명령을 내리면 엄청난 일이 일어난다! "잠수하라"라고 말하기만 하면 그 큰 함선이 바다 밑으로 내려간다. "기관 출력 최대로"라고 외치면 산타페함은 물을 힘차게 헤치고 앞으로 나간다. "함정 잠망경 위치로"라고 하면 장교들이 일사불란하게 산타페함을 태평양의 수면 바로 아래까지 안전하게 올려놓는다.

지난주에 있었던 여러 가지 시련과 아주 대조되는 반가운 움직임이었다. 지난주에는 함정을 원래대로 돌려놓는 물리적인 일들 외에, 운항을 준비하는 데도 고생을 해야 했다. 승조원들은 아직도 잠수함의 전투태세를 최고 수준으로 끌어올리는 일보다는 규정을 준수하는 데 더 신경을 썼다. 이 문제는 위대한 일을 성취하기보다 그저 실수만 피하려는 태도와 일맥상통했다. 항해용 해도 작성이 그 전형적인 사례였다.

완벽하지만 엉뚱한 일

해도는 핵잠수함의 운항에 있어 기초적인 도구다. 해도가 일러주는 경로를 따라가야만 부표나 얕은 수심구역 또는 다른 잠수함을 피해 작전 목적을 달성할 수 있다. 곧 있을 훈련에서는 적 잠수함을 찾아내 그 활동을 감시하다가 명령이 내려지면 격침하도록 되어 있었다. 우리는 작전의 주 무대가 마우이 유역, 즉 마우이와 라나이Lanai 그리고 몰로카이Molokai 사이가 될 것이라고 알고 있었다. 그곳은 수심이 얕고 바닥이 고르지 못해 잠수하기 까다로운 곳이었다.

해도 작성은 세 단계로 나뉜다. 1단계에서는 조타수들이 커다란 종이 해도를 준비한 다음, 해안경비대가 발표한 최신 항행통보의 정보를 확보한다. 항해에 방해가 될 수 있는 추가사항을 확인하는 경우도 있다. 가장 최근에 잠수함이 해당 수역을 통과한 후 부표가 설치되거나 이동한 사항 등이다. 여기에 더하여 해도는 잠수함군의 지침에 따라 작성해야 한다. 예를 들면 수심 180미터 등심선을 그려야 하고, 모래톱에서 약 16킬로미터와 육지에서 약 20킬로미터가 되는 지점을 표시해야 한다.

2단계에서는 우리에게 지정된 수역을 표시한다. 잠수함은 크고 조용히 움직이는 물체이므로, 각각 다른 수역을 지정해서 서로 충돌 없이 안전하게 운항할 수 있도록 해야 한다. 이 구역은 수심과 지형을 지정하며 일별, 주간별로 바뀔 수 있다. 해도는 절대적으로 정확해야 한다. 그렇지 않으면 의도치 않게 다른 잠수함의 구역을 침범하여 충돌을 일으킬 위험이 있다. 만약 이런 상황에 처하면 즉각 수면으로 부상한 후 사건을 보고해야 한다.

마지막 3단계는 작전계획을 해도에 반영하는 작업이다. 지정된 수역 내에서 예상 임무를 달성하기 위한 항로를 표시한다. 여기에는 산타페함이 택할 특정 경로와 속도, 수심이 모두 포함된다.

해도가 일단 작성된 후에도 힘든 검토 절차가 남아 있다. 작성자인 조타수들에서 시작해, 보조항해사ANAV, assistant navigator와 항해사navigator 빌 그린 소령이 차례로 검토한 다음 함장, 즉 나의 최종 승인을 받아야 한다.

최근 다른 잠수함에서 있었던 항해 관련 문제 때문에 전 잠수함군 차원의 지시에 따라 이 검토 승인 단계에 부함장이 추가되었다. 문제가 발생하면 재발방지를 위해 이렇게 검토단계를 추가하여 수행하는 것이 해군의 통상적인 방식이었다(단계가 줄어드는 경우는 극히 드물었다). 하지만 단계가 추가되어도 문제가 사라지는 것이 아니라 오히려 더 악화되는 경우가 많았다. 프로세스의 마지막 단계에 검열관을 한 번 더 배치하여 잘되고 있나 살펴보는 식이어서, 더 나아지는 것은 하나도 없이 업무만 늘어났다.

출항 날짜는 다가오는데 아직 해도를 두 눈으로 확인하지 못한 나는 점점 불안해졌다. 빌 그린 소령은 계속해서 "거의 다 됐다"라고만 했다. 출항일인 화요일이 코앞에 다가온 일요일에, 드디어 그가 해도 검토 준비를 마쳤다고 알려왔다.

그 모든 검토 절차를 다 거치면서 그들은 일을 완벽히 처리했다. 다만 전혀 엉뚱한 일을 했다는 것이 문제였다.

규칙과 규정을 모두 준수했다는 점에서 해도는 완벽했다. 검열관이 아무리 들여다봐도 단 하나의 흠결도 찾지 못할 정도였다. 하지만 쓸모가 없었다. 작전계획에 따라 잠수함이 나아가야 할 경로를 검토 팀이 반영해놓았지만, 우리는 그 경로를 택하지 않을 것이었기 때문이다.

해도를 작성한 조타수들은 최종 목적지가 마우이 유역이라는 것은 알았지만, 거기에 도달하는 세 가지 경로 중 우리가 어느 것을 택할지는 모르고 있었다. 그 세 경로는 바로 몰로카이 북쪽, 몰로카이와 라나이 사이 그리고 라나이 남쪽이었다. 그들은 항법상 유리한 경로, 즉 몰로카이 북쪽을 택해 작성했다. 이쪽은 개방된 수역이며 최단경로였다. 하지만 적 잠수함이 지나갈 리가 없는 곳이므로 우리로서는 전혀 갈 필요가 없는 길이었다.

이후 지휘계통의 상위 검토자 중 어느 누구도 이 문제를 눈여겨보지 않았다. 검토 작업은 오로지 항법 및 절차상의 정확도에만 초점을 맞췄기 때문이다. 산타페함이 작전을 효과적으로 수행하는 전함이 되는 문제에는 전혀 관심을 기울이지 않았던 것이다. 요컨대 뭔가를 성취하기보다는 실수를 피하는 데 초점이 맞춰져 있었다.

또 인간의 습성이라는 것도 우리 일에 방해가 되었다. 부하들은 대개 처음부터 상사에게 '완벽한' 완성품을 내놓고 싶어 하는 마음이 있다. 그런데 불행히도 이런 경향은 효율 면에 큰 손해를 끼친다. 그 과정에서 엄청난 노력이 허비되기 때문이다. 나는 즉시, 검토 절차의 각 단계에서 항해사나 보조항해사가 나에게 보고를 하도록 했다. 그러면 의사소통이 신속하게 이루어질 수 있었다. 하지만 검토팀으로서는 불완전한 계획에 대해 비판을 들어야 하는 두려움을 극복해야 했다. 또 내 입장에서는 불쑥 정답을 제시하려는 유혹을 떨쳐야 했다. 우리는 그에 대한 해결책을 다음과 같은 구호로 압축했다. "암초가 멀리 있을 때 방향을 살짝 바꾸는 편이, 가까워졌을 때 허둥대는 것보다 낫다."

행동원리 : 일찍, 짧게 대화하여 일의 효율을 높여라

모두가 이런 생각을 좋아한 것은 아니었다. 수장인 내가 프로세스에 관여하면 나의 객관적 위치가 흔들릴뿐더러, 계획을 폐기하고 다시 시작하기가 어려워진다. 하지만 이 시점에서 이런 정도의 위험은 기꺼이 감수할 수 있었다. 지휘계통에 있는 모든 이들과 자주 대화하여 그들로부터 탁월한 운영성과를 위한 노력을 이끌어내야 한다고 생각했기 때문이다. 향후 승조원들이 실수만 피하겠다는 태도에서 뛰어난 운영성과를 이루겠다는 태도로 바꾼 후에는, 다시 프로세스에 간섭하지 않아도 될 것이다.

이런 장애물 외에도 또 다른, 좀 더 기본적인 문제가 있었다. 해도 작성 방식에 일관성이 없었던 것이다. 수심 180미터 등심선이 어떤 페이지에는 노란색으로 표시되었는데, 다른 페이지에서는 빨간

색으로 그려졌다.

당직사관으로 근무하며 잠수함의 임무를 책임지는 젊은 장교들은 매일 다른 해도에 기입된 다른 기호를 보면서 일해야 한다. 노란색이 표시하는 의미가 매일 달라진다고 생각해보라. 한밤중에 어두운 조종실로 달려가 해도를 펼쳤는데 색깔이 달라서 제대로 식별하지 못하는 상황이 벌어질 수도 있다. 이것이 바로 재앙이 아니면 무엇이겠는가.

검토단계에서 작전 목표에 제대로 초점을 맞추지 못한 데 화가 난 나는, 본능적으로 부함장을 붙들고 개선을 지시하고 싶은 욕구를 느꼈다. 그러면 그는 다시 빌 그린 소령을 다그칠 테고, 빌 그린 소령은 또다시 존 라슨 반장과 보조항해사를 몰아세우는 식으로 번져갈 것이다. 우리가 지휘계통에만 매달린다면, 48시간 내로 출항에 나서야 하는 상황에서 제 시간에 준비를 마치는 건 도저히 불가능하다. 더구나 그랬다가는 내가 그토록 벗어나고자 했던 상명하복식 리더십이 고착되고 만다.

그래서 조타수 전원을 불러 모아 이 문제를 논의하는 쪽을 택했다. 일반 병사들까지 함장과 함께하는 중요한 회의에 참석하라고 했다가 괜히 그들의 성질만 돋우는 게 아닐까 걱정도 됐다. 그들은 그저 자신의 일만 제대로 하면 그만이라고 생각할 수도 있었기 때문이다. 하지만 그런 지레짐작은 잘못된 것이었다.

해도의 문제점을 설명한 후 내가 내린 결론과 그 이유를 말해주었다. 하급 조타수 중에는 최근에 정찰병 자격을 취득한 다부진 몸

집의 흑인 사병이 한 명 있었다. 다들 그가 지쳐 쓰러질 때까지 일하고도 남을 친구라며 '슬레드독(썰매 개)'이라고 불렀다. 함 내를 걷다가 마주친다면 아마 그를 조타수라기보다는 그저 보조원 정도로 생각할 것이다.

놀랍게도 슬레드독은 회의가 시작되자마자 씩씩하게 의견을 내놓았다. 그는 눈에 띄지 않는 곳에서 고생하느라 지쳐 있었을 텐데도 자신이 먼저 적극적으로 나섰다. 등심선의 색깔이 제각각이 된 것이 얼마나 심각한 일인지 아느냐는 물음에, 슬레드독은 솔직히 인정했다. 그리고 그런 일이 일어난 이유가 그때그때 구할 수 있는 색상의 마커를 사용했기 때문이라고 설명했다.

현장 근로자가 자신의 일에는 정통하지만 조직 전체의 목표는 제대로 이해하지 못하는 전형적인 경우였다. 업무관행에 숨은 이런 비효율이야말로 우리가 추구하는 바와 어긋나는 것이다. 나는 이런 문제를 인지하게 된 것을 다행이라고 생각했다. 등심선의 색상을 일정하게 유지하여 정보가 제대로 전달되게 해야 했다.

〈내셔널지오그래픽〉 도법을 사용하자고 누군가 제안했다. 이 도법에서 붉은색은 천해, 푸른색은 심해를 가리킨다. 아울러 우리는 수역을 지정하는 방법의 표준을 정했다. 산타페함의 군사 훈련 수역은 항상 푸른색이고(미군은 항상 푸른색이다), 다른 잠수함의 수역은 노란색, 다른 잠수함과 공유하지만 수심별로 각기 사용하는 수역은 초록색으로 표시하는 것이다. 그러면 당직사관들이 해도를 척 보기만 해도 푸른색이면 산타페함 수역, 노란색이면 대기, 초록색이면 특정 수심을 유지해야 하는 곳이라는 사실을 금방 알 수 있다. 효과적인 상징과 색상을 이용한 시각적 약속이야말로 두뇌의 큰 지식단위를 자극하기 때문에 이 방식은 매우 효과적이라 할 수 있다. 그것은 이미 알고 있는 상식에 부합한다. (이 주제에 관해서는 에드워드 터프트Edward Turfte의 책, 『정량적 정보의 시각화 The Visual Display of Quantitative Information』를 참조하기 바란다.)

일찍, 짧게 대화하는 것은 통제권에 관한 또 하나의 행동원리다. 이것이 통제권의 원리가 되는 이유는, 내가 그들에게 무엇을 하라고 말하는 것이 대화의 전부가 아니기 때문이다. 대화는 승조원들이 문제 해결 방식에 관한 피드백을 일찍 얻을 수 있는 기회다. 그들은 대화를 통해 해결책에 관한 통제권을 유지할 수 있다. 이렇게 미리 그리고 일찍 대화해두면 승조원들은 함 전체가 성취하고자 하는 목표를 명확히 이해할 수 있다. 불과 30초 정도의 대화만으로 엄청난 시간을 절약할 수 있는 것이다.

지휘관의 시간은 조직에 대단히 귀중한 자원이며, 계급구조상 철저히 보호되어야 한다. 내 시간이 낭비된다면 분명히 눈에 띄며, 특히 내 눈에는 더욱 잘 보일 것이다. 그러나 조직의 전체 구성원의 비효율은 눈에 잘 띄지 않는다. 우리 조직에서는, 함장인 내가 아무리 시간을 효율적으로 쓴다 하더라도 그보다는 전체의 비효율이 훨씬 더 큰 영향을 미친다. 시간의 가치가 저마다 다르다는 점을 감안하더라도 말이다.

나아가 관리자들이 업무를 처음 확인하는 순간부터 완벽한 작품을 요구하면, 조직 전체에 오히려 심각한 낭비와 좌절이 발생한다는 사실을 명심해야 한다. 일이 완성되기 전에 단 30초만 확인해도 부하들은 엄청난 업무시간을 덜 수 있다. 나는 셀 수도 없이 자주 함내를 돌아다니며 이렇게 말하곤 했다. "자네가 하는 일을 한번 보여주겠나?" 이렇게 하면 나름대로 열심히 일하면서도 상사의 의도를 엉뚱하게 알아들어 자원의 심각한 낭비를 불러오는 사태를 미리 막을 수 있다.

저를 못 믿으시겠다는 말씀입니까?

프로세스의 초기에 짧은 의사소통을 하라는 원칙에 한 가지 문제가 있다면 그것은 바로 신뢰에 관한 것이다. 부사관들은 지휘관들이 자신을 못 믿는 것이 아니냐며 불평했고, 심지어 나에게 직접 그런 불만을 제기하는 경우도 있었다. 나는 사실 그들을 믿었기 때문에 오랫동안 이 문제로 고민했지만, 이 질문에 어떻게 답해야 할지를 몰랐다. 그러다가 마침내 우리가 이야기하는 '신뢰'가 서로 전혀 다른 것이라는 사실을 깨달았다.

만약 누군가가 잠수함을 특정 위치로 운항해야 한다고 말한다면, 그가 '믿는' 바는 잠수함을 그 위치에 갖다놓아야 한다는 것이다. 이때 그를 믿지 못한다면 우리는 그가 일부러 잘못된 위치로 배를 끌고가려 한다고 생각할 것이다. 신뢰란 순전히 인간관계에 달린 문제다. 그가 가리킨 위치가 산타페함을 위한 전술상 최고의 지점이 맞느냐는 것은 완전히 다른 문제다. 그것은 물리적 조건과 시간, 거리 그리고 적의 움직임에 달린 문제기 때문이다. 이런 조건은 물리적 특성일 뿐 신뢰와는 아무런 상관이 없다.

체크리스트

- 프로젝트를 제대로 완수하기 위해 미리 신속한 토론을 거치자는 제안에 부하들이 난색을 표한다면 어떻게 대처할 것인가?
- 우리 조직 내 서로 간의 신뢰 수준은 어느 정도인가?
- 직원들이 완전무결하지만 전혀 엉뚱한 도표와 보고서를 만드는 데 시간과 돈을 쏟아붓고 있지는 않는가?
- 우리 조직에서 '암초가 가까워졌을 때 허둥대지 않기 위해 멀리 있을 때 살짝 방향을 조정할 수 있는' 일은 무엇인가?
- 직원들에게 더 가치 있고 이용하기 쉬운 정보를 전달할 수 있는 일상적인 방법은 무엇일까?
- 우리 조직에서 일어난 사건이나 문제의 '실제 원인'을 알아낸 적이 있는가? (항해용 해도의 기호 색상을 선택할 때 손에 잡히는 대로 아무것이나 썼다는 슬레드독의 고백과 비슷한 이유 말이다.)

11장. 수동적 팔로워에서
능동적 리더로 거듭나기

여러분 조직의 간부와 직원은 얼마나 적극적인 태도를 보이는가? 우리는 구사하는 말을 바꾼 다음 적극성을 극적으로 높일 수 있었다.

실전배치 159일 전
1999년 1월 21일 : 하와이 진주만

"조타구역 나와라, 기동실이다. 모의상황 발생, 원자로 정지!" 방금 원자로가 멈춰 섰다. 기관사가 모의 폐쇄 상황을 가정하여 기관 소대의 고장 원인 파악과 수리 능력을 시험하고 있다. 마크 케니 전 대장이 오는 날이 불과 나흘 앞으로 다가온 상황에서, 우리는 교육과 자격검증, 전투 훈련, 어뢰적재 작업 등으로 눈코 뜰 새가 없었다. 검열관들을 초빙한 후 마우이로 가서 적 잠수함을 찾아낸 다음, 지정된 목표점 모두를 훈련용 어뢰로 타격해야 했다. 흥분되는 일이었지만, 과연 잘 해낼 수 있을까 걱정이 됐다. 우리가 처음으로 맞이하는 중요한 시험이었다.

'검열 심리'는 사기를 꺾는 가장 큰 주범이다. 이는 오직 눈앞에 닥친 검열에만 온 신경을 집중하는 행태를 일컫는 말이다. 함정들이 검열이 있을 때마다 높은 성적을 올리려 애쓰는 거야 당연한 일이지만, 일부 함정에서는 이런 검열 심리가 워낙 심해 'ORSE 순찰대' 또는 'TRE 순찰대'라는 말을 쓰곤 한다. ORSE란 '원자로가동안전성검사Operational Reactor Safeguards Examination'로 추진설비에 관한 시험인데, 이를 준비하려면 온통 기관 훈련에만 매달려야 한다. '전술능력평가Tactical Readiness Evaluation'인 TRE에는 까다로운 항해 훈련과 미사일 및 어뢰 발사가 포함되어 있어, 주로 이 분야의 훈련이 진행된다. 하지만 산타페함에서 좋은 검열 성적은 탁월한 수준에 올랐을 때 따르는 자연스러운 결과가 되어야 한다. 그 자체가 목표가 될 수는 없다. 중요한 것은 조국을 지키기 위해 운영과 전술 면에서 탁월한 준비를 갖추는 것이다. 탁월함과 준비성을 갖추면 훈련과 검열에 저절로 통과할 것이다.

곧 전술심사를 앞두고 있었으므로, 무기운용 장교 데이브 애덤스 대위는 무기 및 전술 훈련 일정을 점검하고 있었다. 기관사인 릭 판리리오 소령은 기관 훈련을 원했는데, 나는 그 생각이 옳다고 봤다. 함정에는 양쪽 훈련이 모두 필요했기 때문이다. 즉 전술적 측면과 추진설비 측면 말이다. 그 훈련을 추가하는 데 동의한 것은 다행스러운 일이었는데, 그 덕분에 나와 산타페함의 미래에 심오한 영향을 미칠 교훈을 배웠기 때문이다.

훈련은 간단했다. 모의 사고 발생 신호가 떨어지면 기관사가 원자로를 폐쇄한다. 기관소대는 무엇이 문제인지 파악하고, 필요하다면 수리조치한 후 원자로를 재가동한다. 원자로가 꺼져 있는 동안은 거대한 증기기관인 주 엔진 대신, 훨씬 작은 전기추진모터EPM, electric propulsion motor로부터 추진력을 얻는다. EPM 동력은 속도가 아주 느렸지만 원자로가 제 역할을 하지 못하는 상태에서 기지로 귀환하기에는 충분했다.

훈련 계획을 수립했다. 나는 잠수함 앞쪽에 자리한 조종실에서 당직사관과 조종실 정찰병들을 바라보고 있었다. 기관실에서 판리리오 소령이 이끄는 훈련 팀이 준비를 마치고 원자로를 끄면서 훈련이 시작되었다.

당직사관이자 선임소대장이었던 빌 그린 소령은 모든 일을 제대로 하고 있었다. 우리는 주 엔진 대신 보조 전기모터인 EPM을 추진동력으로 삼아 프로펠러를 돌렸다. 함정은 수심을 얕게 유지하며 원자로가 재가동될 때까지 디젤엔진으로 전력을 공급하여 배터리를 충전된 상태로 유지했다. 핵잠수함 기관병들이 잘못된 곳이 어딘지 파악하느라 시간이 길어지자, 나는 지루해지기 시작했다. 손전등을 만지작거리며 껐다 켰다 반복했다. 모든 일이 너무 순조롭게 흘러가고 있었다. 그때, 승조원들이 새로 온 함장을 너무 무른 사람이라고 생각하면 안 된다는 생각이 들었다.

나는 그린 소령에게 슬쩍 눈치를 주면서 EPM의 가동속도를 전속력의 3분의 1에서 3분의 2로 높이라고 지시했다. 원자로소대원들이 좀 더 골머리를 앓도록 말이다. 이렇게 하면 배터리 방전속도가 훨씬 더 빨라지므로, 사고 원인을 캐는 사람들이 더욱 서둘러서 문제를 발견하고 수리해야 한다. 3분의 2 속도로 설정하면, 배터리 적산전류계amp-hour meter 눈금이 거의 연속적으로 딱딱 소리를 내며 떨어진다. 시간이 얼마 남지 않았다는 신호가 귀에 들리면 심리적으로 쫓기게 된다.

"3분의 2 속도로." 그가 명령을 내렸다.

그런데 아무런 움직임도 없었다.

조타수는 3분의 2 속도라고 외치지 않고 그냥 의자에 앉아 머뭇거리기만 하고 있었다. 아무도 입을 열지 않는 굉장히 어색한 분위기 속에 몇 초가 흘렀다. 명령이 이행되지 않고 있음을 간파한 나는 조타수에게 뭐가 문제냐고 물었다. 그는 패널에 시선을 고정한 채 어깨 너머로 이렇게 대답했다. "함장님, EPM에는 3분의 2 속도 설정치가 없습니다!"

이미 설명했듯이, 내가 산타페함과 같은 로스앤젤레스급 잠수함에 승선한 것은 이번이 처음이었고, 이전에 타본 모든 함정에서는 EPM에 3분의 1 속도와 3분의 2 속도를 모두 설정할 수 있었다. 새로운 잠수함에 승선하기 위해 훈련받는 과정에서 이런 내용을 분명히 다루었겠지만, 무수히 많은 세부사항에 묻혀 확실히 기억나지 않았다. 나는 무심코 기존 관념대로 일을 처리해버렸던 것이다.

조타수에게 알겠다고 하고, 그린 소령을 붙잡고 늘어졌다. 조종실 한구석에 데리고 가 EPM에 3분의 2 속도 설정치가 없다는 걸 알고 있었느냐고 물었다.

"예, 알고 있었습니다."

나는 깜짝 놀라 물었다. "그럼 왜 그대로 지시했나?"

"함장님의 명령이니까요."

"뭐라고?"

"예비지휘관 연수에서 함장들께만 알려주는 비밀 같은 것이 있는 줄 알았습니다."

그린 소령은 너무나 정직했다. 그 명령을 내린 순간, 나는 상명하복의 지휘통제 리더십 모델로 되돌아가 버린 것이다. 정작 나도 그랬는데, 대다수 경험 많은 고위급 당직사관들은 오죽하겠나 하는 생각이 들었다. 동시에 잠수함과 같은 복잡한 환경에 이 모델이 불러올 위험성에 대해 엄청난 경각심이 들었다. 상명하복 문화에서 리더가 잘못 판단하면 어떤 일이 벌어질까? 모두가 낭떠러지로 내몰리게 된다. 그때부터 나는 명령을 내리지 않겠노라고 다짐했다. 어떠한 명령도 말이다. 이번 일을 계기로 철저히 입을 다물겠다고 결심한 것이다.

내 첫 잠수함인 선피시함에서 당직사관으로 복무할 때 꾸지람을 들었던 기억이 떠올랐다. 함장에게 어떤 일에 대해 승인을 해달라고 요청했는데, 그가 이렇게 소리쳤던 것이다. "자네가 할 일은 자네가 말해야지!" 그때부터 내 표현이 바뀌었다. "함장님, 이렇게 할 생각입니다." 그러면 함장은 나를 격려해주었다.

산타페함에서도 바로 이런 방식을 써야겠다고 결심했다. 내가 있든 없든, 보고자가 장교든 아니든 이렇게 말하도록 바꾸었다. 그리고 이 방식이 승조원들 사이에 철저히 스며들게 했다. 내가 할 일은 명령을 삼가는 것이다. 장교들이 "이렇게 하겠습니다"라고 자기 생각을 말하면 나는 "그렇게 하게"라고만 하면 된다. 그다음에는 각자 자신의 일을 하는 것이다.

행동원리 : "이렇게 하겠습니다"라고 말하라

'이렇게 하겠습니다'는 통제권에 관한 매우 강력한 행동원리다. 언뜻 사소한 말장난에 불과하다고 생각할 수도 있지만, 우리는 이 표현의 도입을 계기로 깊은 의미에서 계획의 주도권이 장교들에게 넘어갔다는 사실을 알 수 있었다.

'이렇게 하겠습니다'는 얼마 안 가 대유행이 되었다. 장교와 승조원 모두 이 말을 즐겨 사용했다. 이 때문에 곤란해진 유일한 사람은 얄궂게도 바로 나였다. 내가 잠든 동안 누가 "이렇게 하겠습니다"라고 외쳐서, 내가 미처 알지 못하거나 제대로 상황을 파악하지 못하면 어쩌나 하는 걱정이 들었다. 그래서 한 가지 규칙을 정했다. '이렇게 하겠습니다'는 내가 깨어 있을 때만 유효하다는 것이었다. 딱 그때만 제외하면 모든 상황에 적용되었다.

일 년 후, 나는 스티븐 코비Stephen Covey 박사와 함께 산타페함 함교에 서 있었다. 그는 우리가 하는 일에 관해 설명을 들으면서 잠수함에 승선하게 된 일에 흥미를 보였다. 그를 초빙하는 데는 마크 케니 전대장이 큰 역할을 했다. 이때는 우리가 통제권에 관해 추진해온 변화를 전 승조원이 충분히 소화한 시점이었으므로, '이렇게 하겠습니다'는 어디서든 뚜렷이 눈에 띄었다. 그날 하루 종일 장교들이 나를 찾아와 그 말을 연발했다.

"함장님, 곧 잠수를 시작하겠습니다. 현재 위치는 우리 수역이고, 수심은 120미터입니다. 현재 전원 이상 무, 함정 잠수 준비 완료했습니다. 정찰대 임무 승인했습니다."

"알았네."

코비 박사는 우리 잠수함의 운영방식에 큰 관심을 보였다. 나는 산타페함의 모든 반장과 장교에게 코비 박사의 책 『성공하는 사람들의 7가지 습관 *The 7 Habits of Highly Effective People*』을 한 권씩 선물했다. 우리는 그 책에 나오는 여러 가르침을 조직 차원에서 적용하여 훌륭한 성공을 거두었다.

말의 힘

조직 구성원들이 적극성을 발휘할 수 있는 열쇠는 부하와 상사가 서로 주고받는 말에 있다. 소극적인 팔로워들은 다음처럼 권한이 결여된 말을 한다.

- 허가를 요청합니다.
- 이렇게 하고 싶습니다.
- 어떻게 하면 좋겠습니까?
- 이렇게 해야 한다고 생각하십니까?

- 이렇게 해도 되겠습니까?

반면 적극적 행동파들은 다음과 같이 자율성을 띤 문장을 사용한다.

- 제 의도는 이렇습니다.
- 제 계획은 이렇습니다.
- 저는 이렇게 하겠습니다.
- 우리는 이렇게 하겠습니다.

권한을 부여하는 말이 지닌 가치에 관한 더 자세한 내용을 알고 싶은 분들은 스티븐 코비의 『성공하는 사람들의 8번째 습관 *The 8th Habit*』을 참고하시기 바란다.

우리는 이 개념을 더 확장했다. 내가 늘 "알겠네"라고만 한 것은 아니었다. 보고 내용 중에는 안전과 적합성 면에서 미심쩍은 부분이 많았으므로, 어쩔 수 없이 여러 질문을 던지곤 했다.

어느 날 당직사관이 "곧 잠수하겠습니다"라고 보고하는데, 문득 그렇게 질문 공세를 퍼부어서는 안 되겠다는 생각이 들었다. 그래서 머릿속에 떠오르는 질문을 던지는 대신, 당직사관에게 내가 무슨 생각을 하고 있을 것 같냐고 물어봤다.

"잠수에 필요한 안전과 적합성이 확보되었는지 궁금하실 거라고 생각합니다."

"맞았네. 그럼 이제부터는 자네가 먼저 잠수해도 될 만큼 안전하고 적합하다고 생각하는 이유를 설명해보게. 그러면 나는 알겠다고만 하면 될 것 같은데."

그때부터 장교들의 목표는 내가 간단히 승인할 수 있을 정도로 충분하고 온전한 내용을 보고하는 것이 되었다. 물론 그들은 처음부터 정보를 제공했지만, 모든 내용을 말하지는 않았다. 그러나 대개의 경우 그들은 대답을 알고 있었다. 단지 말로 표현하지 않았을 뿐이었다. 결국 장교들은 자신이 하려는 일에 관한 전체적인 사고 과정과 그 근거를 요약해서 설명하게 되었다.

이렇게 한 발자국 더 나아간 덕분에 그들의 생각은 한 차원 높은 수준으로 올라섰다. 이제 당직사관은 마치 함장처럼 생각하기 시작했고, 이 변화는 지휘계통을 따라 내려가면서 연쇄반응을 불러왔다. 자신의 생각을 설명하려 애쓴 덕분에 장교들과 반장들은 사실상 한 계급 위의 지휘관처럼 행동하기 시작했다. 우리는 리더십개발 프로그램이 필요 없었다. 우리가 일하는 방식 자체가 리더십개발 훈련이었다. 단언컨대 지난 십 년간 산타페함의 장교들과 반장들이 다른 어떤 잠수함의 승조원들보다 더 많이 진급할 수 있었던 비결은 바로 '이렇게 하겠습니다' 캠페인 덕분이다.

마침내 우리는 모든 것을 바꿨다. 한 명의 함장이 134명에게 명령을 내리는 것이 아니라, 135명의 독립적이고 열정적이며 헌신적이고 적극적인 사람들이 무슨 일을 해야 할지, 또 거기에 가장 좋은 방법은 무엇인지 고민하게 된 것이다. 이렇게 해서 모두가 수동적인 팔로워가 아니라 적극적인 리더가 되었다.

나중에 예비지휘관 연수교관을 지낸 친구와 이야기를 나눌 기회가 있었다. 그는 곧 함장 진급을 앞두고도 함장에 걸맞은 의사결정 능력을 갖추지 못한 장교가 너무 많다는 현실 때문에 고민하고 있었다. 모두 '훌륭한 잠수함' 출신인데도 막상 의사결정을 내릴 상황이 되면 얼어버린다는 것이었다. 나는 그 '훌륭한 잠수함'이라는 표현에 의문을 제기했다. 그가 하는 말의 의미는 '아무 문제가 없는' 잠수함이라는 뜻이었다. 적어도 우리가 아는 한에서 문제가 없는 배 말이다. 그러나 그 배가 이룬 것은 상명하복의 '리더-팔로워' 체계 안에서 이 장교들을 이인자로 남겨둔 채 함장이 내린 결정으로 거둔 성과였을 뿐이다. 게다가 함장이 그들을 충분히 훈련시킨 것 같지도 않았다.

이로써 기존의 리더십 체계가 얼마나 개인의 능력에만 매달려왔는지, 또 우리가 얼마나 그 한계를 순순히 받아들이고 있었는지 분명히 드러났다. 아무 문제가 없다는 점에서는 좋은 잠수함일지 몰라도 그곳에서 일한 장교들이 훌륭한 리더십을 갖추지 못했다는 것만은 분명했다.

내가 항해사에게 EPM 속도를 3분의 2로 올리라고 한 이유는 무엇이었을까? 핵잠수함의 함장 노릇을 하는 것은 꽤나 흥분되는 일이다. 함장이 명령을 내리면, 사람들은 이리저리 뛰어다니고 원자로의 출력은 높아지며 잠수함은 물살을 헤치고 전진한다. 함장은 점점 더 많은 것을 원하고 명령을 더 많이 내릴수록 더 많은 통제권을 갖게 된다. 리더는 이런 권력의 유혹에 쉽게 끌리게 되지만, 그럴수록 팔로워들은 점점 지치고 쇠약해진다.

체크리스트

- 통제권을 이양해야 하는데도 우리는 왜 오히려 부여잡으려고 하는가?
- 부하들이 내가 '높은 사람들만 아는' 비밀 정보를 가지고 있다고 생각해서 내 명령을 무조건 따른 적이 있는가?
- '이렇게 하겠습니다' 방식을 우리 조직에 도입하는 데 가장 큰 장애물이 되는 것은 무엇인가?
- 우리 조직의 중간관리자들은 회사의 차기 대형 프로젝트에 대한 자신의 계획을 설명할 수 있는가?

12장. 리더가 먼저 해결책을 제시하려는 충동을 억제하라

부하들이 정답을 찾을 수 있도록 도와주는 편인가? 나는 그랬다. 그리고 그것 때문에 상황이 악화되었다.

1999년 1월 27일 : 하와이 진주만

해도가 펼쳐진 탁자로 사람들이 모여들었다. 데이브 애덤스 대위과 빌 그린 소령, 부함장이 나와 함께 모였고, 옆에는 존 라슨 반장도 있었다. 조타수 슬레드독은 나가 있게 했다.

적의 이동 방향은 어디인가? 해도를 살펴보고 판단을 내렸다. 마우이 인근의 혼잡한 수역 쪽이 가능성이 높았다.

"여기네. 06시 정각까지 이곳으로 가야 해." 나는 해도에 그려진 마우이 유역의 한 지점을 손전등 꽁무니로 두드리며 말했다. 적의 이동 방향이 정말 그 혼잡한 수역이라면, 그곳에서 좀 더 거슬러 올라가 더 깊고 고요한 바다를 내려다볼 수 있는 이 장소가 바로 우리가 공격을 개시하기에 적합한 곳이었다.

한밤중이었다. 이미 진주만에 들러 마크 케니 전대장을 비롯한 검열단을 모셔온 터였다. 나는 피곤해서 한두 시간이라도 눈을 붙여야 했다. 지금까지는 잘해왔지만, 몸이 열 개라도 부족하다는 생각이 들었다. 내가 휴식을 취하려면 야간 당직자들이 알아서 산타페함을 이 위치까지 몰고 가야 했다. 이곳은 적의 움직임, 해상교통에 의한 방해, 바람과 바다의 상태 및 기타 요인까지 확인할 수 있는 곳이었다.

주변을 둘러보았다. 다들 고개를 끄덕였다. 별다른 질문은 없었다. "좋아, 이 계획에 지장을 주거나 다시 생각해야 할 일이 있으면 나를 부르게." 그런데 사실 왜 이 위치를 선정했는지, 그 지점을 유리하게 만드는 전제조건이 뭔지 좀 더 토론했어야 했다. 그래야 작전에 대한 그들의 이해도가 좀 더 높아졌을 것이다. 사실 그러고 싶었지만 내가 너무 지쳤던 데다 시간도 없었다. 매일 하루 종일 내 모든 것을 쏟아붓는 느낌이었다. 너무나 피곤했다. 언제나 침착함을 유지하면서 장교들이 '이렇게 하겠습니다'의 자세를 잃지 않도록 애썼다. 하지만 상명하복 방식은 우리가 하는 일에 깊이 새겨져 있었고, 우리는 나쁜 습관으로 되돌아갔다.

실전배치 152일 전

1999년 1월 28일 : 산타페함 승선 중

몇 시간 후, 오전 5시에 눈을 뜬 나는 경악을 금치 못했다. 우리

위치가 목표 지점에서 몇 킬로미터나 떨어져 있었던 것이다. 그뿐만 아니라 적이 있는 곳과는 정반대 방향으로 움직이고 있었다! 이제 적함의 위치가 오히려 우리보다 더 높은 것 같았다. 상황을 바로잡는 데 몇 시간이 걸릴 전략적 실수였다. 검열 상황이었기에 감점으로 끝나지, 실전이었다면 곧바로 죽음을 뜻하는 일이었다. 정찰대는 항법상의 문제와 몇 차례의 단발성 연락에 의해 움직였고, 그 결과 잠수함을 최적 위치로 이동시키는 데 실패했다. 아직도 사안에 끌려다니기만 하고 적극적으로 일을 이끌어가지 못하고 있는 것이다.

케니 전대장은 조종실에서 우리 대원들이 연락을 주고받는 과정을 모두 지켜봤다. 나는 엄청나게 화가 났지만 애써 냉정을 유지했다. 다 내 잘못이었다. 상명하복에서 상향식 리더십으로 바꾸는 일이 하룻밤 사이에 되는 것은 아니었다.

그때 곧바로 든 생각은 모든 일들을 좀 더 세심히 살펴야겠다는 것이었다. "03시에 눈을 떠서 상황을 확인했어야 하는데." 그러나 그랬다면 윌로저스함에서와 똑같은 상황으로 되돌아가 버렸을 것이다. 여기서 빠져나올 방법을 찾아야만 했다. 곰곰이 생각해보니 "06시까지 이곳으로 가야 해"라고 구체적인 방향을 정해주었지만 그 배경이 되는 사고 과정을 말해주지 않았기 때문에, 내 지시는 복잡하고 예측 불가한 상황에서 아무 쓸모가 없어져버렸던 것이다. 단번에 이루어지는 일은 아무것도 없다. 통제력의 수준이 적나라하게 드러난 상황에서 사람들이 조직의 목표에 맞춰 행동하는 일의 중요성은 더욱 커진다. 그때까지 내가 입이 아프게 사명(적극적 목표)을 성취하자는 이야기를 했어도, 이 사람들은 문제나 피하고 보자는(이번 경우에는 적에게 역공을 당하지 않으려 접촉을 피하고 충돌의 위험을 줄이려 했던 것이다) 구태의연한 사고방식에 빠져 있었던 것이다. 적과의 교전에 임할 때는, 접촉을 회피하는 것보다는 잠수함을 최적의 전술 요충지로 이동하는 데 초점을 맞춰 그 위험과 이익을 정확히 판단해야 한다.

이후 몇 시간 동안 우리는 더 유리한 전술 요충지를 확보하느라 애를 썼다. 그래서 상당히 진척을 보였는데 어선을 피하기 위해 다시 방향을 돌려야 했다. 산타페함은 수심이 얕은 수역에서 잠망경 수심PD, Periscope Depth을 유지한 채 운항했으므로 한번 방향을 바꾸는 데 몇 분이 걸리곤 했다. 한마디로 느림보였다.

"잠망경을 올려라!" 당직사관이 외치자, 수력학장치가 잠망경을 5미터 높이의 최대연장 위치에 올려놓았다.

산타페함은 수면 바로 아래에 있었다. 잠망경을 올려도 수면 위에 드러나는 것은 고작 60센티미터 정도의 짧은 막대뿐이었다. 그런데 오늘따라 물결이 잔잔해서, 그토록 속도가 느렸는데도 우리 잠망경은 금방 눈에 띄었다. 그래서 불과 몇 초만 잠망경을 올려 재빨리 주위를 둘러보고 다시 내렸다.

적함인 디젤 잠수함과 펼치는 술래잡기 게임이 막바지에 다다랐다. 모의전투는 산타페함이 적함을 격침시켜야 하는 대목까지 진행되었다.

적함이 이곳을 선택한 것은 의도적이었다. 수심이 얕고 바닥이 고르지 못해 어뢰가 제 역할을 하기가 어려웠으므로, 적함을 확실히 명중시키려면 정확한 위치를 파악해야만 했다. 가장 좋은 방법은 직접 눈으로 보는 것이었다. 우리 함정이 잠망경 수심을 유지하면서 적함을 육안으로 살피는 이유도 바로 그것이었다. 그러기 위해 스타벅스 매장의 절반쯤 되는 공간에 스무 명 이상이 빽빽이 들어차 있었다.

우리 함에 적재된 어뢰는 Mk 48 ADCAPadvanced capability이라는 첨단성능 기종으로, 수상 선박과 잠수함을 모두 상대할 수 있는 치명적인 무기였다. 마치 사냥꾼이 오리의 전방을 겨눠 쏘듯이 어뢰는 목표물의 이동 경로를 가로질러 명중시킨다. 더구나 어뢰 자체에 음파탐지기가 장착되어 목표물의 정확한 위치를 추적해낸다. 어뢰 뒤편으로는 전선이 한 가닥 흘러나와 우리 잠수함과 연결되어 있으므로, 전방 시야를 계속 확인하면서 신호를 전달하여 어뢰의 방향을 재조정할 수 있다.

"목표물 발견!" 당직사관이 부표와 안개 너머 멀리 하와이 제도를 배경으로 나타난 적함의 잠망경을 보고 우리 잠망경을 재빨리 내렸다. 우리 눈에 그들이 띄었으니 그들도 우리를 봤을 것이다.

"함장님, 원점 타격 명령을 내려주십시오!" 데이브 애덤스 대위가 공격 명령을 요청했다. 그 점은 마음에 들었다. 그는 무기운용 장교로서, 타격의 성공에 필요한 모든 요소가 완비되었음을 알고 있었다. 무기를 발사대에 장전해놓았고 목표 지점도 정확히 조준했다. 이제 발사 승인만 떨어지면 된다. 더 정확한 정보를 얻자고 기다려봐야 적에게 우리를 발견할 시간만 더 주게 된다.

"알았네." 그의 적극적인 자세를 인정해주고 싶었다.

공격 명령을 내렸다. "잠수함, 원점 타격 실시! 1사대는 주공격, 2사대는 보조 바람."

이마에 흘러내리는 땀을 닦아냈다.

명령에 따라 정해진 복명복창이 길게 이어졌고, 수석보좌관이 발사준비 완료를 알렸다. 그러나 그다음 내 귀에 들린 말은 복명복창이 아니었다.

"메시지 수신을 위해 BRA-34 상승 허가를 요청합니다."

뭐? 무선통신 안테나를 올리겠다고?

열두 시간마다 돌아오는 방송이 임박했던 것이다. 우리에게 보내는 메시지를 들어야 했다. 하지만 이 안테나를 몇 분간이나 수면 위로 잠망경보다 더 높이 올려놓았다가는 위치가 발각될 위험이 있었다.

나는 화가 치미는 것을 또 가까스로 참았다. 조종실 한쪽에 서 있던 케니 전대장을 흘끗 훔쳐보았다. 마치 나를 시험하기 위해 이 모든 것을 미리 꾸며놓기라도 했다는 듯이 미소를 짓고 있었다. 무선통신 검열관은 방송 시간이 임박했음을 분명히 그에게 알려주었을 것이다. 우리 메시지 수신 마감 시각이 하필 최악의 순간과 맞물리게 된다는 점도 함께 말이다.

불과 몇 시간 전에 해도를 가리키며 승조원들에게 명령함으로써 나는 사태를 악화시켰다. 그것은 그들에게서 생각할 기회와 의무를 빼앗아버린 행동이었다.

그래서 그 순간 고함을 지르며 명령하고 싶은 것을 겨우 참고 고개를 숙여 신발을 내려다봤다. 그러고는 이렇게 중얼거렸다. "그렇게 하지 않겠다. 다른 해결책을 찾아야 해." 즉시 공격을 개시할 기회를 놓친다 하더라도 전원에게 생각할 시간을 주어야만 했다.

몇 초간 아무 말 없이 기다렸다. 효과가 있었다.

소대장들은 재빨리 논의를 시작했다. 하고 싶은 말이 목구멍에서 치솟는 것을 참고 조용히 있었다. 초조하게 시간은 흘렀고 적함이 어디에 있는지 점점 알기 어려워졌다. 그런데 그때 누군가 적함을 격침하면 통신으로 그 사실을 보고해야 하므로, 격침 뒤에 방송 메시지를 수신하면 된다고 말했다. 그렇게 되면 주변에 우리를 겨냥하는 주체가 남아 있지 않게 된다!

"함장님, 공격 개시 명령을 내려주십시오!"

"최종 조준 후 사격하라!"

잠망경이 올라갔다. 이번에는 내가 직접 들여다보았다. 잠망경을 적 잠수함에 맞춘 채 조준 버튼을 눌러 컴퓨터가 타격 지점까지의 어뢰궤적을 정확히 계산하게 했다.

"준비!" 입력된 조준 계산치가 어뢰에 전달되었다.

"발사!" 데이브 애덤스 대위가 알렸다. 절차에 따라 내가 최종 조준 후 사격을 명령했고, 무기운용 장교가 최종 버튼을 눌러 어뢰가 발사된 것이다.

ADCAP 어뢰가 고압의 해수에 밀려 1사대를 떠나자 그 충격이 조종실에 있던 모두에게 전해졌고, 곧이어 모터가 작동하면서 어뢰는 궤도를 따라 나아갔다.

"어뢰 정상 가동 중. 교신 양호!"

"어뢰, 목표물 조준치 접수."

보고 내용은 모두 정상이었다.

이제 기다리는 일만 남았다. 우리 어뢰는 적이 있는 곳에 도달한 다음 작동하게 된다. 일이 순조롭다면, 어뢰는 먼저 신호를 몇 번 쏴서 목표물을 인식한 후 명중할 것이다.

"포착!" 어뢰가 적을 발견했다. 어뢰의 현 위치와 적이 있을 것으로 생각되는 지점을 확인했다. 적의 위치를 미세하게 재조정했다.

"목표물 확보!"

"명중이다."

'명중'이라는 음성은 검열관들의 것으로, 우리 어뢰가 적 잠수함을 격침하는 데 성공했다는 선언이었다.

조종실에서 환호가 터졌다. 우리가 이루어낸 첫 성공이었다!

행동원리 : 리더가 먼저 해결책을 제시하려는 충동을 억제하라

지금까지의 일들을 되돌아보면서, 다소 시간이 걸리더라도 장교들 스스로 상황을 판단할 기회를 주었어야 했음을 깨달았다.

물론 위급한 상황에서는 즉석에서 결정을 내려 분명하게 명령할 수 있어야 한다. 중요한 회의를 열 시간 따위는 없다. 그러나 대부분의 경우에는 즉각적인 결정이 필요하지 않다. 부하들에게 충분히 고민할 시간을 주어야 함에도 우리는 여전히 속사포 발사에 적용하는 위기대응 모델을 채택한다. 해결책을 제시하려는 충동을 억제하는 것은 통제권에 관한 또 다른 행동원리다. '리더-리더' 모델을 따른다면 다른 사람들에게도 상황에 적응할 시간을 줘야 한다. 전원이 결정에 참여할 수 있는 열린 공간을 만들어줘야 하는 것이다. 그 시간이 불과 몇 분, 아니 몇 초에 지나지 않는다 해도 말이다. '리더-팔로워' 방식에서는 이를 실천하기가 어렵다. 앞으로 어떤 결정을 내릴지 예상하고, 부하들에게 미리 예고해야 하기 때문이다. 상명하복의 위계질서 속에서는 부하들이 아무것도 미리 생각할 필요가 없다. 필요할 때마다 결정해주는 상관의 명령만 들으면 되는 것이다.

이것은 우리 팀과 내가 정말 떨쳐내기 어려운 습관이었다. 산타페함 함장이 된 지 얼마 지나지 않았을 때, 훈련용 시뮬레이터에서 어뢰 공격을 연습한 적이 있었다. 나는 약 서른 명으로 구성된 무기통제소대를 이끌었다. 나는 처음부터 그들에게 누가 요청하지 않는 한 어떤 명령도 내리지 않겠다고 말해두었다. 결국 30분간이나 곧장 직진하는 사태가 벌어지고 말았다. 모두들 내가 선회 명령을 내릴 것으로 믿고 있었기 때문이다. 끔찍한 경험이었다.

혹시 결정이 필요한 문제를 급하게 다뤄야 하는 일이 자주 있는가? 그렇다면 여러분의 조직은 외부 자극에 반응만 하는 악순환에 빠져 있는 것이다. 문제를 미리 예견하지 못하면 사람들은 거기에 대해 생각할 시간이 없다. 그러면 상관이 신속히 결정해야 하고, 그것은 또 팀원들의 훈련 부족을 낳는 식으로 악순환이 이어진다. 사실 아무도 그 문제를 깊이 생각할 시간이 없는 것이다.

이 악순환을 끊어야 한다. 다음은 팀원들에게 스스로 생각할 기회를 주는 몇 가지 방법이다.

- 급하게 의사결정을 내려야 하는 상황이라면, 그렇게 한다. 단, 이후에 팀원들에게 스스로 그 결정을 비판하는 입장이 되어 재평가해볼 기회를 준다.
- 결정을 내리기까지 시간이 있는 경우라면, 팀원들에게 간단하게라도 의견을 달라고 한 후 결정한다.
- 뒤로 미룰 수 있는 결정이라면, 팀원들에게 의무적으로 의견을 제출하도록 한다. 무리한 의견 통일은 강제하지 않는다. 그런 강제를 하면 있는 그대로 존중해야 할 의견 차이와 반대의사가 무시된다. 모두가 나와 생각이 같다면 그들이 왜 필요하겠는가.

체크리스트

- 상명하복, '리더-팔로워' 체계는 우리 조직의 운영방식에 어느 정도로 자리 잡고 있는가?
- 해결책을 제시하려는 충동을 참아야 하는 상황이 있는가?

- 문제가 생기면, 즉각 모든 일을 좀 더 세심하게 관리해야겠다는 생각이 드는가?
- 다음번 간부회의 때, 전체가 참여하는 열린 의사결정을 위해 무엇을 할 수 있을까?

13장. 하향식 추적관리 체계를 없애라

무심코 부하들에게 건넨 말이 그들의 주도성과 책임감을 해치는 일은 없었는가? 산타페함에서는 그런 일이 일어났다.

실전배치 152일 전

1999년 1월 28일 : 산타페함 승선 중

검열관들은 함정의 전술기동 면에서의 성과뿐 아니라 관리행정 문제도 살핀다. 이번에 그들은 산타페함이 위에서 내려온 몇 가지 지시에 응하지 않았다는 점에 주목했다. 여기서 '위'라 함은 제7잠수함전대와 태평양잠수함사령부 그리고 유지보수 시설이었다. 당연히 기분이 별로 좋지 않았지만, 어뢰와 미사일 발사에 집중된 정신을 분산시키고 싶지 않았다. 모든 일이 끝난 후 부함장에게 우리가 놓친 내용이 뭔지 물어봤다. 그랬더니 그가 '서류철'을 가져왔다 (영화라면 이 대목에서 불길한 음악이 배경으로 깔릴 것이다). 행정반장이 보관 중이던 7센티미터 두께의 그 파일에는 그동안 우리가 받은 모든 메시지가 들어 있었다. 메시지들은 담당 소대별, 마감 일자별로 분류되어 있었다. 그는 그것을 들여다보면서 자랑스럽게 보고했다. 아니나 다를까 우리가 이 메시지를 계속 확인해왔으며 거기에 응답하지 않은 것도 알고 있었다고 말이다.

우리 시스템은 현상을 이해하는 것에만 초점을 맞출 뿐 실제로 임무를 완수하는 것과는 거리가 멀었다. 안타깝게도 모든 사람들이 너무도 바쁜 나머지 들여다볼 생각도 못하는 동안, 그 서류철은 부함장실 서류함에 처박혀 있었다. 여느 잠수함처럼 우리도 매주 '서류철 회의'를 했어야 했다. 소대반장들과 소대장들이 사관실에 모여 그 서류철을 한 장 한 장 훑어가며 한두 시간 이상을 보내야 했던 것이다. 물론 이런 활동을 해봐야 실제로 이루어지는 일은 아무것도 없다. 그저 우리가 어떤 일을 해야 했고 어떤 일에 태만했는지 살펴볼 수 있을 뿐이다. 관리에 써야 할 소중한 시간을 엄청나게 잡아먹을 뿐인 것이다.

하지만 모두가 항상 이런 식으로 일해왔다. 사실 서류철 업무를 계속해야 한다는 법은 어디에도 없다. 오직 임무를 완수할 의무만 존재한다. 그런데 현실은 '리더-팔로워' 체계 속에서 누군가 오래전에 서류철 관리를 시작했고, 그 서류철이 업무관리에 유용한 도구로 여겨지고 있다는 것이었다. 그 업무방식에 숨은 메시지는 별로 도움이 되지 않는 내용이다. 그것은 상명하복과 '리더-팔로워' 체계에 불과하며, 권위와 주도성, 창의성, 직무 만족, 나아가 조직의 행복을 저해할 뿐이다.

서류철 업무가 던지는 메시지는 기본적으로 조직이 나와 나의 업무성과를 추적, 기록한다는 것이다. 그리고 내가 바람직한 성과를 달성하도록 (어떤 방법으로든) 강제하겠다는 것이다.

이것은 더욱 강력한 메시지를 잠식하는 결과를 낳는다. 다름 아닌, 나의 일을 책임지는 사람은 바로 나라는 메시지 말이다.

그다음 서류철 회의가 열릴 때 직접 참가해보았다. 세부사항을 일일이 관리하고 싶은 충동을 가까스로 참았다. 충동을 참지 못했다면 틀림없이 잘못된 길로 접어들었을 것이다. 어떻게 하면 사고방식을 완전히 바꾸어 각 소대의 책임자는 부함장이 아니라 소대장 자신이라는 생각을 자리 잡게 할 수 있을까?

각자 다른 잠수함에 있을 때 서류철 업무가 얼마나 효과가 있었는지 이야기해보았다. 우리의 경험은 몇 가지 범주로 나뉘었다.

먼저 서류철 업무를 완전히 무시하고 아무것도 하지 않는 경우가 있었다. 그들은 심지어 어떤 지시를 받았는지도 몰랐고 임무 완수에 걸리는 시간도 늦을 수밖에 없었다.

또 다른 부류로서, 서류철을 관리하고 자신이 놓친 일이 무엇인지도 알지만 임무를 효율적으로 완수하지 못하는 경우가 있었다. 노력에 비해 이뤄낸 성과가 보잘것없다는 점에서 가장 비효율적인 방식이었다. 우리가 바로 여기에 속했다.

마지막으로, 제대로 잘 운영되는 경우도 있었다. 서류철을 관리했고, 언제까지 무엇을 해야 하는지 알고 있었으며, 실제로 임무를 완수해냈다. 임무를 완수했기 때문에 대체로 효율적이라고 할 수 있었다. 하지만 서류철 관리와 그 수많은 회의를 생각하면 여전히 낭비가 존재했다.

우리는 더욱 효율적인 방법을 생각해냈다. 완전히 새로운 방법을 말이다.

행동원리 : 하향식 추적관리 체계를 없애라

업무 점검 계획을 검토해봤다. 사실 잘 진행되고 있던 계획이었다. 부함장과 함께 점검하면서 소대장들은 자신이 한 일과 하지 않은 일, 도움이 필요한 일을 보고하고 있었다. 상향식 대화가 이루어지고 있었던 것이다. 서류철 관리업무도 저런 식으로 하면 어떨까?

대화는 이렇게 진행되었다.

"무기운용 장교, 자네 소대의 책임자는 누구인가?"

"예, 접니다."

"부함장이 아니고?"

"예, 그렇습니다."

"그런데 왜 부함장이 자네 대신 서류철을 관리하고, 자네를 이 괴로운 서류철 회의에 앉혀놓아야 되나?"

"예, 부함장은 그럴 필요가 없습니다."

"좋아. 그럼 이렇게 하세. 자네들이 알아서 임무를 틀림없이 완수하는 거야."

"예, 알겠습니다." 데이비드 스틸 반장은 자기 소대와 밤을 새서라도 우리 잠수함이 샌디에이고에서 사용할 VLS 미사일 발사대를 완벽하게 작동하게 만들어놓겠다고 말했다. 그래야 우리 전단 소속 잠수함이 모두 참가하는 토마호크 미사일 훈련에 대비할 수 있었다. 내가 미처 몰랐던 사실은 스틸 반장이 메이저리그 프로야구 팀 샌디에이고 파드리스 경기의 박스석을 예약해두었는데(파드리스가 역전승을 거두었다) 그걸 포기했다는 것이다. 아무도 그에게 그러라고 권유하지도, 명령하지도 않았다. 그저 임무 완수를 위해 누군가가 뒤에서 도와야 했고, 그가 그 일을 도맡았을 뿐이다.

"항해사, 내가 예비지휘관일 때 보니 자네는 부함장과 함께 점검을 하던데?"

"예, 그렇습니다."

"자네가 할 일을 왜 부함장이 알려줘야 하나?"

"잘 모르겠습니다."

"그것은 부함장이 할 일이 아니지. 그러니 앞으로는 자네 소대의 일은 모두 자네가 점검하고 관리하게. 책임지고 일할 사람은 나도 아니고 부함장도 아니고 바로 자넬세."

그때부터 우리는 서류철 관리업무의 부담을 벗어던졌다. 여기에는 두 가지 이점이 있었다. 첫째, 서류철 관리라는 부가업무와 지루한 서류철 회의 없이도 일을 잘할 수 있었기 때문에 업무효율이 극대화되었다. 둘째, 여러 소대의 성과를 실질적으로 책임지는 주체가 누군지 혼동할 여지가 없어졌다. 책임의 주체는 바로 소대장들이었다.

이런 변화는 이전에 아무도 시도한 적이 없는 일이었지만, 우리는 한번 해보자고 생각했다. 하향식 추적관리 체계를 없애는 것은 통제권에 관한 또 다른 행동원리다.

물론 걱정이 없지는 않았다. 여러 가지 장애물이 끼어들어 일이 잘못될 수도 있고, 산타페함은 아무것도 제대로 해내는 게 없다는 평판을 듣게 될 수도 있었다. 하지만 그런 일은 일어나지 않았다. 보고를 제대로 하지 않았다고 힐책하는 메시지를 받는 일이 앞으로 결코 없을 것이라고 장담할 수는 없었지만, 그런 일은 쉽게 해결할 수 있고 별로 중요하지도 않았다. 모두가 자신과 자기 소대의 성과에 책임을 진다는 것이야말로 엄청나게 중요한 생각이었다. 이런 생각 덕분에 우리는 남이 할 일을 알려주는 데 많은 노력을 들이지 않아도 되었다.

관리자들은 늘 직원들의 주도성 부족을 개탄한다. 그러나 행동과 조직 내 관행을 지켜보면, 그들은 스스로 주도성의 싹을 잘라버리는 행태를 보여준다.

더 나쁜 일은, 그들이 그런 불만을 겉으로 드러낼수록 직원들은 그 위선적인 태도에 그들에 대한 신뢰를 더욱 잃고 만다는 것이다. 설교만 늘어놓으면서 저절로 주도성이 생기기를 바라면 안 된다. 실제로 주도성을 갖게 만들 행동원리를 심어주어야 한다. 우리의 경우에는 서류철을 없애버림으로써 그렇게 할 수 있었다. 이렇게 하향식 추적관리 체계를 없애면 된다. 데이터를 수집하고 프로세스를 측정하여 가치판단 없이 있는 그대로를 보고하는 일까지 없애라는 말이 아니다. 그런 활동은 보이지 않는 것을 드러내주기 때문에 중요한 일이다. 그저 아랫사람이 할 일을 윗사람이 정해주는 체계를 타파하라는 것이다.

프로세스에 집착하다 보면 그것을 통해 성취하려는 원래 목적보다 오히려 프로세스 그 자체에 집중하게 된다. 그러면 자연히 실수를 회피하는 것이 목표가 되고, 실수가 발생하면 또 다른 감독관과 검열관이 개입한다. 이런 감독자들은 실제 목표를 달성하는 일에는 아무런 기여도 하지 않는다. 그들은 사후에 오로지 프로세스가 어디서 잘못되었는지 밝혀낼 뿐이다.

W. 에드워즈 데밍W. Edwards Deming은 자신의 책 『위기를 넘어 *Out of the crisis*』에서, 이른바 '총체적 품질관리 리더십TQL, Total Quality Leadership'으로 알려진 원리를 설명한다. 그의 설명에 따르면, 프로세스를 개선하는 노력은 조직의 효율을 향상시키지만, 프로세스를 감시하는 노력은 오히려 조직의 효율에 악영향을 미친다. 나도 '당신을 항상 주시하고 있다'는 태도의 관리방식이 구성원들의 주도성과 활기, 열정에 치명적 영향을 미친다는 사실을 산타페함에서 직접 목격하기 전까지는 미처 실감하지 못했다.

TQL은 이제 지나간 유행이 되었다. 해군이 TQL을 도입하려다가 (그 방식과는 전혀 동떨어진 방법으로) 실패하는 바람에 많은 사람들에게 나쁜 이미지만 심어주고 말았다. 데밍의 주장에서 귀중한 아이디어를 너무나 많이 찾아낼 수 있다는 점에서 매우 안타까운 일이다. 그의 책들을 읽어보기를 권한다.

체크리스트

- 자신의 업무성과를 기꺼이 책임지려는 중간관리자들의 아이디어와 창의성, 열정을 충분히 활용하지 못하고 있지는 않는가?

- 산타페함의 서류철에 해당하는 일을 우리 조직의 부서장들에게 물려 주고, 서류철 회의 같은 일정에서 빠지면 어떨까?

- 우리 조직에는 하향식 추적관리 체계가 얼마나 많이 존재하는가?

- 어떻게 하면 그런 체계를 없앨 수 있을까?

14장. 생각을 크게 말하라

간부들에게 자신의 직감을 아무 거리낌 없이 이야기할 수 있는 가? 우리는 심지어 의심이나 모호함, 불확실이라는 말조차 입 밖으로 꺼내기 힘든 분위기였다.

실전배치 151일 전

1999년 1월 29일 : 진주만으로 귀항 중

잠수함은 해수면 위를 항해하기에는 부적합한 형태로 만들어졌다. 함교가 설치된 잠수함 상단부는 수면에서 불과 6미터 높이에 지나지 않는다. 함교 위에는 9미터 아래 조종실에 있는 잠망경과 음파 탐지기, 외부교신, 위치표시 화면 등도 없다.

그곳에 있는 거라곤 360도로 탁 트인 시야뿐이다. 잠망경의 좁은 렌즈를 통해 보는 것과는 도저히 비교할 수 없는 범위다. 그래서 잠수함이 수면 위로 올라가면 늘 함교에서 지휘한다. 지휘관이 소지한 의사소통 수단은 함 내와 연결되는 마이크와 다른 함정과 교신

하는 무선통신이 전부다. 이를 보강하기 위해 우리는 GPS 화면을 개조해 만든 휴대형 상용 레이더를 추가로 확보했다.

나는 안전벨트를 맨 채 함교 위에 서 있었다. 검열은 사실상 끝났고 우리는 항구로 귀환하는 중이었다. 데이비드 애덤스 대위가 당직사관을 맡아 수로를 따라 산타페함을 진주만으로 입항시키고 있었다. 그는 함교에 있던 통화담당 및 보초병과 이야기를 나누고 있었다. 나를 제외한 모든 사람들이 약간 들뜬 기분인 것 같았다. 우리는 적 잠수함에 이어 적의 수상 선박 한 척을 격침하는 데도 성공했다. 우리는 두 번 공격해서 두 번 다 성공하여 적함을 두 척이나 침몰시켰고, 그러면서도 적에게 발각되지 않았다. 산타페함 기동을 안전하고 효과적으로 수행했다. 우리가 성공했던 것이다.

그럼에도 나는 여전히 검열관들의 태도가 왜 그토록 비판적이었는지, 또 문제의 해결책을 얼마나 더 찾아냈어야 했는지에 대해 고민하고 있었다.

"함교 나오십시오, 항해사입니다. 선회 명령 요망합니다." 함교의 확성기에서 빌 그린 소령의 목소리가 들렸다. 조종실에 있던 항해 팀은 잠망경과 GPS를 이용해 방위를 읽고, 산타페함이 수로의 어느 지점에 있으며 언제 선회해야 하는지 파악했다.

"항해사, 함교다. 잘 알겠다." 애덤스 대위가 마이크를 입에 대고 대답했지만, 선회 명령을 내리지는 않았다. 나도 잠깐 기다렸다.

"무기 장교, 선회하겠나?" 내가 직접 물었다. 좁은 수로에서는 매순간이 중요하다. 수로 양쪽으로 낯익은 주간항로표시와 야자나

무들이 나타난 것으로 보아 선회 지점에 거의 다다랐다는 것을 알 수 있었다.

"예, 3초 후에 하겠습니다. 조종실에서 너무 일찍 말했습니다." 내가 재촉해서 약간 짜증이 난 것 같았다.

"조타수, 우현으로 15도 선회." 산타페함이 천천히 우측으로 선회하면서 그다음 수로 방향과 나란히 섰다. 선회는 성공적이었다.

그러나 애덤스 대위가 주도권도 확신도 통제권도 모두 잃어버렸다는 것을 알 수 있었다. 그는 더 이상 이 잠수함을 운전하는 사람이 아니었다. 그것은 바로 나였다. 내가 방금 그의 직무 만족도에 큰 상처를 입힌 것이다.

생각을 크게 말하라

부두에 안전하게 정박한 후, 이틀간 바다에서 있었던 일을 곰곰이 숙고해보았다. 산타페함은 내 분명한 지시가 있었음에도 위치를 잘못 잡았다. 공격이 한창 진행 중인데 통신 안테나를 올려달라고 요청하는 놀랍고도 황당한 사건이 있었다. 애덤스 대위가 잠수함 입항 과정을 지휘하는 중인데 그가 무슨 생각을 하는지도 모른 채 내가 끼어들기도 했다. 무엇보다 승조원 중 '세 이름 원칙'을 지켜 인사하는 사람이 채 10퍼센트도 되지 않았다. 검열 중이라 내가 아무 말도 하지 않았을 뿐이다. 명령을 내리지 않고 장교들 각자가 판단하는 대로 승리에 필요한 조치를 취할 권한을 주겠다고 맹세했으면서도, 내가 직접 조종실이나 어뢰실, 음파탐지실로 분주히 뛰어다니며 위기를 해결하고 일을 바로잡는 경우가 너무나 많았다. 우리가 거둔 성공의 많은 부분은 여전히 내가 직접 개입했기 때문에 가능했다고 보는 편이 옳았다. 내가 심장마비를 겪더라도 우리 잠수함이 적과의 전투를 효과적으로 치를 수 있게 만들고 싶었다.

왜 이런 일들이 일어났을까? 도대체 어디서부터 잘못된 것일까?

검열관들이 보고서 작성을 마무리하는 동안, 나는 남아 있던 소대장들과 함께 이 문제에 관해 토론했다. 그 결과 다음과 같은 원인을 밝혀냈다.

첫째, 승조원들은 무엇이 중요한 일인지를 판단할 관점을 갖고 있지 않았다. 부하들은 실제 전투 상황에서는 그런 일이 없을 거라고 했지만, 그다지 미덥지 않은 말이었다. 제2차 세계대전 초기에 해군이 경험한 바로는, 너무나 많은 잠수함의 승조원과 함장이 평소에 훈련에서 하던 대로 전쟁에 임했다. 그 결과 너무 신중하게 작전을 펼치느라 적에게 심한 타격을 주는 데 실패했다. 내 눈에는 이 역시 조직의 목표가 불분명할 때 일어나는 일이었으며, 탁월함을 추구하기보다 실수를 회피하려는 경향을 보여주는 또 다른 사례였다.

둘째, 허물없는 의사소통이 부족했다. "1시간 내로 방송 메시지를 수신해야 합니다"라든가, "5분 내로 방송이 시작됩니다"와 같은 소통이 전혀 없었다. 그랬더라면 이 문제를 긴급 사안으로 다룰 수 있었을 텐데 말이다. 이번 일에서만큼은 우리 자신이 바로 최악의 적이었다.

해군 장교들은 원래 공식적인 의사소통을 강조한다. 심지어 『내부소통매뉴얼』이라는 책까지 마련되어 있을 정도다. 여기에는 장비와 정찰대, 혁신 등에 관한 언급, 기록, 약자 표기법이 세세하게 규정되어 있다. 우리는 이렇게 용어 사용의 일관성을 유지함으로써 혼동을 방지한다. 예를 들어 밸브는 '닫는다shut'고 하지 '막는다 close'고 하지 않는다. '막는다'는 말이 '때린다blow'는 말과 혼동될 수 있기 때문이다. 또 환기장치를 마련한prepare 다음에는 '준비 완료being ready'라고 보고한다. '예비 완료being prepared'라는 말은 잘 쓰지 않는다.

불행히도 이렇게 공식적인 의사소통에 치중하는 동안, 격식 없이 표현되지만 최고의 팀 성과를 내는 데 결정적 역할을 하는 정보는 설 자리를 잃고 만다. "내 생각에는…", "아마도…", "…일 것 같은데" 등과 같이 구체적이지도 간결하지도 않아 검열관들이 비공식적 의사소통이라고 평가하는 표현은 금기로 치부된다. 그러나 이것은 '리더-리더' 모델의 성공에 꼭 필요한 의사소통 방식이다.

진주만으로 입항할 때 함교 위에서 있었던 일에 대해서도 이야기했다. 사실 나는 애덤스 대위가 "함장님, 항해사의 선회 요청이 빨랐습니다. 5초 기다렸다가 선회 명령을 내리겠습니다" 또는 "지금 부표를 스치는 물살이 꽤 세므로, 조금 일찍 선회하겠습니다" 등의 말을 하기를 바랐다. 이렇게 하면 함장이 굳이 나서지 않아도 되고, 당직사관은 자신의 일에 대해 통제권과 주도권을 유지할 수 있다. 그러면 당직사관은 더 많은 것을 배워 더 유능한 장교가 될 것이다. 그가 잠수함을 운전하는 것이다! 이런 식으로 일하는 승조원은 자신의 일을 사랑하며 해군 복무를 계속할 것이다.

이것은 '생각을 크게 말하면' 가능한 일이다.

우리는 이 의사소통 문제를 놓고 열심히 노력했다. 그것은 모두를 위한 일이었다. 내가 생각을 크게 말할 때는 주로 우리가 해야 할 일이나 그 이유에 관해 설명할 때였다. 다른 사람들은 주로 자신의 우려, 걱정 또는 생각에 관해 그렇게 했다. 영화에 나올 법한 카리스마와 자신감 넘치는 리더의 모습과는 다르지만, 이것은 그보다 훨씬 더 튼튼한 시스템을 만들어낸다. 나중에 산타페함이 전 함대에서 최고의 성과를 거두었을 때조차, '리더-팔로워' 사고방식에 빠져 있던 장교들은 자기들 눈에 비공식적으로 보이는 산타페함의 의사소통 방식을 비판했다. 딱딱한 명령 외의 모든 토론을 배제하고 전후 사정을 살피는 논의도 없애버린다면 조종실은 꽤나 조용해질 것이다. 그리고 그 광경을 좋다고 여길 수도 있다. 하지만 우리는 정반대의 방식을 택하여 정찰 장교와 승조원 사이에 끊임없는 대화가 오갈 수 있도록 했다. 실제로 주고받는 말의 내용보다 오히려 그런 떠들썩한 분위기 자체에 주목하는 것이 잠수함이 잘 운영되고 있는지, 또 모두가 정보를 공유하고 있는지 살피는 유용한 방법이 되었다.

검열 결과 통보

"제7잠수함전대 지휘관 입장하십니다." 마크 케니 전대장이 검열 결과 통보를 위해 돌아왔다. 만약 점수가 형편없었다면 그의 사무실로 나를 불렀을 것이다. 그렇지만 점수가 어떻게 나왔을까 조마조마한 심정이었다. 우리 승조원들에게 승리의 경험을 안겨주고 싶은 마음이 간절했다.

"함장, 축하하네. 산타페함은 완전히 달라졌네. 자네들 점수는 평균 이상일세." 나는 깜짝 놀랐다. 잠수함군에서 평균 이상이란 함대 전체의 산술 평균을 넘어선다는 뜻이었기 때문이다.

"우리 모두가 깊은 인상을 받았네." 전대장이 말했다. "일주일 내내 승조원들이 반갑게 맞아주고, 궁금해하면서 질문하고, 적극적인 태도를 보였다고 다들 칭찬이 자자하더군. 승조원들에게 자네가 두 손 들어버릴까 봐 걱정했는데, 아주 잘 해냈어."

우리 둘 다 예비지휘관 시절에 내가 임무 완수를 위해 동료들을 제치고 나섰던 일을 떠올렸다. 하지만 굳이 그때 일을 언급할 필요는 없었다.

확성기1MC를 집어 들고 함 내에 이 기쁜 소식을 알렸다. 모두들 환성을 질러대는 소리가 들렸다. 그간 그들이 보여준 열정과 적극성 그리고 전문 역량의 구체적인 사례를 하나하나 들었다. 장교들에게는 그간 그들이 지휘해오면서 보여준 열정과 주도성을 치하했다. 모두들 활짝 웃었다. 주요 소대의 반장들과 '이렇게 하겠습니다' 운동뿐 아니라 '세 이름 원칙'을 충실히 지켰던 10퍼센트의 승조원들이야말로 우리 이미지를 극적으로 바꿔낸 주역들이었다.

이런 긍정은 우리 자신에 대한 신뢰의 중요한 바탕이 되었고, 앞으로 추진할 변화를 위한 튼튼한 기초가 되었다. 그런데 그 필요성은 생각보다 훨씬 더 절실했다.

좋은 분위기가 채 한 시간도 지속되지 않았기 때문이다.

행동원리 : 생각을 크게 말하라

생각을 크게 말하는 것은 통제권에 관한 행동원리다. 정찰 장교들이 무슨 생각을 하는지 알아야, 내가 입을 다물고 그들이 각자의 계획을 실행하도록 내버려두기가 더 쉽기 때문이다. 내가 끼어드는 경우는 대체로 그들이 침묵을 지켜서 다음에 어떤 행동을 할지 모를 때였다. '생각 크게 말하기'는 '리더-팔로워'에서 '리더-리더'로 이행하는 데 반드시 필요하다.

나중에 나는 2년간 전술검열단장을 맡아 복무하면서 태평양함대의 거의 모든 잠수함에 승선했다. 단언하건대, 기종과 장소를 불문하고 거의 모든 잠수함의 하급 장교들은 100퍼센트 확실한 정보가 아니면 상관에게 말하기를 극도로 꺼린다. 전후사정을 충분히 드러내는 대화는 어느 조직에서도 성과에 지대한 영향을 미치지만, 우리 군대의 용어나 우리 뇌리에 들어 있는 그림 어디에도 그런 대화가 끼어들 여지는 없다. 우리는 예감이나 직감 또는 확률에 관한 내용을 언급하는 데 굉장히 인색하다.

이 점은 산타페함도 예외가 아니었다. 처음부터 '생각 크게 말하기'에 대한 엄청난 문화적 반감이 존재했다. 내가 물려받은 위계질서에서 이 방식은 별로 필요도 없었고 시도된 적도 없었던 것이다. 우리는 형식을 타파하면서도 대단히 유익한 이 방식을 승조원들에게 각인시키느라 애썼지만, 그 후 학교를 갓 졸업하고 들어온 신입 승조원들 역시 말을 한 마디도 하지 않으려 했다. 나는 평소 우리는 왜 한 팀으로 소통할 수 있는 가장 효율적인 방법을 자연스럽게 배우려 하지 않는지 의아했다. 잠수함 복무가 팀 스포츠라는 말은 그토록 많이 하지만, 정작 현실은 각자 따로 일하는 개인주의가 판을 칠 뿐 결코 충분한 협력이 이루어지지 않는다.

그래서 어떤 일에 관해 보고할 때 실수를 최소한으로 줄이려고 가능한 한 말을 하지 않게 된다. 이 문제는 다른 잠수함도 모두 공유하는 것이었고, 따라서 우리는 전 승조원들에게 자신의 관찰과 생각, 믿음, 의심, 두려움, 걱정 그리고 미래에 대한 희망까지 모든 것을 말로 표현할 것을 권장했다. 다시 말해『내부소통매뉴얼』에 없는 모든 것을 말하라고 한 것이다. 우리는 불확실성을 의미하는 표현조차 없다는 것을 깨닫고 그런 말을 만들어내기도 했다.

'생각 크게 말하기'는 조직의 명료성을 위한 행동원리기도 하다. 부하들이 명령에 복종하기만 바란다면, 그들이 리더가 무엇을 성취하고자 하는지 몰라도 상관없을 것이다. 그러나 우리가 처한 환경은 매우 복잡하고 변화무쌍하며, 우리 앞에는 쉴 새 없이 움직이며 끈질기게 버티는 적이 있다. 손가락으로 해도를 가리키며 모두 잘될 거라고 믿는 것만으로는 성공을 바랄 수 없다.

함장인 내가 '자기 생각을 크게 말하라'고 강조함으로써, 사실상 부하들에게 중요한 맥락과 경험을 제공했던 것이다. 아울러 확신이 없는 것이 강인함이며 확신은 오만일 뿐이라는 점을 몸소 보여주었다.

- 비공식적인 언어로 의사소통을 하는 것을 들으려면 사내를 순회해야 하지는 않는가?

- 우리 회사에서는 대화 중에 자신의 직감이나 예감을 거리낌 없이 말할 수 있는가?

- 혁신적인 아이디어나 희망 못지않게 불확실성과 두려움까지도 자유롭게 표현할 수 있는 환경을 조성하려면 어떻게 해야 할까?

- 확신이 부족한 것이 오히려 강인함이고 확신은 오만이라는 태도를 간부들에게 기꺼이 보여줄 수 있는가?

- 위 내용에서 신뢰는 얼마나 중요하게 작용하는가?

15장. 검열관을 환영하라

우리 회사를 지켜보는 검열관이 있다면 그것은 누구인가? 검열을 오히려 유익한 지원으로 활용하는 방법은 무엇인가? 외부 조직을 받아들이는 태도는 산타페함의 운명을 통제하는 데 도움이 되었다.

실전배치 151일 전

1999년 1월 29일 : 진주만 정박 중

"함장님, 지금부터 육상전력을 사용하고 원자로는 끌 생각입니다."

"그렇게 하게, 기관사." 릭 판리리오 소령은 이미 '이렇게 하겠습니다' 방식을 재빨리 받아들여 열심히 실행하고 있었다. 잠수함이 입항하면 네 가닥의 거대한 케이블을 통해 부두 벙커로부터 440볼트의 육상전력을 공급받게 된다. 그러면 원자로를 꺼도 된다.

다른 이유도 많았지만 특히 이 작업을 안전하게 수행하기 위해, 우리는 차단기와 밸브, 스위치 등에 빨간색 위험 표시를 매달았다.

만에 하나 전력전환 작업 도중에 이런 장치들이 작동해버리면 인명이 위태로워질 수도 있기 때문이다.

빨간 꼬리표는 절대 엄수해야 하며, 이 규칙을 위반하는지 여부를 철저히 감시하게 된다.

꼬리표를 다는 이유는 먼저 승조원들이 네 가닥의 케이블을 연결할 때 우연히 전기가 통하는 일을 방지하기 위해서다. 그렇게 되면 사람이 감전될 뿐 아니라 장비가 손상될 위험이 있다. 잠수함과 부두의 전력시스템은 서로 연결되기 전에 미리 세심하게 동기화해두기 때문이다. 이것은 산타페함이 해상에서 귀환할 때마다 거치는 일상적인 과정이었다.

나는 함 내를 돌아다니며 검열 과정에서 수고한 승조원들을 치하하고 있었다. 그들이 일을 훌륭하게 해냈다는 사실은 큰 활력이 되었고, 따라서 그 순간만큼은 사기가 하늘을 찌를 듯했다. 그런데 판리리오 소령을 보자마자 뭔가가 잘못되고 있음을 알 수 있었다. 그 기관사는 어두운 표정으로 다가왔다.

"육상전력에 문제가 생겼습니다. 누군가 빨간 꼬리표를 건드렸습니다."

가슴이 철렁 내려앉았다. '제발 육상전력만은!'이라는 생각이 절로 들었다. 산타페함은 과거의 유지관리와 절차상 실수 문제로 이미 조사를 받고 있었고, 그중에는 육상전력과 관련된 부분도 있었다. 육상전력에 또다시 문제가 생긴다면 우리가 과거의 악습에서 아직 벗어나지 못했다는 증거가 될 판이었다.

이번 사건은 한 병사가 전력공급 조건을 충족한 상태에서 부두 측의 차단기에 전원을 넣었는데, 그전에 빨간 꼬리표를 제거해서 일어난 것이었다(즉 안전에는 문제가 없는 상황이었지만 사고가 나지 않은 것은 행운이 따랐기 때문이었다). 어쩌다 보니 안전했다는 것은 결코 있어서는 안 되는 일이었다.

나는 산타페함의 운영 사항에 관해서는 제7잠수함전대와 마크 케니 전대장을 직속상관으로 모시지만, 원자로의 안전한 운영에 관해서는 해군원자로본부에 보고해야 했다. 해군원자로본부는 하이먼 릭오버 제독의 주도하에 창설되어 해군의 원자력 가동시설에 관한 구축과 유지, 관리, 인력운영, 인증 업무 등을 수행하는 기관이다. 그곳은 세심하게 계획된 관리 프로세스를 기반으로 엄청난 성공 기록을 보유하고 있었다. 그런 성공의 비결 중 하나는, 각 항구에 독립적인 원자로본부를 설치해 4성 제독의 사령관에게 직접 보고하는 특별 지휘체계를 마련한 것이었다.

이 체계의 중요성을 이해하려면 엔론Enron사와 아서앤더슨Arthur Andersen 회계법인의 분식회계 사건을 떠올려보면 된다. 2001년 엔론이 무너졌을 때, 이 기업의 감사를 맡고 있던 아서앤더슨은 연간 감사비용으로 2,500만 달러, 컨설팅비용으로 2,500만 달러를 받고 있었다. 즉 한 회계법인이 특정 회사의 감사와 컨설턴트를 겸임했던 것이다. 어떤 개인이나 조직이 경영실패를 바로잡는 일까지 한다면 적절한 감사와 집행 업무가 이루어지기 어렵다. 해군원자로본부의 각 지역대표부는 그 구조상 이런 이해충돌이 일어날 여지가 아예 없다. 이들의 존재 목적은 오로지 원자로의 안전한 운영일 뿐이다. 그들은 일이 얼마나 어려운지, 그것이 토요일마다 다가오는 훈련에 어떤 영향을 미치는지, 또 운항지연이 작전지휘관에게 어떤 결과를 가져다줄지 걱정할 필요가 없다. 그 프로그램이 그토록 오랫동안 성공해올 수 있었던 것도 바로 그 때문이었다. 그들의 이런 독립성은 배의 운영을 직접 책임지는 나 같은 사람에게는 짜증을 불러일으키는 요인이 되기도 한다. 우리에게 때로 해군원자로본부는 그저 방해꾼처럼 보이기 때문이다. 그러나 그들은 굉장히 중요한 역할을 맡고 있다.

다친 사람은 아무도 없었다. 그럼에도 기관사는 이 문제를 지휘계통을 거쳐 제7전대장과 해군원자로본부에 보고해야 한다고 말했다. 다시 한번 난감해졌다. 어떤 문제를 어느 기관에 보고하느냐에 관해서는 지침이 있었다. 그런데 이 문제는 어느 쪽인지 애매해 보였고, 그래서 나는 내부에서 다루고 싶다는 유혹을 느꼈다. 하필 모든 일이 잘되어 가려는 참인데 군이 외부 사람들의 주목을 끌 필요가 있겠냐는 생각이 들었다. 나는 본능적으로 내 부하들을 이런 외부 기관의 조사로부터 어떻게든 지켜내고 싶었다. 보고하지 않으면 그뿐이다. 그 사람들이 어떻게 안단 말인가. 또 일단 보고한 다음에는 부가적인 감시체계가 작동되어 아마도 정기적 또는 일회성 보고가 추가될 것이다. 그뿐만 아니라 산타페함의 리더십 역량에 관한 회의론이 고개를 들 것이며, 여러 가지 관리업무가 발생할 것이다.

하지만 판리리오 소령의 태도는 단호했다. 그리고 옳은 것이었다. 다음 날인 토요일에 우리는 평가회의를 준비했고, 그는 제7전대와 해군원자로본부의 담당자들에게 연락해서 이 회의에 참석해줄 것을 요청했다. 나는 케니 전대장에게 연락해서 그에게도 와달라고 부탁했다. 모른 체하고 넘어가려는 유혹과 맞서 싸운 끝에, 감독기관들을 우리 영내로 공개 초대했다.

이렇게 투명성을 유지하고 외부 비판을 수용하는 자세를 우리는 '검열관을 환영한다'라고 표현한다.

결국 우리는 검열관을 환영하기로 결정했지만, 그렇다 하더라도 토요일이 아주 긴 하루가 될 것은 분명했다.

행동원리 : 검열관을 환영하라

우리는 '검열관 환영하기' 원칙을 일회성 평가회나 육상전력 사고 같은 문제뿐 아니라 모든 검열에 적용했다. 검열관들을 통해 우리의 생각을 전 잠수함전대에 전파했고, 다른 이들로부터 배우기도 했으며, 개선에 필요한 문제를 기록하기도 했다.

이 원리는 우리가 외부의 힘에 통제받기보다는 자신의 운명을 스스로 책임지는 존재라는 메시지를 던졌다. 이것은 문제가 생겼을 때 내부의 모습을 외부에 노출하기를 꺼려왔던 여러 장교들과 반장들의 본능적 태도와는 정반대되는 흐름이었다. 검열관을 환영하는 것은 조직의 통제권에 관한 행동원리다. 다시 말해 이것은 산타페함의 승조원들은 모두 산타페함의 책임자임을 알리는 행동이었다.

우리는 대단히 혁신적이고 전문적인 일을 하는 분야에서는 검열관들을 우리의 훌륭한 방식을 공유하는 지지자로 바라봤다. 그리고 서툴고 도움이 필요한 분야에서는 정보와 해결책을 제공해주는 원천으로 봤다. 따라서 승조원들 사이에서 방어적인 태도는 사라지고 학습과 호기심의 분위기가 조성되었다.

훗날 아직 내가 함장으로 재임 중이던 때, 산타페함은 검열조사위원회INSURV, Board of Inspection and Survey에서 나온 장교들로부터 물자검열을 받게 된다. 그들의 발표는 대단한 무게감을 가지며, 잠수함군의 실상을 해군의 거물급 인사들에게 알리는 역할을 한다. 그동안 위원회로부터 저조한 검열 성적을 받아든 장교들이 지휘권을 박탈당한 사례가 한둘이 아니었다. 위원회가 우리 잠수함에 연락해왔을 때, 나는 그들에게 이미 알려진 결점들의 목록을 제공했다. 설계상 워낙 근본적이거나 고치기가 어려워서 우리가 해결하지 못한 문제들이었다. 그들이 INSURV보고서에 그 내용을 포함시키자 해군은 문제 해결에 필요한 자원을 동원했다. 그 결과 모든 잠수함이 보다 강력한 전함으로 거듭날 수 있었다.

시간이 지날수록 '검열관 환영하기'는 강력한 학습 수단이 되어갔다. 검열관들이 승선할 때마다 승조원들 사이에 이런 대화가 오가는 것이 들렸다. "이러이러한 점에 문제가 있습니다. 다른 함선에서는 이 문제를 어떻게 해결하는지 알고 계십니까?" 대부분의 검열관들이 이런 태도에 크게 주목했다.

그 결과 산타페함은 높은 검열 점수를 받았다. 시간이 흐를수록 우리 승조원들은 많은 것을 배웠고 업무 실력도 일취월장했다. 그리고 계속해서 학습에 대한 갈증을 뚜렷이 피력했다.

'검열관 환영하기'가 역량 강화를 위한 행동원리로 비쳐질 수도 있지만, 나는 통제권의 범주에 더욱 적합하다고 생각한다. 우리 잠수함의 실력 향상뿐 아니라 우리 운명에 대한 통제권을 유지하는 데 도움을 주기 때문이다.

체크리스트

- 외부 조직, 공공기관 및 소셜 미디어의 비평, 정부 감사 등을 우리 조직의 발전을 위해 이용할 수 있는 방법은 무엇인가?
- 조직 내의 문제를 투명하게 드러내는 데 따르는 대가는 무엇이며, 또 이점은 무엇인가?
- 검열관들의 지식을 이용해 우리 직원들의 역량을 강화하는 방법은 무엇인가?
- 우리 직원들이 검열관들에게 좀 더 협조하게 만들려면 어떻게 해야 할까?
- 조직에 도움이 되기 위해 검열관들을 '이용'하는 방법은 무엇인가?

3부

역량을 키운다는 것

통제권을 지탱하는 두 기둥 중 하나는 바로 역량이다. 역량이란 의사결정을 내리는 데 필요한 전문적 능력을 말한다. 잠수함 복무에서는 이것이 물리학, 전기공학, 해양음향학, 금속공학 등에 관한 전문 지식을 의미한다고 볼 수 있다.

이 책에서 지금까지 강조해온 내용은 의사결정과 통제에 관한 권한을 계속해서 조직의 아래 단계로 위임해야 한다는 것이었다. 그러나 통제권 위임 자체만으로는 리더십 혁명을 이룰 수 없다. 3부에서는 전문 역량을 강화하기 위해 도입한 행동원리를 집중적으로 다룬다. 그 내용은 다음과 같다.

- 잘 생각하고 행동하라.
- 언제 어디서나 배워라.
- 설명하지 말고 입증하라.
- 메시지를 끈질기게 반복하라.
- 방법이 아닌 목표를 구체화하라.

16장. 잘 생각하고 행동하라

사업을 운영하다가 직원들이 "실수였습니다"라고 변명하면 과연 수긍할 수 있는가? 우리는 실수는 어쩔 수 없다는 태도를 배격하고 그것을 줄이는 방법을 찾아냈다.

실전배치 150일 전

1999년 1월 30일 : 진주만 정박 중

일요일 아침이었지만, 산타페함 사관실에는 사람들이 빽빽이 들어차 있었다. 빨간 꼬리표 사건 당사자인 부사관과 정찰대원들, 정찰대의 기관 장교, 기관사(릭 판리리오 소령), 부함장, 소대 장교, 선임 참모 그리고 원자로 선임반장(브래드 젠센 중사) 등이 탁자에 둘러앉았다. 그리고 제7전대와 해군원자로본부에서 나온 검열관들도 동석해 있었다.

나는 손전등을 앞에 두고 탁자 상석에 앉아 이 회의를 어떻게 진행할까 고민했다. 권한을 가진 사람들이 잔뜩 모여 있다고 될 일은 아니었다. 실제로 더 나은 대안을 내놓을 수 있어야만 했다.

해당 부사관은 지금껏 문제를 일으킨 적이 없는 성실한 사람이었다. 나는 그 친구에게 연민을 느꼈다. 그는 지난 2주 동안 엄청나게 열심히 일했다. 잠수함을 운항하고, 훈련과 검열에 임했으며, 모든 변화를 적극 수용했다. 이것이 바로 내가 함장으로 복무하는 내내 씨름했던 문제다. 한편으로 단호하게 부하들의 행동에 책임을 물으면서도, 다른 한편으로는 그들의 정직한 노력에 공감하는 균형 잡힌 태도를 갖는 일 말이다. 먼저 사태의 진상을 파악하는 것이 가장 먼저였다. 실수로 빨간 꼬리표를 건드린 부사관을 탓하는 식의 쉬운 방법을 쓰고 싶지는 않았다.

군의 기강을 알 수 있는 하나의 지표로 '함장 판결captain's mast'의 횟수를 보는 방법이 있다. '비사법적 징계NJP, nonjudicial punishment'라고도 부르는 이것은, 군법회의를 거치지 않고 함장 직권으로 집행하는 즉결 군사재판의 일종이다. 처벌 내용은 행정처분에 속하는 것으로 주로 급여몰수, 계급강등 또는 승선제한 등에 국한된다. 내가 함장이 되기 전 산타페함의 경우 함장 판결이 매월 한두 건 정도 있었는데, 이 정도면 너무 많은 편이었다.

빨간 꼬리표로 실수를 하면 함장 판결로 간다는 인식이 함 내에 널리 퍼져 있었다. 그만큼 이것이 중요한 일이고, 따라서 조심해야 한다는 무언의 약속이었다고 볼 수 있다. 물론 그 점에서는 맞는 말이지만, 그렇다고 무조건 함장 판결을 집행해야 할 일은 아닌 것 같았다.

결국에는 소대장들과 반장들이 평가회의를 이끌어야겠지만, 이건은 내가 주재할 수밖에 없었다. 회의를 시작할 때만 해도 그 자리에 여덟 시간이나 앉아 있게 될 줄은 아무도, 심지어 나조차 몰랐다.

"먼저 전대본부와 해군원자로본부에서 참석하신 분들을 환영합니다."

탁자 위에는 몇 가지 문서가 놓여 있었다. 업무절차서와 당직표, 문제의 그 꼬리표 외 기타 몇 가지 문서들이었다. 나중에 이 평가회의는 훨씬 세련된 형식을 갖추게 되지만, 그 당시만 해도 약간 주먹구구식으로 진행되었다. 우리는 일을 해가면서 방법론도 만들어갔다. (나중에 비평회의가 어떻게 변모했는지 좀 더 상세한 내용을 알고 싶다면 데이비드 마르케의 사이트 davidmarquet.com을 방문해서 '우리가 핵잠수함에서 실수로부터 배운 방법 : 7단계 과정'을 참고하기 바란다.)

회의가 시작되었다.

"M 부사관, 어떻게 된 일인지 말해보게."

"저는 차단기를 닫을 조건이 충족된 걸 알고, 그저 절차대로 다음 단계로 넘어가야겠다고 생각했습니다. 정해진 절차대로 했고 다시 검토도 했습니다. 빨간 꼬리표가 달려 있는 걸 알았지만, 차단기를 닫기 위해 한쪽으로 치워두었습니다. 무슨 생각으로 그랬는지는 저도 잘 모르겠습니다."

모두들 숨을 죽였다.

"빨간 꼬리표를 한쪽으로 치웠다고?"

"예, 꼬리표는 차단기 바로 앞에 매달려 있었습니다. 부두 측 차단기 한 대마다 하나씩, 총 세 개가 바로 그 앞에 있었습니다."

좌중이 웅성거렸다.

그가 이미 함장 판결로 가도 어쩔 수 없다고 생각하고 있다는 걸 알 수 있었다. 그렇지만 그는 애매한 구석 없이 직설적으로 있는 그대로 말하려고 애썼다. 그 점은 높이 평가해줄 만했다.

"솔직하게 말해줘서 대단히 고맙네. 자네와 정찰대 모두 귀가해도 좋네. 관리자들은 남아 있도록."

그러자 한 차례 소동이 일었다. 아니, 질책이 없다고? 함장 판결도 없고? 심지어 소리도 한번 안 질렀어!

나는 모험을 하기로 했다. 나중에라도 누군가가 처벌을 받아 마땅할 정도의 태만을 저지른다면, 나는 스스로를 궁지에 몰아넣게 될 것이다. 그러나 나는 M 부사관이 보여준 솔직하고 정직한 태도가 심문과 두려움, 처벌로 점철된 기존 절차를 지속하는 것보다 훨씬 더 중요하다고 생각했다.

"제군들, 이런 일의 재발을 막으려면 어떻게 해야 하겠는가?"

그리고 이후 일곱 시간 반 동안 우리는 이 문제에 관해 이야기했다.

행동원리 : 잘 생각하고 행동하라

우리는 주요원인이 될 만한 것들을 모두 검토했다. 가장 먼저 재교육을 실시하자는 말이 나왔다. 어디서나 늘 나오는 해결책이었다.

"하나 물어보지. 교육이란 지식이 부족할 때 하는 것인데, 그걸 해결책으로 삼으려면 먼저 실제로 그런지 시험을 해야 하네. 우리 승조원들이 잘못 알고 있는 내용이 뭔지 파악하기 위해 시험에 포함시킬 만한 질문을 예로 들어보게." 여기에 대해 단 하나라도 대답한 사람은 아무도 없었다. 즉 지식 부족이 문제가 아니라는 말이었고, 따라서 재교육은 해결책이 될 수 없었다.

"관리감독을 강화해야 합니다." 이 또한 흔한 해결책이다. 마치 해도 검토 절차에 부함장을 포함시키는 것처럼 말이다. 감독관이 할 일이 무엇인지, 어디에 배치되어야 하는지, 그가 어떻게 이런 실수를 방지할 수 있는지 등을 토론했다. 결국 감독관을 배치해봐야 일부 차단기가 닫히는 일을 막을 수 있을 뿐, 이런 실수를 막을 수는 없다는 결론에 이르렀다. 어쨌든 우리는 상당한 정도의 관리감독을 이미 수행하고 있었다. 담당반장, 정찰 장교, 전력소대 장교 그리고 기관사 등이 모두 그런 일을 하는 사람이었다. 이런 감독관들이 있어도 사고를 막지 못했는데, 한두 명 더 있다고 얼마나 달라질 수 있을까? 감독관을 추가 투입해서 실수를 막을 수 있는 원리를 생각해 낸 사람은 아무도 없었다.

모인 사람들에게 실수를 원천봉쇄할 수 있는 방법을 찾아내라고 종용했다. 기계적으로 나오는 대답에 모조리 고개를 젓는 내 태도에 짜증이 난 나머지 누군가 이렇게 내뱉었다. "함장님, 실수는 어차피 일어날 수밖에 없습니다!"

이제야 조금 진척이 보이는 것 같았다. 우리는 단지 사후에 실수를 발견하는 데 그치지 않고 현장에서, 또 작업자와 장비 사이의 접점에서 실수를 줄이려면 어떤 조치를 취해야 하는지 논의했다. 예를 들면 엉뚱한 밸브를 돌리는 것, 차단기를 실수로 열어버리는 것, 빨간 꼬리표를 치워버리는 것 같은 실수다. 즉 그 누구도 고의로는 하지 않는 행동이다.

"세부사항에 주의를 기울이는 것이 답입니다." 물론 이것도 흔하게 나오는 말이었다. 단지 사람들에게 좀 더 주의하라고 말한다고 해서 장기간에 걸친 실수 발생 횟수에 과연 큰 차이가 있을지 의심스러웠다. 우리는 이미 그렇게 하고 있었으니 말이다.

"왜 그렇게 생각하나?"

"예, 이번에 사고를 낸 부사관은 그저 자동적으로 움직이기만 했습니다. 자신이 하는 행동에 두뇌를 쓸 생각은 전혀 하지 않았던 거죠. 단지 정해진 절차만 따랐을 뿐입니다."

상당히 통찰력 있는 말이라고 생각했다. 우리는 행동하기 전에 두뇌를 쓰기 위한 행동원리가 뭔지를 놓고 또 토론을 이어갔다. 핵잠수함에서 일하는 사람들은 잘 생각해서 행동해야 한다는 원칙을 도출했다. 그리고 '잘 생각하고 행동하라'를 행동원리로 정했다. 즉 작업자는 어떤 행동을 하든, 우선 잠시 멈추고 목소리와 몸짓으로 자신이 하려는 행위를 규정한 다음에 행동해야 한다. 우리의 의도는 자동적으로 하는 행동에서 비롯되는 실수를 없애겠다는 것이었다. '잘 생각하고 행동하기'의 목적이 작업자에게 의식적인 태도를 심어주는 것이었으므로, 이 행동원리의 실천은 주변에 사람이 있든 없든 상관없었다. 생각하고 행동하는 것은 감독관이나 검열관을 위해서 하는 행위가 아니고, 누군가에게 보여주려고 하는 행위는 더더욱 아니었다.

문제 재발을 방지하기 위한 행동원리는 산타페함의 모든 승조원들이 생각하고 나서 행동하게 만드는 것이었다. 빨간 꼬리표를 한쪽으로 치워버렸던 그 정직한 부사관에 대한 징벌은 내리지 않기로 했다. 제7전대와 해군원자로본부 사람들이 복귀 후 상관에게 우리의 계획을 보고하면, 그들은 산타페함과 나를 평가할 것이다. 하지만 생각하고 행동하는 것이 꽤 유용한 원칙인 데다 내가 갓 취임한 함장이므로, 즉각적인 판단은 유보한 채 얼마간 두고 볼 것이었다. 나는 그런 가능성에 기댈 수밖에 없었다. 우리 잠수함과 승조원들이 변화를 통해 탁월한 성과를 거두려면 어느 정도 시간이 필요했기 때문이다.

월요일에 우리는 부두에서 집회를 열어 승조원들과 '잘 생각하고 행동하기'에 관해 이야기했다. 먼저 내가 빨간 꼬리표 사건의 전말과 뒤이은 평가회의에 관해 말한 후, 이 행동원리의 의미와 그것을 시행하는 이유에 대해 설명했다. 물론 내가 협상의 차원으로 한 말은 아니었지만, 동료가 함장 판결을 면했다는 사실을 알고 승조원들은 더욱 협조적인 자세를 보였다.

이 원리가 핵잠수함 훈련을 받은 사람들에게 즉각 받아들여진 이유는, 바로 그들이 핵잠수함 학교에서 배운 '조준하고 쏴라'라는 가르침이 그 바탕이었기 때문이다. 그러나 안타깝게도 다른 많은 승조원들에게는 이 개념을 설득하기가 쉽지 않았는데, 그런 사정에는 나름대로의 이유가 있었다.

'잘 생각하고 행동하기'는 보여주기 위해 하는 것이 아니다

나는 '잘 생각하고 행동하기'야말로 실수를 줄이고 산타페함의 운영을 탁월하게 만든 가장 강력한 행동원리였다고 생각한다. 그 효과는 인간과 기계의 접점에서 발휘된다. 즉 부사관들이 잠수함과 그 무기체계를 작동하기 위해 밸브와 펌프, 스위치 등을 다룰 때 말이다. '잘 생각하고 행동하기'는 역량에 관한 행동원리다. 그러나 승조원들에게 이 원리의 가치를 설득하는 것은 만만한 일이 아니었다.

승조원들이 이를 실천하도록 만들기가 어려웠던 이유 중 하나는, 이들이 생각하고 행동하는 것을 다른 누군가(감독관 또는 검열관)를 위해서 하는 일로 여겼기 때문이었다. 이 행동원리의 목적이 어이없는 실수의 예방이라는 점을 그토록 강조했건만, 승조원들이 이런 잘못된 인식을 바탕으로 주고받는 대화를 들은 적이 많았다.

또 다른 이유는 그들이 이것을 단지 훈련이나 연습으로만 인식하고, 실제 상황에서는 기존 습관대로 손부터 재빨리 움직였기 때문이었다. 나는 이런 실수를 없애기 위해 다음과 같은 사고실험으로 설득했다. 진주만 근처에서 전투 훈련 중에 실수로 함정이 모든 추진력을 잃어버렸다고 해보자. 그러면 우리는 곧장 수면에 떠올라 가까이 있는 아군에게 도움을 요청할 것이다. 그러고는 해당 사건에 대한 평가회의를 열고 적합한 보고서를 작성할 것이다. 그렇다고 이 일로 누가 목숨을 잃거나 하지는 않는다. 그러나 적과 대치한 실제 상황에서 실수 때문에 추진력을 모두 잃게 된다면 어떻게 될까? 그러면 이것은 사람의 생명이 오가는 일이 된다. 요컨대 행동의 중요성이 커질수록 잘 생각하고 행동해야 할 필요성도 커진다는 것이다.

'잘 생각하고 행동하기'를 어떻게 실천할 것인가?

인간과 자연의 접점을 다루는 사업에서 '잘 생각하고 행동하기'라는 개념의 의미는 아주 뚜렷하다. 전기설비나 항공산업, 크루즈 여객선, 제조공장, 병원 등이 그 예다. 이런 조직에서는 이 원리가 실수를 줄이는 데 미치는 영향이 즉각 눈에 띈다. 사안이 급박하게 돌아가거나 신속한 행동이 필요한 환경, 예컨대 발전소의 응급상황이나 병원 응급실의 업무절차 등에서는 오히려 더욱 신중해야 한다. 이런 환경에서는 잘못된 행동을 원상복구할 시간이 없다.

'잘 생각하고 행동하기'는 자연계와 뚜렷한 접점이 없는 서비스산업이나 지식산업 같은 분야에도 여전히 적용되지만, 그 방법은 조금 다를 수 있다. 그럴 경우 이 원칙은 문서에 서명을 하거나 어떤 행동을 승인할 때 또는 키보드를 누를 때 등에 적용된다.

당시에는 미처 몰랐지만 '잘 생각하고 행동하기'에는 실수를 줄이는 것 외에도 두 가지 이점이 더 있었다. 아니, 더 정확히 말해 실수를 줄이는 두 가지 방법이 더 있었다고 하는 편이 좋을 것이다.

첫째, 팀워크 측면에서 보면 작업자가 일단 멈춰 큰 목소리로 외치며 몸짓을 하는 순간, 주변에 있는 다른 작업자가 개입하여 실수가 일어나기 전에 고쳐줄 수 있었다. 내가 산타페함에 처음 왔을 때 작업자 중 상당수가 일을 빨리 해내는 것을 자랑거리로 여겼는데,

이런 분위기를 바꿔야만 했다. 예를 들어 펌프를 변속하는 원자로 작업자는 "1번 원자로 냉각펌프를 급속 모드로 변속합니다"라고 말하면서, 말을 채 마치기도 전에 스위치를 당기곤 했다. 이때 만약 그가 실수로 2번 펌프 스위치에 손을 대고 있었다면 누군가 그를 말릴 새도 없이 엉뚱한 펌프를 변속해버리는 것이다. 주의를 기울이고 한 번 더 생각하는 법을 연습한다면, 펌프를 켜기 전에 잠시 멈출 때 내가 실수하는지 여부를 옆에 있는 동료가 알려줄 수 있다.

둘째, 훈련 중에는 감시관을 배치하여 부적합한 행동을 미리 제지할 수 있었다. 훈련 감시관은 해당 훈련의 전반적 상황에 정통하여 어떤 행동이 바람직하고 어떤 것이 그렇지 않은지 아는 사람이어야 한다. 작업자가 실수로든 고의로든 부적합한 행동을 하려고 할 때 제지할 수 있어야 하기 때문이다. 하지만 사실 불행히도 작업자의 동작이 워낙 빨라 감시관들이 말릴 새도 없었기 때문에, 대개 실수가 발생한 후에 기록을 남기는 데 그쳐야만 했다. 이것은 작업자가 정확한 내용을 말하고서도 응급상황에 빨리 대응해야 한다는 압박 때문에 혼동을 일으켜 스위치나 차단기, 밸브 등을 잘못 조작하는 경우에 특히 더 그랬다.

나중에 산타페함은 원자로 운영에 관한 검열에서 역대 최고 점수를 받았다. 그때 수석 검열관은 나에게 이런 이야기를 했다. "산타페함의 승조원들은 다른 잠수함 승조원들과 똑같은 실수를 저질렀습니다. 아니, 똑같은 정도로 '실수할 뻔'했지요. 그러나 '잘 생각하고 행동하기' 캠페인 덕분에 실수가 발생하지 않았습니다. 작업자 자신이나 옆에 있는 동료가 실수를 막았던 겁니다."

이것은 우리 잠수함이 실수의 확산을 차단할 수 있는 강인한 조직이라는 뜻이다.

마침내 우리는 이 원칙을 행정사무에까지 확장했다. 부주의한 문서 서명이 잦을 경우, 우리는 여러 가지 사안을 승인하는 업무에 '잘 생각하고 행동하기' 원칙을 적용했다.

팀워크를 이야기하는 사람은 많지만, 실제로 그것을 향상하기 위한 행동원리를 만드는 사람은 별로 없다. '잘 생각하고 행동하기'는 분명히 그 원리가 될 수 있다.

발전소나 제조 장비를 운영하는 경우라면 이 원칙을 적용할 방법이 쉽게 눈에 보인다. 그러나 채권 거래나 병원 운영 또는 기타 서비스산업에 종사하는 경우라면 어떨까?

그런 경우에도 '잘 생각하고 행동하기'가 여전히 유효하다. 좀 더 행정적인 분야에서 우리는, 어떤 행동을 승인하는 문서에 서명하는 단계에서 이 원칙을 적용했다. 즉 서명에는 좀 더 신중한 태도로 임해야 한다고 본 것이다. 예전에 은행이 담보권을 행사하면서 부주의한 서명을 하여 문제가 되었던 일은 대표적인 정반대의 사례다. 그러나 정상적인 경우라 하더라도 엄청난 양의 문서에 깊은 생각도 없이 서명을 남발하는 일을 많이 지켜봤다. 이런 습관이 만연하면 결국은 곤란에 빠지게 될 것이다.

체크리스트

- 직원이 자신의 행동이나 그 결과에 대해 깊이 생각하지 않고 기계적으로 움직인다면 어떻게 할 것인가?

- '잘 생각하고 행동하기' 원칙을 적용하면 회사 차원이나 특정 부서에서 실수를 없앨 수 있다고 생각하는가?

- 우리 회사 직원들은 실제 상황이 되면 성급하거나 무의식적인 행동으로 되돌아가 버릴까?

- 실수로부터 배우는 효과적인 방법은 무엇인가?

17장. 언제 어디서나 배운다

조직이 의사결정에 필요한 역량을 확충하기도 전에 통제권을 포기하려 한 적은 없는가? 나는 구성원의 역량이 갖춰지지 않은 상태에서의 통제권 이양은 무질서를 불러올 뿐이라는 교훈을 뼈아프게 배웠다.

실전배치 136일 전

1999년 2월 13일 : 하와이 진주만, 마칼라파 주택단지

　내가 살고 있는 진주만 마칼라파Makalapa 주택단지를 한 바퀴 뛰고 왔다. 함장으로 재직한 지난 한 달간을 되돌아보다가 한 가지 깨달은 사실이 있었다. 의사결정권의 전제 조건은 바로 전문 역량이라는 것이었다.

　나는 그때 육상전력 사고가 난 다음에 발생한 어떤 문제에 대해 고민하고 있었다. 이번에는 어뢰실에서 문제가 생겼다. 밸브 오작동으로 어뢰를 다루는 장비의 유압이 고장난 것이다. '잘 생각하고

행동하기'를 실천하는 것이 도움이 될 수도 있었겠지만, 그것보다는 기술적 역량에 관한 문제였다. 이 일을 수행하던 담당자가 시스템의 연관성과 대응방안에 관한 지식을 갖추지 못했던 것이다.

육상전력 문제와 달리 어뢰실 문제는 실제로 어떤 일이 일어났는지 이해하기 어려웠다. 이 문제는 무기소대 소관이었으므로, 사태 파악의 책임은 데이브 애덤스 대위에게 있었다. 우리는 업무일지와 절차서, 기록 등을 수집했다. 그리고 관련자들을 면담했다. 누가 어떤 명령을 내렸는가? 어떤 절차에 따라 일했는가? 원래 이 일을 감독하는 담당자는 누구인가? 나오는 대답은 모두 모호하게 얼버무리는 식이었다. 애덤스 대위는 담당자의 지식 수준을 살펴보려 질문을 던졌다. "시스템의 이 부분을 감압한 상태로 이쪽 밸브를 돌리면 어떻게 되나?" 별로 신통치 못한 대답이 돌아왔다.

문제가 생긴 후, 나는 우리가 제대로 하고 있는지 확신이 안 섰다. 그래서 마크 케니 전대장을 만나러 갔다.

그러고는 이렇게 말을 꺼냈다. "제가 잘하고 있는지 의문입니다. 상황이 그다지 빨리 호전되지 못하는 것 같습니다. 제가 모든 일을 제대로 하고 있다고 생각할 때마다 이런 일이 생깁니다."

"놀랄 일은 아닐세. 최악이라고 생각할 때부터 상황이 나아진다네. 지금이야말로 자네가 생각하는 변화를 추진할 기회일세. 아무도 자네를 간섭하지 못하게 하겠네. 두려워할 사람은 나뿐일세. 그런데 나는 자네가 제대로 가고 있다고 생각한다네." 케니 전대장은 나를 안심시켰다. 이 바닥에 있는 모두가 우리를 응원하는 것은 아니었기에, 그 말은 너무나 고마웠다. 진주만에는 스무 척의 잠수함이 정박해 있었고, 몇몇 함장들은 우리 잠수함에 견학을 오기도 했었다. 하지만 우리가 시도하는 이 작은 실험이 실패한다면 기뻐할 사람들이 있다는 소문도 돌고 있었다.

우리는 그동안 지휘계통의 아래 방향, 즉 장교, 반장, 승조원 등으로 권한을 이양하는 조치를 취해왔다. 그리고 그 과정에서 권한을 위임할수록 모든 계급에 걸쳐 기술적 지식이 더욱 중요해진다는 사실을 깨닫게 되었다. 기술적 역량을 키워야 했다.

누가 시키는 대로만 하면 된다면 내가 사용하는 기술의 내용을 이해할 필요도 없다. 그러나 의사결정 능력이 향상될수록, 그 결정의 바탕이 되는 기술적 지식에 정통해야 한다. 잠수함은 자연의 법칙에 따를 수밖에 없고 그 법칙은 누구에게도 예외가 없다. 물리학의 법칙에는 아무런 문제가 없다. 단지 내가 한 행동에 따른 결과가 있을 뿐이다. 우리가 내린 결정이 원치 않던 결과를 낳게 될 때 문제가 생기는 것이다.

아주 어려운 일이 될 것 같았다. 승조원들에게 더 많은 권한을 주려면 그들의 전문 역량이 한 차원 높아지도록 교육해야만 했다. 따지고 보면 이것은 내가 윌로저스함에서 실패했던 바로 그 일이었다. 당시에 나는 권한과 통제권을 이양하기 위해 억지로 밀어붙였지만, 위에서 일일이 지시받는 데 익숙해져 있던 기관소대의 전문 역량은 이미 위축되어 있었다. 결국 그들의 전문 역량이, 내가 그들에게 밀어붙였던 의사결정을 감당할 수준이 못 되었던 것이다. 나는 최소한의 전문 역량 수준을 염두에 두고 있었지만, 정작 그에 필요한 단계적 조치를 취하지는 않았다. 역량이 뒷받침되지 않은 통제권은 무질서를 불러올 뿐이다.

평소였다면 이런 상황에 처했을 때 내 입에서는 "다 그만둬. 까짓것, 원래대로 '리더-팔로워' 모델로 돌아가면 돼"라는 말이 저절로 나왔을 것이다. 그랬다면 교육에 필요한 엄청난 시간과 수고를 덜었을 것이다. 그러나 케니 전대장의 격려 덕분에 버텨보기로 결심했다. 더 열심히 노력해보자고 마음먹었다.

이런 생각은 우리가 추진하던 다른 프로젝트에도 도움이 되었다. 그것은 바로 우리의 지휘 원칙과 신조의 바탕이 되는 핵심 원리를 문장으로 표현하는 작업이었다. 신조를 만들 때 나는 그것이 전 승조원들의 일상에 적용될 수 있을 정도로 기초적인 내용이 되기를 바랐다.

장교들 및 반장들과 토론하면서 우리가 해왔던 일들에 관해 이야기했다. 그들은 처음에 너무 애매한 내용을 이야기했다.

- 감독한다.
- 표준을 부과한다.
- 일정을 세운다.
- 전쟁을 준비한다.

좀 더 구체적으로 바꿔봤더니, 이번에는 너무 상세한 내용이 되어버렸다.

- 이 잠수함의 시스템을 운영하며, 명령이 내려지면 즉각 교전에 임할 준비를 갖춘다.
- 늘 함 내를 돌아다니며 시스템의 성과와 사람들이 일하는 모습을 살핀다.
- 산타페함을 최적으로 가동하기 위한 의사결정을 내린다.
- 어뢰를 적재하고 적의 위치를 파악하며, 어뢰가 적을 격침하도록 프로그램한다.

이렇게 써놓고 다시 이야기해보았다. 기술적 역량을 배양해야 한다는 점을 염두에 두었더니 '언제 어디서나 배워라'라는 단순한 문장이 떠올랐고, 그래서 그것을 채택했다. 그것이야말로 전 승조원들이 날마다 해야 하는 일이었다. 배움은 우리가 하는 모든 행동의 가장 기본적인 요소였다.

우리는 무슨 일을 하든, 어떻게 하면 거기에서 최대한 배울 점을 찾아낼까 생각해야 한다. 장황한 강의를 수강할 정도의 시간은 없어도 잠수함에서 생활하다 보면 매일매일 수많은 학습의 기회가 주어진다. 결국 '언제 어디서나 배워라'라는 철학을 명문화하여 우리의 신조로 삼았다.

산타페함의 신조

우리는 매일 무엇을 하는가?

우리는 배운다.

왜 '교육'이 아니라 '배움'인가?

교육에는 수동적인 의미가 들어 있다. 교육은 우리가 누군가로부터 받는 것이다. 예컨대 교육을 받는다, 교육에 참석한다 등으로 표현하듯이 말이다. 배움은 적극적인 것이다. 그것은 우리가 주체적으로 하는 행동이다.

무엇을 배우는가?

우리는 잠수함이 성공적으로 전투를 치르도록 준비하는 법을 배운다.

우리는 왜 전투를 치러야 하는가?

우리는 미합중국의 헌법을 수호하라는 조국의 부름에 응답하여 전투에 임한다.

그것이 왜 중요한가?

오늘날 우리가 미국에서 누리는 개인의 자유와 안녕 그리고 경제적 번영은 인류 역사상 유일무이한 축복이다. 인류는 대체로 짧은 수명, 힘든 노동, 위험천만한 위협 속에서 살아왔다. 헌법에 명시된 이 나라의 민주적 질서와 개인 자유의 중요성이야말로 우리가 누리는 정서적, 물질적 번영의 비결이다. 그것은 매우 중요한 동시에 우리가 마땅히 지켜내야 할 가치다. 이런 결심을 한 사람은 나 혼자만이 아니다. 수많은 선열이 미합중국 헌법의 수호에 목숨을 바쳤다.

왜 잠수함에서 일하는가?

잠수함은 다른 어떤 방법으로도 해낼 수 없는 고유의 임무를 달성한다. 미 해군 잠수함군은 민주주의를 수호해온 놀라운 전통을 자랑한다. 예를 들어 제2차 세계대전 기간에 해군 전체에서 2퍼센트에 불과했던 규모의 잠수함군이, 일본해군 전체 함선의 50퍼센트 이상을 격침했다. 이런 활약은 전쟁을 승리로 이끄는 데 결정적인 역할을 하였다.

배우기만 하면 일은 언제 하는가?

물론 우리는 일을 한다. 그러나 우리는 그 일에서 배움을 얻는다. 즉 유지관리, 관련 업무, 응급상황 훈련 그리고 학습 등에서 말이다. 따라서 우리는 현장 행사를 포함한 여러 가지 일을 하면서 배운다.

전과 하는 일은 똑같은데 표현만 바꾼 것 아닌가?

그렇기도 하고 아니기도 하다. 우리는 여전히 함선을 청소하고 훈련을 실시하며 유지관리와 승인 업무를 포함한 수많은 일을 수행한다. 모든 일은 관점에 따라 달라진다. 주어진 임무를 일이라고만 생각하지 말고 관련 장비와 절차에 대해 뭔가를 배울 기회라는 관점에서 바라보라. 그러면 적어도 그 일을 위임하거나 달성하는 방법에 관해서 배울 수 있을 것이다.

그럼 기존의 교육 프로그램은 어떻게 되나?

교육 프로그램은 학습 과정의 일부다. 결코 전부가 될 수는 없다. 교육은 학습의 부분집합이며, 학습은 다시 개인적 성장의 일부분이다. 우리는 매일 성장을 추구한다.

따라서 우리의 비전은 배움과 역량이 가득한 조직이다.

새로운 주간별 승조원보고서, 새로운 장비 그리고 작전 등은 원재료에 해당한다. 최종 산물은 훌륭한 자격을 갖춘 노련한 승조원들이다. 이들은 해군 어디에서도 명령체계 없이도 충분히 역량을 발휘할 것이다. 따라서 우리들 각자는 공장의 제품이면서(우리가 배움으로써), 동시에 그 제품을 생산하는 기계이기도 하다(다른 사람의 학습을 도와줌으로써).

나는 무엇을 해야 하는가?

나는 매일 더 나은 잠수함 승조원이 되기 위해 배운다. 현장 업무, 유지관리, 훈련, 정찰임무, 함정운항 그리고 실전배치 등의 임무를 더 많은 것을 배울 수 있는 기회로 바라보고, 그런 임무들을 통해 한 개인으로서 성장해가야 한다.

행동원리 : 언제 어디서나 배워라

나는 기존의 교육 프로그램을 새로운 관점으로 바라보기 시작했다. 그것은 관리 프로그램도 아니었고, 실수를 최소화하는 데 필요한 프로그램도 아니었다. 그것은 산타페함에서 위계질서의 아래 방향으로 의사결정권을 이양할 수 있는 핵심 수단이었다.

직원들이 환영하는 교육 프로그램을 운영하고 싶다면, 다음과 같은 원칙을 참고하기 바란다.

- 교육의 목적을 전문 역량 향상에 둔다.
- 전문 역량이 향상되면 직원들에게 더 많은 의사결정권을 위임할 수 있다.
- 직원들이 의사결정을 내리는 횟수가 증가할수록 그들의 참여도와 동기, 주도성도 자연스레 증가한다.

이러한 원칙을 염두에 둔다면 생산성과 사기, 성공 가능성이 모두 획기적으로 증대될 것이다.

통제권의 포기와 역량 증대

다음에 제시하는 방법은 리더십 미팅이나 사내 단합대회 등에서 시도해볼 만하다.

- 메모지와 필기구를 나눠준다.

- 먼저 빈칸을 채워 넣도록 한다. 특정 계급은 명시해서 나눠주고 해당 주제는 모인 사람들에게 채워 넣도록 하면 된다.

  _____ 계급의 관리자들이 _____ 이라는 사안에 대한 의사결정권을 가진다면 회사의 성공에 더욱 도움이 될 것이다.

- 메모지 작성이 모두 완료되면 그것들을 벽에 붙이고 잠깐 휴식 시간을 갖는다. 다른 사람들이 어떤 내용을 썼는지 둘러볼 시간을 준다.

- 그다음 우선순위별로 원하는 주제를 몇 가지 더 적도록 한다.

- 다음 질문을 던진다. 이 계급의 관리자들이 그런 의사결정권을 가지기 위해 갖춰야 할 전문 지식은 무엇인가?

- 이전의 과정을 반복한다. 각자 대답을 쓴 후 메모지를 벽에 붙이고 휴식 시간을 갖는다.

이 방법을 통해 교육에 적합한 주제의 목록을 확보할 수 있다. 더구나 이 주제는 직원의 의사결정과 통제권 향상, 즉 권한위임과 직결된다.

교육 프로그램을 수립할 때 잊지 말아야 할 점은 이런 사고의 연결 과정을 그 자리에 모인 사람들과 충분히 공유해야 한다는 것이다. 그래야만 왜 그 교육을 받아야 하는지 이해할 수 있고 그럴 마음도 생긴다. 그것이 바로 자신의 의사결정권의 폭을 넓히는 길이라는 사실을 알아야 하는 것이다.

언제 어디서나 배우는 것은 역량에 관한 행동원리다.

이러한 마음가짐은 내적 균형과 관점을 유지하는 데 도움이 된다. 전에는 검열을 앞두면 마음속에 걱정과 불안이 쌓였다. 우리가 과연 어떻게 대응할지, 정찰대가 어느 정도나 해낼지 걱정이 되었다. 검열 점수는 어떻게 나올지, 우리 함선이 어떤 평판을 들을지, 직업적으로 망신이나 당하지 않을지 등 온갖 걱정에 휩싸였었다. 윌로저스함에서 있었던 일로 경력이 거의 끝장날 위기에 처했던 만큼 신경이 날카로워지지 않을 수 없었다.

하지만 배운다는 생각을 염두에 두자 머릿속이 고요해지고 심지어 마음이 설레기까지 했다. 전문가들이 우리 배에 탑승하는 사흘간 우리 승조원들과 내가 무엇을 배우게 될지 너무 기대되었기 때문이었다. 내가 이런 생각을 가지고 있다는 것을 승조원들도 눈치 챘고, 나의 태도는 그들에게도 전염되었다. 실제로 검열관들마다 배움에 대한 우리 승조원들의 열정을 언급했고, 그들의 진지한 열정은 우리에게 필요한 합격점 이상의 평가를 안겨주었다.

체크리스트

- 하위 계급 직원들이 올바른 의사결정을 내리는 데 필요한 전문 역량을 갖추지 못해 사업에 지장을 주지는 않는가? 만약 그렇다면 그런 일이 일어나고 있는 분야가 어디인지 알고 있는가?
- '언제 어디서든 배워라'라는 정책을 조직의 상하 간부들에게 어떻게

적용할 수 있을까?

- 산타페함의 신조를 본떠 우리 조직에서도 신조를 만들어볼 생각이 있

  는가?

- 우리 조직의 사람들에게 교육을 받고자 하는 의지가 있는가?

18장. 설명하지 말고 입증하라

조직 구성원들의 사고 수준을 한 차원 높이려면 어떻게 해야 할까? 우리는 이 일을 가로막는 매우 기본적인 관행을 없애야 했다.

실전배치 127일 전

1999년 2월 22일 : 하와이 진주만

"함장님, 출항할 예정입니다. 전 소대 준비 완료했습니다. 예인선도 마련되었고, 항구 승인도 얻었습니다."

"알았네."

"연결선을 모두 풀겠습니다."

함교에서는 데이브 애덤스 대위가 잠수함 조타수 일을 처음 맡은 하급 장교들을 지도하고 있었다. 우리는 유지보수 기간을 무사히 지난 뒤, 콘스텔레이션 항모전단에 합류하여 몇 가지 훈련을 하기 위해 샌디에이고까지 항해할 준비를 완료했다. 내가 함장이 된 지도 45일이 지났다. 우리는 4개월 후면 바로 그 항공모함 전투단과 함께 실전에 배치된다. 그 항해와 해상 훈련은 우리의 운항 및 전투 능력이 과연 어느 정도인지 판가름할 좋은 기회였다. 또 해상에서 보내는 시간은 승조원의 단결력을 증진하는 매우 소중한 계기가 된다. 산타페함 승조원들은 우리의 안내지침을 완성할 수 있을 것이다. 그간 완성이 늦어졌던 것은 승조원들 스스로 만들어보라고 내가 기다려주었기 때문이다. 이제 제대로 된 기회가 온 것이다.

진주만을 나서며 본 장면은 가히 아름다웠다. 나는 아무 말도 할 수 없었다. 애덤스 대위가 젊은 장교들을 지도했고, 항해소대와 함교측이 끊임없이 보고와 현황, 고려사항, 계획 등을 주고받은 모습을 모두 지켜봤다. 모두 자기 생각을 크게 말하는 목소리였다.

"선회 대기 중. 다음 코스는 182 지점에서 좌현으로."

"약 30초 후 선회합니다."

"레이더로 선회하라."

"약간 이른 것 같습니다."

"육안으로 선회하라."

"조타수. 좌현 15도 키, 182 코스로 천천히 진행하라."

"좌현 15도로 키를 잡았습니다."

"키가 너무 왼쪽이다."

"선회 속도가 약간 늦었습니다."

"조타수, 좌현 20도로 키를 더 돌려라. 182로 천천히."

너무나 훌륭했다. 모두가 긴밀히 소통했다. 서로 간에 신뢰가 있었고 일방적으로 판단하는 법도 없었다.

진주만은 잠수함을 운항하기에 더할 나위 없는 곳이었다. 잠수함에 관한 전설적 신화가 가득하고 날씨도 훌륭할 뿐 아니라, 해안을 벗어나자마자 심해가 펼쳐지기 때문이다. 미국의 동해안에서는 잠수함들이 해수면을 몇 킬로미터나 지나야만 대륙붕을 벗어날 수 있었다.

　산타페함에 배당된 수역은 항구 주변 전체였으며, 우리는 잠수 지점에 금세 도착했다. 나는 함교에서 아래로 내려갔다. 곧 함교를 잠수 태세로 전환하고 당직사관과 파수병, 조타수가 따라 내려왔다.

　조종실에서는 모두들 잠수 준비에 여념이 없었다. 조바심이 날 정도로 오랜 시간이 걸렸다. 핵잠수함은 잠수 상태로 있는 시간이 워낙 긴 탓에, 정작 잠수 연습을 할 시간은 별로 없다. 우리는 잠수를 하거나 실제로 잠수함 노릇을 하는 데는 별로 신경 쓰지 않았다. 제2차 세계대전 중에는 잠수함들이 대부분의 시간을 수면 위에서 보냈기 때문에 급속 잠항은 죽느냐 사느냐의 문제였다. 그래서 함교를 철거하고 승강구를 닫은 후 잠수하기까지 30초밖에 걸리지 않았다. 핵잠수함은 잠수하는 데 몇 분이 걸렸다. 하지만 잠수 자체보다는 잠수 준비가 더 문제였다. 그동안 핵심 전투기술이 녹슬어왔다는 사실이 여기서 다시 한번 드러났다.

　나중에 운항하면서, 우리는 산타페함이 연결선을 풀고 잠수를 해서 수심 45미터 위치에서 자세를 안정시킬 때까지의 시간을 최소화하는 것을 목표로 삼았다. 이제 승조원들은 인력이나 장비 면에서 서로 단절된 여러 개별 사안(운항, 작전수행, 정찰임무, 잠수, 함선 정비 등) 중심의 사고방식을 버리고, 그 모든 일을 한데 묶어 생각하기 시작했다. 이런 과제가 주어지자 그들은 출항 시점부터 1분 1초를 더 아끼는 갖가지 기발한 방법을 찾아냈고, 그 덕분에 산타페함은 더욱더 성공적인 전함의 면모를 갖춰나갔다.

잠수당번사관DOOW, diving officer of the watch이 잠수 계획을 보고하겠다고 말했다. 우리는 항상 어떤 일에 앞서 보고회를 열었다. 군대는 곳곳에 보고가 넘친다.

그는 함선체계매뉴얼SSM, Ship System Manual 속의 절차 부분을 펴서 읽기 시작했다. "두 번째 잠수 신호에 맞춰 정찰반장은 환기구를 모두 연다."

"조타수는 키를 선체중앙부에 놓는다."

그는 계속해서 읽어내려 갔다.

5분이 지난 후, 그는 질문이 있느냐고 물었다.

아무 질문도 없었다.

정박 기간 연장 후의 첫 번째 잠수에 대해 불안감이 치솟았던 데는 두 가지 이유가 있었다.

첫째, 잠수함의 상태가 더 불확실해졌기 때문이다. 예상치 못한 무게 증가(어뢰나 장비, 화물, 균형수의 추가 적재나 승조원의 추가 탑승 등)가 있었다면, 함선이 무거워 가라앉을 것이다. 반대로 예상보다 무게가 가볍다면, 환기구를 열고 수면에 떠올라 부력이 중립에 도달할 때까지 물을 받아들여야 한다.

둘째, 정박 기간 동안 모두가 유지관리에만 신경을 쓰느라 혹시나 승조원들이 잠수 절차에 관한 감각을 잃어버렸으면 어쩌나 하는 생각이 들었기 때문이다. 다른 사람들과 마찬가지로 우리도 절차서에 관한 보고회를 여는 것으로 이 문제에 대처해야겠다고 생각했다.

우리는 배울 수만 있다면 어떤 기회든 활용해야 했으므로, 나는 예상치 못한 응급상황 훈련을 의도적으로 마련하곤 했다. 예컨대 어떤 계측기가 고장 난 상황을 가정한 훈련 등을 말이다.

"함장님, 잠수에 들어가겠습니다."

"알았네."

"함선 잠수하라."

"함선 잠수 시작."

두말할 필요도 없이 문제가 생겼다. 예상치 못한 지시에 대원들은 혼동을 일으켰다. 그래서 처음에 잘못된 행동을 했고, 문제의 근원을 찾아내서 고치는 데 너무 많은 시간을 소모했다.

나중에 다시 모여 보고를 들을 때 나는 이렇게 질문했다. "어떻게 된 건가? 반장이 절차를 설명해준 걸로 아는데." 나는 항해소대원 중 한 명에게 손전등을 겨눴다. 수심 측정기가 고장 난 모의 상황에 제대로 대처하지 못한 친구였다.

"함장님, 그 설명을 유심히 들은 사람은 아무도 없습니다."

"무슨 말인가?"

"사람들이 근무를 하러 와서 자리에 앉았는데, 반장이 책을 읽기 시작하면 속으로 '아, 나는 어떻게 하는지 다 알아'라고만 생각합니다. 그러니 별로 주의 깊게 듣지 않게 됩니다."

행동원리 : 설명하지 말고 입증하라

사실은 나도 그런 모습을 여러 번 목격했다. 설명회는 설명하는 사람을 제외한 모든 사람들이 그저 수동적으로 참가하기만 하는 활동이다. 참가하는 사람들은 모두 설명을 들을 뿐이다. 뭔가를 준비하거나 학습해야 할 의무는 전혀 없다. 전심전력으로 몰입하지 않고 그저 고개만 끄덕이며 "준비되었다"라고 말하기는 쉽다. 게다가 설명회에 참가하기 위해 해야 할 일은 그저 참석뿐이다. 따라서 설명회는 결심의 수단이 전혀 될 수 없다. 업무는 진행될 것이고, 설명회에서 하는 일은 그저 거기에 대해 먼저 이야기하는 것뿐이다.

우리는 설명회를 없애기로 했다. 그 대신 그때부터 입증모임을 하기로 했다.

입증이 설명과 다른 점은 팀의 책임자가 팀원들에게 질문을 던진다는 것이다. 일종의 관리책임자, 즉 본 업무 전에 사전 준비 작업을 하는 사람이 되는 것이다. 입증모임이 끝날 무렵에는 해당 팀이 곧 있을 업무를 수행할 준비가 되었는지 결정을 내려야 한다. 이 모임에서 해당 팀이 필요한 지식을 갖추고 있다는 사실을 적절히 입증하지 못하면 그 일은 연기된다.

처음 시작했을 때 정찰대원들은 도무지 어떻게 해야 할지 몰랐다. 미리 공부를 하지 않았던 것이다. 왜 준비하지 않았느냐고 물었더니 그들은 이번에 잠수하는지 몰랐다고 했다. 나중에 정찰대원

스무 명에게 원자로를 시동하는 주요 업무에 대해 똑같은 질문을 던졌다. 이에 한 수병이 말하길 우리 함이 원자로에 시동을 걸 것이라는 사실은 알고 있었지만, 업무가 시작되기 직전까지도 어느 정찰대에서 근무할지 몰라서 준비하지 못했다고 했다.

이런 사례에서 알게 된 사실이 있었다. 설명회는 준비 부족을 보충하는 의미가 많은 반면, '리더-리더' 방식에서 비롯된 입증모임은 '리더-팔로워' 방식에 비해 관리 측면에서 할 일이 더 많다는 것이었다. 관리를 하려면 곧 다가올 일에서 무엇을 달성해야 할지 파악해야 할 뿐만 아니라 각 팀원이 어떤 역할을 해야 할지도 알고 있어야 하기 때문이다.

입증모임은 준비의 책임을 참가자들에게로 돌린다. 참가자 모두가 주체가 된다. 수동적인 설명회에서 적극적인 입증모임으로 바뀌자 승조원들의 행동도 달라졌다. 어차피 질문을 받게 된다는 점을 깨닫고 미리 각자의 책임 분야에 대해 공부하기 시작했다. 따라서 승조원들의 지적 활동이 급격하게 왕성해졌다. 이들은 자신이 해야 할 일에 관해 고민하고, 스스로 알아서 공부하게 되었다.

우리 회사에서도 설명 대신 입증을 하자

수술 절차든 판매 설명회든, 팀워크가 필요한 일에 집중해본 적이 있다면 그 준비 과정을 생각해보라.

사람들이 그저 설명을 듣기만 하러 오는가, 아니면 자신이 할 일을 설명할 준비를 하고 오는가? 기존에 설명회가 많았던 조직이라면 사고방식을 바꾸기 위해 처음에 많은 노력을 해야 할 것이다. 우선 사람들이 달성할 목표에 관해 미리 공부하고 고민할 수 있는 과제를 부여하는 것부터 시작해볼 수 있다.

큰 변화를 불러올 수 있는 또 다른 방법은, 그 모임에서 사람들이 임무를 달성할 준비가 되었는지 판단을 내리는 것이다. 물론 "우리는 준비되지 않았습니다"라는 말에는 큰 대가가 따르지만, 일을 망치는 것에 비할 바는 아니다.

설명하지 말고 입증하는 것은 역량에 관한 행동원리다.

입증모임은 결심의 순간이다. 그 모임을 열고 입증에 실패할 수도 있다. 사람들이 지식이나 이해도가 부족해서 특정 활동에 참가할 준비가 되지 않은 모습을 드러낼 수도 있다. 하지만 그렇지 않다면 그것은 여전히 설명회일 뿐이다.

'설명하지 말고 입증하라'는 우리가 기존의 방식을 탈피한 또 다른 사례다. 나중에 검열관들이 와서 잠수와 같은 주요 업무 실행 전에 설명회를 해보자고 말했을 때, 나는 산타페함에서는 설명회를 전혀 하지 않는다고 했다. 설명회는 필요 없었다. 필요한 것은 우리가 절차에 따라 잠수함을 안전하게 운항하는 일이었다. 그 일을 하는 데 입증모임은 그 어느 설명회보다 유용한 수단이 되었다.

설명회 대신 입증모임을 시작한 것 역시 꽤 강력한 힘을 발휘했다. 누군가가 과업을 공부하여 다른 사람들에게 설명하는 대신, 승조원 모두가 자신의 일을 스스로 책임져야 했기 때문이다. 그것은 계급 고하를 막론한 모든 승조원들의 지적 활동을 강제하는 효과를 불러왔다. 함선을 돌아다니다 보면 곳곳에서 공부에 열중하는 모습을 볼 수 있었다. 누가 시키지도 않았는데 사람들이 공부를 했다! 이를 주도성이라고 부르는 사람도 있다. 경영학 용어로는 '직원 참여도'라고 한다. 그리고 이것은 어디까지나 관리자들이 제 몫을 해줄 때 유효하다.

설문조사의 일환으로 직원들에게 물어보기에 좋은 질문 중 하나는 '의무사항이나 지시에 의해서가 아니라 스스로 공부하는 시간이 일주일에 얼마나 되는가'다. 돌아오는 대답은 보잘것없는 숫자에 불과한 것이 일반적이다. 이 숫자를 늘리는 것이 바로 조직의 역량을 증진시키는 일이다. 팀원들의 참여도를 높이려면 설명회를 열지 말고 입증모임을 열어라!

체크리스트

- 성과의 책임을 보고자에서 참가자로 옮기는 방법은 무엇인가?
- 사람들은 과업이나 작전을 수행하기 전에 얼마나 많은 준비를 하는가?
- 최근 프로젝트에 앞서 설명회를 연 적이 있는가? 참석자들이 그 내용을 주의 깊게 들었는가?
- 우리 프로젝트 팀이 조직의 목표와 각자가 그에 기여하는 법을 알고 있음을 입증하려면 어떻게 해야 할까?

- 과업의 목적과 각자가 담당할 역할을 파악하기 위해 '리더-리더' 모델 내에서 더 많은 책임을 떠안을 준비가 되어 있는가?

19장. 메시지를 끈질기게 반복하라

사람들이 내 말을 이해했다고 생각했는데, 사실 전혀 알아듣지 못했다는 걸 알게 된다면 어떨까? 안타깝게도 산타페함에서 그런 일이 있었고, 그 때문에 소중한 승조원을 잃을 뻔했다.

실전배치 116일 전

1999년 3월 5일 : 캘리포니아 샌디에이고

우리는 샌디에이고에 한 시간 먼저 도착했다. 나는 우리 미사일 발사관에 여러 가지 기계적 문제가 생겼다는 보고를 받고 마음을 졸이고 있었다. 장거리 운항은 처음이다 보니 장비 상태에 신경이 쓰이기 시작했다. 염수와 해수압에 노출된 기계장치는 조금만 소홀히 다루어도 스위치와 연결장치, 압력센서 등이 고장 난다.

선임참모가 문 앞에 모습을 보였다. 나는 곧 있을 공격 훈련이 시작되기 전에 이 장치를 완벽하게 준비해놓을 방법을 논의하고 싶었다.

"함장님, 그가 욕설을 내뱉으며 함선을 떠나버렸습니다."

"누가 말인가?"

"아, 알고 계시는 줄 알았습니다. 슬레드독이 무단이탈AWOL, absent without leave했습니다."

당연히 나는 그를 잘 알고 있었다. 부 조타수들이 해도 작성 절차를 개선하는 데 큰 공을 세워 나를 놀라게 한 적이 있었는데, 그들 중 한 명이 바로 슬레드독이었다.

정찰조타수QMOW, quartermaster of the watch가 하는 일은 무척 힘들었다. 함선의 안전운항을 위해 매우 중요한 보직인 만큼 한 치의 오차도 허용되지 않았다. 게다가 항상 남의 눈에 띌 수밖에 없었다. 바로 근무 장소가 조종실이었기 때문이다. 당직사관이 조타수의 직속 상관이기도 했지만, 부함장과 내가 수시로 조종실에 들를 때마다 해도가 있는 곳으로 곧장 다가가 우리 위치를 확인했다. 조타수는 서너 명의 장교들과 함께 해도 탁자 주위에 모여 자신이 생각하는 경로를 그려보곤 했다. 정찰대 중에서도 그렇게 할 수 있는 사람은 함장이 직접 지정한 소수의 몇 명뿐이었다.

내가 처음 한 말은 "지금은 이러면 안 돼"였다. 그러고는 의자에 털썩 주저앉았다.

나는 진작부터 기분이 좋지 않았다. 전 해군 규모로 시행하는 진급시험이 이번 주에 있다는 사실이 방금 전에 기억났기 때문이었다. 샌디에이고까지 항해하는 일과 항모전단과 함께하는 작전을 어떻게 성공시킬까에 몰두해 있었으므로, 진급시험 일정에 신경 쓸 여유가 없었던 것이다. 날짜는 해군이 지정하고, 혼란을 피하기 위해 모든 사람이 같은 날짜에 시험을 본다. 이 시험 성적은 100명에 이르는 산타페함 부사관들의 진급 여부에 결정적인 영향을 미친다. 그러나 우리는 시험에 관해서 이렇다 할 이야기도 하지 않았고 공부할 시간도 주지 않았기 때문에 승조원들이 좋은 성적을 거두리라고 기대할 수 없었다.

무단이탈은 슬레드독의 경력에 영원한 오점으로 남을 것이고, 진급 기회도 가로막게 될 것이다. 나아가 산타페함에 대한 평가에도 심각한 영향을 미칠 수 있었다.

육상전력과 어뢰실에 문제가 생겼던 이후로 사정이 점점 나아지는 추세였다. 하급 장교 한 명이 전역 의사를 번복한 다음에는 지원병들로부터 배속 신청도 접수되기 시작한 터였다. 즉 사기가 진작되고 있었다. 이런 상황에서 슬레드독의 일탈은 엄청난 차질을 빚는 사건이었다.

우리는 일종의 평가회의를 열었다. 참석자는 슬레드독의 직속상관들로, 빌 그린 소령과 존 라슨 반장, 선임참모, 부함장 그리고 나였다. 의견은 둘로 나뉘었다. 한편으로, 일부 선임사병과 반장들은 슬레드독이 이미 오랜 해군 복무 경력을 가진, 정신이 멀쩡한 사람이었기에 자신이 저지른 행동과 그 결과를 잘 알고 있다는 점을 지적했다. 그의 행동에는 변명의 여지가 없었다. 그들은 이미 그가 함장 판결을 받아 마땅하다는 평가보고서까지 써둔 상태였다. 그를 엄벌함으로써 군의 기강과 규율을 지키는 일은 매우 중요했다. 특히나 실전배치가 눈앞에 다가온 이 시점에는 더욱 그랬다. 다른 병사들에게 국가와 전우에 대한 의무를 저버려도 된다는 생각을 심어 줄 수는 없는 노릇이었다.

다른 한편으로, 장교들은 대체로 동정적인 의견을 내비쳤다. 그들은 우리가 일주일 전에 진주만을 떠난 이래 조타수들이 좌·우현 정찰근무를 서면서 쉴 틈 없이 근무해왔다는 점에 주목했다. 즉 슬레드독은 여섯 시간 근무하고 여섯 시간 휴식을 취했다는 말이었다. 식사와 근무 준비 그리고 근무 후 활동 등은 휴식 시간 동안에 모두 해결해야 했다. 그러니 사실은 여덟 시간 근무, 네 시간 휴식이라고 해야 맞는 말이었다. 그 외에 교육 및 설명회, 전체 훈련 등에도 참가해야 했다. 취침해야 할 시간에 그런 일정이 잡힌다면 그건 정말 너무한 일이었다. 이번에는 입증모임을 처음 시도했고, 훈련을 진행했으며, 샌디에이고 시간에 맞추기 위해 시계를 두 시간 앞당기기까지 했다. 이 모든 요소를 종합해보면, 지난 36시간 동안 슬레드독은 아마 한 숨도 못 잔 게 틀림없었다. 그 누구도 일부러 그를 이 지경으로 몰아넣지는 않았지만, 그의 사정을 돌본 사람이 아무도 없었다는 것 또한 사실이었다. 아직도 샌디에이고까지는 몇 시간을 더 항해해야 했다. 입항 직전의 이 시간은 특히 조타수들의 업무가 빡빡한 순간이었다.

슬레드독은 소대에서 일등으로 꼽히는 부사관이라 할 수는 없었지만, 열심히 일하는 승조원이자 매우 소중한 정찰대원이었다. 그가 없이는 산타페함이 정상적으로 운항할 수 없었다. 지금까지는 좌·우현 정찰근무를 운영해왔다면, 이제 좌·좌현이 될 판이었다.

다시 말해 정찰조타수 자리에 자격을 갖춘 정찰대원이 한 명밖에 없는 상황이 된 것이다. 이렇게 되면 잠수함의 국가 방위 능력이 심각하게 제약을 받는다.

빙산의 일각?

나는 이 문제를 깊이 파고들어 봐야겠다고 생각했다.

질문: 왜 좌·우현 정찰근무를 할 수밖에 없는가?
대답: 정찰근무조를 정상적으로 세 구역에 배치하고 운영하기에는 인원이 부족하다.

질문: 왜 그런가?
대답: 그 소대의 반장이 자격을 갖춘 소대원들을 많이 배출하지 못했기 때문이다. 즉 우리가 보유한 인력의 폭이 좁은 것이다. 자격취득 프로그램에 문제가 있었다.

질문: 좌·우현 대신 세 구역에 배치하는 데 필요한 또 다른 자격취득자가 없었는가?
대답: 있었다. 그 소대에 선임하사(감독관)가 있는데, 그는 정찰 근무조에서 빠져 자유롭게 활동하는 항해관리자NavSupe 근무에 대비하고 있었다.

질문: 그러나 항해관리자가 하는 일도 함선이 육지에 다가갈 때 항해 상황을 안전하게 관리하는 것 아닌가?

대답: 그렇다.

질문: 우리는 지금껏 하와이에서 샌디에이고까지 태평양 동부를 건너온 것 아닌가?

대답: 그렇다.

질문: 그러면 항해관리자가 꼭 있어야 하나?

대답: 아니다.

화가 났다. 이 감독관은 자신의 부하를 잠도 못 자게 만들어놓고 정작 자신은 정찰근무조에서 빠져 있었다.

나는 정찰근무 편성표 전체를 더 꼼꼼히 살펴보고 잠수당번사관(반장 옆에서 근무하는 정찰대원)들은 6교대로 근무한다는 것을 알았다. 다시 말해 여섯 명의 유자격 반장들과 함께 한 구역에 배치되어, 36시간마다 여섯 시간씩 근무한다는 의미였다. 그런데 일반적인 승조원들은 3교대로 근무했다. 그리고 슬레드독이 배치된 곳 같은 일부 구역은 2교대로 운영되었다. 한 곳에 두 명이 배치된 것이다.

어떻게 이런 일이 벌어졌을까? 사실 잠수함에서 이런 일은 흔했다. 어떤 잠수함에서는 반장들이 아예 근무를 서지 않는 경우도 있었다. 이런 모습이 정상으로 여겨지는 것만 봐도 반장이 더 큰 책임을 지기보다는 특권만 누리는 자리라는 것을 알 수 있었다. 그 자리는 하급 사병들의 선망의 대상이 되는 소위 '땡보직'이었다. 그러나 악영향도 있었다. 반장들 때문에 승조원들이 상대적 박탈감을 느끼게 된 것이다. 반장들이 자기 자신만 챙기는 동안 그 대가는 승조원들이 치러야 하는 현실에 화가 났다.

"슬레드독은 지금 어디 있나?" 내가 물었다.

아무도 확실히는 몰랐지만, 기지 내에 승조원들이 기거하는 막사로 간 것 같다고들 했다. 곰곰이 생각해봤다. 무단이탈을 한 사람이 왜 기지 내 막사로 갔을까? 그리고 슬레드독이 겪어온 일을 되짚어보면 내가 그 입장이었어도 욕설이 저절로 나왔을 거라는 생각이 들었다.

여기까지 생각이 미치자 내 입장은 동정론 쪽으로 확실히 기울었다. 그러나 그를 찾아내야 한다고 반장들을 설득하기가 쉽지 않았다. 물론 명령을 내릴 수도 있었지만, 그래 봐야 복종을 강요하는 것밖에 안 된다. 그래서 내가 직접 찾아보기로 마음먹었다. 나는 잠수함을 떠나 사병 막사로 갔다. 우리가 정박한 샌디에이고 포인트로마Point Loma 잠수함 기지에서 몇 블록 떨어진 곳이었다. 막사 관리자를 만나 얘기를 나눠보니, 놀랍게도 슬레드독이 등록해서 숙소까지 배정받았다는 것이었다. 해군을 떠날 생각이 있는 사람이 할 만한 행동은 아니었다. 그의 방으로 가서 문을 노크했다. 그가 거기에 있었다.

나의 말에서 그의 행동에 면죄부를 주는 암시나 반장들에 대한 좋지 않은 감정이 드러나지 않도록 조심해야 했다. 그러면서도 그가 잠도 제대로 못 자면서 불공정한 처우를 받은 데 대해 공감을 표했다. 내 손에는 그에 관한 보고서가 들려 있었다. 무단이탈에는 가혹한 처벌이 기다리고 있었다. 그를 60일간 함선에 가둘 수도 있다. 그렇게 되면 실전배치되기 전까지 정박 기간의 대부분을 배에서 벗어날 수 없게 된다. 또는 1개월 급여를 박탈할 수도 있다. 1계급 강등도 유력했다.

우리는 대화를 나눴다. 그가 심신이 지쳐 있다는 것을 알 수 있었다. 나는 짐짓 과장된 몸짓으로 보고서를 찢으며 그에게 사면을 선언했다. 단, 다음 날 아침까지 함선으로 복귀해야 한다는 조건을 달았다. 그는 미처 깨닫지 못했겠지만, 나는 그렇게 개인적으로 개입함으로써 앞으로 혹시라도 함장 판결이 열릴 가능성 자체를 막아버렸던 것이다. 그 사건이 군법회의에 회부되었다면 변호사가 마음대로 가지고 놀 만큼 쉬운 재판이 되었을 것이다. 나는 그렇게까지 할 일은 아니라고 생각했다.

나는 산타페함으로 돌아와 반장들을 소집했다. 그러고는 지금까지 있었던 일을 정리한 후 반장들에게 1월에 진주만의 오래된 잠망경 수리공장에 모여서 했던 이야기를 상기시켰다. 내가 화가 났던 이유는, 그들이 내가 부여한 권위를 이용해 오직 자신의 편의만 도모해온 것 같았기 때문이었다. 그들 중에는 자신의 부하에 대해 지녀야 할 의무를 망각한 사람이 분명히 있었다. "지난 1월 모임에서 자네들이 부하와 이 잠수함의 운영에 대한 책임을 수락할 때 우리 모두 그 자리에 있지 않았나? 자네들이 무슨 특권층이라도 되는 듯이 행동할 게 아니라 승조원들과 함께 호흡하고 모든 것을 나누어야 한다는 걸 모르는 사람이 있느냐는 말이야!" 나는 손전등을 그들에게 겨누며 이렇게 고래고래 소리 질렀다. 그야말로 불같이 화를 냈다.

슬레드독과 담판 지은 내용을 반장들에게 말해주었다. 내가 나쁜 선례를 만들고 있다고 생각하는 이들도 있었다.

그들이 1월에 보인 태도는 위선이었던가? 나는 그렇게 생각하지는 않는다. 그저 자신이 말한 대로 실천하기가 얼마나 어려운지 당시에는 미처 몰랐을 것이라고만 해두자.

그들의 이런 태도가 계속되면서 승조원들의 사기가 꺾였을 것은 불을 보듯 뻔한 일이었다. 이러니 작년 한 해를 통틀어 산타페함에 배속된 인원이 고작 세 명뿐이었던 것도 당연한 일이었다. 반장들의 모든 권한을 박탈하고 그들을 일일이 직접 관리하고 싶은 충동이 머리끝까지 차올랐다. 그런다고 해도 아무도 이상하게 생각하지 않을 상황이었고, 그저 여느 리더들과 마찬가지로 행동을 하는 것일 뿐이었다.

다음 날 아침, 선임참모가 일상 점호보고를 하러 내 방에 들어왔다.

"함장님, 현재원 이상 무. 점호보고 드립니다."

그 말은 슬레드독이 약속대로 복귀했다는 뜻이었다. 그는 돌아서 방을 나갔다.

슬레드독 문제가 해결된 것을 모든 반장들이 좋아한 것은 아니었다. 내가 잘못된 기준을 만들었고, 그래서 군의 기강이 무너질 것이라고 우려하는 사람도 있었다. 그들은 대량 무단이탈 사태를 우려했는데, 그럴 때 내가 그들을 문책한다면 그것은 위선적인 행동이 될 것이었다. 이른바 정실주의favoritism가 싹트게 될 거라고 예상하는 사람들도 있었다. 내가 소수자들을 존중하는 태도를 보였다는 시각 또한 존재했다. 그러나 그들의 예상은 빗나갔다. 이후 3년 동안 무단이탈자는 단 한 명도 나오지 않았다.

나는 더 많은 통제권을 쥐려는 유혹을 떨쳐냈고, 계속해서 선임참모와 부함장이 사병들의 근무편성을 관할하게 했다. 나는 화를 가라앉힌 후 '근무편성 공정'의 원칙을 내세웠다. 어떤 관리자도 자신의 부하가 근무를 서는 교대조 중 가장 나쁜 곳보다 더 나은 장소에 배정될 수 없다는 내용이었다. 이 원칙이 모든 계급에 동일하게 적용된다면 반장이나 장교가 일반 승조원보다 편하게 지낼 방법은 완전히 사라지게 된다. 당연히 이 원칙은 만만치 않은 저항에 부딪쳤지만, 이렇게까지 하는 나의 진의를 분명히 전달해야만 했다. 나는 모든 일을 강압적이지 않은 방법으로 해명하는 데 슬슬 지쳐가고 있었다. 무조건 한번 겪어보라고 밀어붙일 수밖에 없었다.

행동원리 : 메시지를 끈질기게 반복하라

내가 씨름했던 가장 어려운 문제는 '어째서 내가 이 모든 상황을 알아채지 못했는가'였다. 사병들의 근무편성은 부함장의 결재권한에 속한 것으로, 군이 따지자면 내 책임이라고 볼 수 없었다. 그러나 사실은 내게도 책임이 있었다. 나는 지난주에만 해도 조종실을 수백 번이나 드나들었다. 그리고 그곳에서 슬레드독이 근무를 서는 모습을 봤다. 물론 변명거리는 많다. 나는 다른 많은 일에 신경 써야 했고, 정찰대 근무편성은 다른 사람 소관이었다. 그러나 아무리 자기 합리화를 한다 해도 책임감을 느끼지 않을 수 없었다. 어쩌면 이런 책임감이 은연중에 나의 행동에 반영되어 심하게 표출되었는지도 모른다. 스스로에게 미칠 영향을 조금만 더 깊이 생각했다면 내가 직접 사병 막사까지 방문하지는 않았을 것이다. 하지만 나는 그런 식으로 생각하지 않았다. 나는 단지 내 부하 병사가 걱정되었을 뿐이다. 그는 스스로 부대를 이탈했는데, 높은 사람 중 아무도 그를 붙잡아올 생각도 하지 않았다.

나의 새로운 리더십 방식이 아무런 소용이 없었다는 사실에 다시 한번 좌절했다. 지금까지도 이렇게 힘들었는데, 이제 반장들까지 호응해주지 않는다면 어떻게 성공을 거둘 수 있단 말인가? 일방적으로 명령 엄수를 강요하는 예전 방식으로 돌아갈까도 고민해봤다. 그러나 다시 생각해봐도 그것은 내가 원하던 리더의 모습이 아니었다. 역시 애초에 선택한 길이 옳다고 굳게 확신했다. 사람들에게 권한을 넘겨주고, 그에 맞는 책임과 일할 수 있는 수단을 부여하면 언젠가는 결실을 볼 수 있을 것이다. 결국 나는 유혹을 이겨내고 원래대로 밀어붙여야겠다고 결심했다.

나는 반장들의 행동에 완전히 당황했다. 내가 함장이 된 지 두 달이나 지났는데, 우리가 추구하는 것이 뭔지 어떻게 저토록 모를 수가 있을까? 나는 '반장 책임' 제도까지 도입하며 그들에게 더 많은 권한을 부여했다. 그들은 나와 함께 안내지침을 만들기도 했다. 내가 산타페함을 어떻게 운영할지에 관해 수백 번이나 한 말을 다 들은 사람들이었다. 마치 우리가 하는 일을 가로막고 사람들을 기존 사고방식에 묶어두려는 어둠의 세력이 있는 것만 같았다.

그러나 결국 이 일로 내가 깨달은 것은, 쉼 없이 끈질기게 메시지를 반복해야 한다는 사실이었다.

메시지를 끈질기게 반복하는 것은 역량에 관한 행동원리다.

동일한 메시지를 날마다 모든 회의와 과업에서 반복해야 한다. 쓸데없고 지루한, 반복적인 행동이라고 생각될 것이다. 그러나 이것 말고 무슨 방법이 있단 말인가? 메시지를 바꾸기라도 하란 말인가? 그렇게 하면 혼란과 방향 상실만 불러올 뿐이다. 사람들이 변화를 정서적으로 받아들였는데도 구습은 그토록 끈질기게 남아 있었다. 그들은 기꺼이 동참한다고 했지만, 그들의 뇌리에 있는 리더십 방식과 스타일은 핵잠수함에 승선하기 전부터 가지고 있던 선입견에 기초한 것이었다. 그들의 생각은 과거에 머물러 있었다. 우리가 이룩하려는 바가 무엇인지 머릿속에 떠올리는 것이 그들에게는 너무나도 어려운 일이었다. 우리의 목표는 전혀 새로운 것이었기 때문이다. 거기에는 참조할 만한 어떤 사례도, 영화도 없었다.

과거에는 전혀 보지 못한 새로운 것을 도입하겠다고 이야기해도, 그 말을 알아듣는 사람이 있기는 있다. 실제로 산타페함에서도 몇몇 반장들은 그 의미를 즉각 알아챘다. 앤디 워섹 상사, 존 라슨 반장이 바로 그런 사람들이었다. 일찍 알아듣는 사람도 있고, 시간이 좀 걸리는 사람도 있게 마련이다. 아무리 변화를 역설해도 대부분의 승조원들은 귀로는 그 말을 들으면서 머릿속으로는 "아 무슨 말인지 알겠어. 저번 잠수함에서 하던 것과 비슷한 내용이지 뭐"라고 생각하는 것이다. 그들은 자신이 듣는 내용이 무슨 말인지 안다고 생각하지만, 사실은 그렇지 않다. 그들은 내가 하는 말의 의미를 머릿속에 떠올릴 수 없다. 상상력을 발휘해 그 상황이 어떻게 돌아가는지 꿰뚫어 볼 수 없는 것이다. 그들이 일부러 나를 속이는 것이 아니다. 그저 내가 보는 그림이 그들에게는 보이지 않을 뿐이다.

게다가 내 말을 알아듣는다 해도, 과거에 전혀 보지 못한 이 새로운 방식이 과연 더 나을까 의심하게 된다. 이렇게 오랫동안 해군에 있으면서 한 번도 보지 못한 방법이 어떻게 좋을 수 있단 말인가?

이런 사실을 명심하고 냉정을 유지하기 위해 나는 포스터를 하나 그렸다. 이 아이디어는 1995년 11월호 〈페스트컴퍼니 *Fast Company*〉에 실린 '개의 일상'이라는 기사를 읽고 떠올린 것이었다. 그 기사는 베리폰 VeriFone사의 당시 CEO 하팀 티압지 Hatim Tyabji의 인터뷰를 실었었다. 포스터에서 나는 애견 바클리 앞에 서서 "앉아"라고 말한다. 개는 여전히 서 있다. 여덟 개의 칸이 모두 똑같은 그림이다. "앉아, 앉아, 앉아." 계속 말해도 개는 듣지 않는다. 그래도 전혀 꾸짖거나 비난하지 않고 나는 그저 "앉아"라고만 반복한다. 마지막 아홉째 칸에서 바클리는 드디어 앉았고, 밑에는 '착한 녀석'이라고 적혀 있다. 나는 이 포스터를 내 방 문 안쪽에 붙여놓았다. 그 문은 대개 열려 있으므로, 내 방에 들어오는 사람에게는 보이지 않는다. 오직 나만 보는 것이다.

체크리스트

- 직원 중에 과로와 무관심에 시달린 끝에 무단결근하기 직전에 놓인 사람이 있지는 않은가?
- 스트레스에 지친 직원 한 명을 구하기 위해 리더가 원칙에 위배되는 일을 해도 정당한 경우는 언제일까?
- 우리 회사 관리자들이 조직을 소홀히 하고 자신에게만 신경 쓰는 일이 없도록 하려면 회사에서 어떤 메시지를 끊임없이 반복해야 할까?

20장. 방법이 아닌 목표를 구체화하라

지휘체계의 아래쪽에 있는 사람들에게 주도권을 줘봐야 위기 상황에서는 아무 소용이 없다고 생각하는가? 실제로는 가장 다급한 상황에서도 통제권을 이양하는 편이 더 나은 결과를 낳는다.

실전배치 28일 전

1999년 5월 : 진주만 출발, 샌디에이고행 운항 중

산타페함은 바다로 나왔다가 샌디에이고로 돌아가고 있었다. 우리에게는 이렇게 완전하게 갖춰진 훈련을 실시하고 운항기술을 연마할 시간이 필요했다. 샌디에이고에 도착하면 최종 실전배치검증 POMCERT, Pre-Overseas Movement Certification이 있을 예정이었다. 내 예상보다 조금 빠르기는 했지만, 산타페함의 상황은 모두 제대로 준비되고 있는 편이었다. 우리 병사들은 재복무 신청을 제출했고, 유지관리는 처음으로 아무 문제없이 진행되고 있었다. 정찰 장교들은 문제를 해결했고 소대장들은 서로 대화를 주고받았다. '잘 생각하고

행동하기' 덕분에 실수가 줄어들었고, 우리의 정책을 믿는 승조원들은 점점 더 늘어났다. 반장들이 가진 '반장 책임' 권한은 더욱더 증대되었다. 휴가신청서를 관리하는 데서 시작되었던 그 권한은 이제 일정을 통제하고 자격시험을 관리하는 데까지 나아갔다. 우리는 승조원들이 자격시험과 면접을 앞두고 미뤄온 일들을 해치웠고, 잠수함 내에서 자격검증에 소요되는 평균시간은 점차 줄어들었다. 이제는 아침에 출근해보면 여러 명이 결재를 받으려고 기다리는 모습은 온데간데없고, 함선이 이미 여러 가지 일들로 분주하게 돌아가고 있었다.

그럼에도 여전히 우리가 실전배치에 나설 준비가 되었는지 확신할 수 없었다. 지난 6주간은 정신없이 움직이면서도 긴장이 가득했던 시간이었다. 진주만에 돌아간 뒤에 잠수함은 유지보수 기간에 들어갔다. 이제 본격적인 유지보수는 9개월 후에나 받을 수 있을 것이다. 걱정되는 장비는 한두 개가 아니었다. 음파탐지장치와 산소발생기, 미사일, 어뢰관, 전투조종체계를 구성하는 전자 장비와 소프트웨어 업그레이드 등 셀 수도 없었다. 그뿐만 아니라 실전배치 중에 장비를 최상의 상태로 유지하기 위해 일일, 주간, 월간 정비를 꼬박꼬박 실시한다 하더라도, 이보다 드물게 실시하던 정비는 지금 당장 수행해야만 했다. 승조원들은 이 모든 일을 해냈고, 그 결과 출항에 나설 수 있게 되었다. 우리는 항상 이런 유지보수 기간에도 훈련은 빼먹지 말자는 목표를 세웠지만, 실제로는 거의 지켜지지 않았다. 이제 훈련을 일주일 안에 해야 했다. 지금 와서 우리가 해온 리더십 실험을 되돌릴 수는 없었다. 새로운 방식으로 죽든 살든 밀고 나가야 했다.

불이야, 불이야, 불이야!

잠수함에서 일어나는 화재는 목숨을 위협하는 가장 무서운 사고 중 하나다. 짙은 연기 때문에 비상호흡기EAB, emergency air breathing device를 써야 할 뿐만 아니라 시야도 전혀 확보되지 않는다. 눈 깜빡할 사이에 불길이 확산되면 함 내에 갇힌 공기의 열과 압력이 상승해서 인간의 생존이 아예 불가능해진다. 1988년 4월에 본피시USS Bonefish함에 화재가 일어나 수병 세 명이 사망한 일이 있었다. 그 불로 발생한 열이 얼마나 뜨거웠던지 불이 난 방 위의 갑판에 서 있던 승조원들의 신발이 녹아버릴 정도였다.

골든타임은 2분이다. 알아보니 불이 난 후 소방호스를 동원해 화재 지점에 물을 쏴야 하는 시간이 2분이었다. 화재경보가 울렸을 때, 나는 훈련 중인 원자로소대원들로 가득 찬 승조원실 바로 앞에 서 있었다. 소대장들이 훈련 프로그램을 담당하고 있었지만, 시작 시각과 장소를 포함한 훈련 상황의 모든 것을 승인하는 것은 바로 나였다. 기관사는 훈련 감시관들에게 승조원실 바로 뒤편의 창고에서 불이 났다고 보고했다. 지난번 훈련 때, 불이 난 곳까지 소화제와 소방호스를 즉각 투입하지 못하는 데 실망했던 터라 이번에는 어떻게 하나 유심히 지켜봤다.

화재 지점과 가장 가까운 소방호스는 승조원실 바로 앞쪽 복도에 있었다. 화재 지점에서 약 15미터 떨어진 곳이었다.

무려 40명에 이르는 기관소대 전원이 승조원실에서 훈련을 하고 있었다. 화재가 감지되었고, 경보도 울렸다. 그다음에는 어떻게 되었을까?

원자로소대원들이 흩어져서 호스를 들고 곧장 뛰어가서는 격벽에 걸어두었다. 그 호스를 담당하던 승조원들은 너무나 많은 원자로소대원들이 중간에 길을 막고 있어 호스까지 가닿지도 못했다. 원자로소대원들이 직접 호스를 가지고 와서 펼친 다음, 압력을 가하면 되는 일이었다. 60초 안에 끝낼 수 있는 이 일을 왜 못했을까?

애초에 잠수함군의 훈련에 그들이 그렇게 해야 한다는 내용이 없었기 때문이다. 해군이 모범 답안으로 내놓은 표준 절차에 따르면, 호스 다루는 일은 정찰당번에게 배정되어 있다. 이런 방침이 나오게 된 이유는, 새벽에 화재가 발생할 경우 충분한 인원이 기상해서 각자 알아서 효과적으로 대처하기 어려웠기 때문이다. 그래서 정찰당번이 임시 소방관이 되어 근무위치를 벗어나 불을 끄도록 한 것이다. 이것은 정상적인 업무관행이 아니라 예외사항이었다. 원칙적으로는 근무위치를 비워두고 떠나는 일은 결코 용납될 수 없다.

그 후 몇 년 동안 잠수함을 평가할 때 검열관들은 서류판을 들고, 앞에 나타난 소방관에게 누구냐고 물었다. "저는 전방 정찰 보조병입니다." 그러면 검열관은 근무편성표를 들여다보고 그의 신분을 확인했다. 신분이 일치하지 않으면 결함 사항이었고, 근무편성 위반이었다.

이것은 절차가 하나의 수단이 아니라 그 자체로 목적이 된 또 하나의 사례였다. 불을 끄는 것이 아니라 절차를 따르는 것이 목적이 되어버린 것이다. 산타페함의 하갑판에서 목격한 전혀 엉뚱한 행동은 그 결과였다.

또 다른 근본적인 문제점도 승조원들의 행동을 왜곡하고 있었다. 바로 모의화재 발생 시 이를 조기에 진화해야 할 유인이 전혀 없다는 사실이었다.

당시 훈련지침에는 사태가 어떻게 진행될지 미리 예고되어 있었다. 그런데 그 내용은 승조원들의 대응과는 전혀 무관했다. 예를 들어 승조원들이 즉각 휴대용 소화기를 들고 와도 불은 어차피 커지게 되어 있었다. 수압이 가득 찬 소방호스를 2분 내로 동원해서 (적절한 소화기술을 구사하고, 올바른 장비와 바닥이 튼튼한 신발을 착용한 채) 방화수를 발화점에 정확히 쏜다 하더라도 오히려 불은 더욱 크게 번지기만 할 뿐이었다. 오직 여러 개의 호스를 동원해 끈질기게 싸워야만 화재가 진압되는 시나리오였다. 그러고 나면 잠수함에 연기가 가득 차서 잠망경 수심까지 상승해서 환기해야만 했다. 이것은 한 시간짜리 훈련이었다. 이 지침은 승조원들이 발생할 수 있는 모든 상황에 대해 훈련과 준비가 되어 있어야 한다는 생각을 바탕으로 만든 것이었다.

우리는 이 모든 것을 바꿨다.

행동원리 : 방법이 아닌 목표를 구체화하라

먼저 우리는 동기에 관한 문제를 파고들었다. 현장의 훈련 감독관에게 승조원들의 대처에 따라 훈련을 조정할 수 있는 권한을 부여했다.

승조원들이 45초 내에 휴대용 소화기를 사용하면 화재가 진압되었다. 상황 종료다.

수압호스를 현장에 가져오는 시간이 2분 내라고 해도 불을 끌 수 있었다. 역시 상황 종료다.

이것은 자연스러운 상황에 기초한 훈련이었다.

이제야 승조원들은 우리가 그들에게 원했던 행동을 실제로 할 수 있는 동기를 얻었다. 행정적인 불이익이나 방해를 받지 않고 휴대용 소화기와 수압호스로 불을 끄는 데 몰두할 수 있게 된 것이다.

다음으로 나는 승조원들에게 설명했다. 우리의 목표는 불을 끄는 것이며, 누가 호스를 잡느냐는 중요한 문제가 아니라고 말이다. 그들은 내 말을 알아들었고, 대응시간은 엄청나게 단축되었다. 이제는 경보가 울리면 가장 가까이 있는 사람이 목표 달성을 위해 스스로 움직인다. 나중에 우리는 피해를 다스리는 대응능력을 인정받아 관련 상을 받았다.

우리는 화재와 같은 재난에 대응하는 다른 측면에서도 개조작업을 이뤄냈다.

재난에 대처할 때 전군이 똑같이 채택하는 방법은 간결한 명령을 사용하는 것이었다. 예를 들어 화재가 났을 경우 해당 현장에 있는 사람은 자신이 목격한 내용을 말로 설명해야 한다. 우리에게 공간을 감시하는 비디오카메라 시스템 같은 것은 없었다. 그 결과, 지휘를 맡은 함장뿐 아니라 함 내의 누구도 불이 얼마나 번졌는지 알 수가 없었다. 여기에 언어의 한계도 방해요소로 작용했다. 화염이 벽을 이루는 정도든, 건조기 거름망에서 연기가 나는 정도든, 모두 불이라는 한 마디로 설명할 수밖에 없었기 때문이다. 그래서 우리는 표준적인 단어로 먼저 말한 다음, 불길이 번졌는지 등의 앞뒤 정황을 부가 설명하는 방식을 쓰기로 했다. 자신이 목격한 바를 설명하는 이런 방식은 바로 '생각 크게 말하기'의 연장이었다.

재난통제센터DC Central, demage control cetral를 조직한 장교들이 함내의 재난대응을 주관했다. 재난통제센터는 소대장이 내 집무실에서 해도와 상황판 그리고 전화기를 가지고 꾸렸다.

우리는 승조원들에게 앞으로의 재난대응 훈련은 달라질 것이라고 설명했다. 그리고 일이 어떻게 진행되어야 하는지 말해주었다. 결국 실제 재난이 찾아왔을 때 그들이 해야 하는 행동도 바로 그런 것이었기 때문이다. 나는 간단하고 분명하게 말했다. "주변에 있는 승조원이 휴대용 소화기로 불을 꺼야 한다." 그다음 재난통제센터는 이런 내용을 알렸다. "보조실에 열화상 탐지기가 필요하다." 누가 어떻게 하라는 말은 하지 않는다. 승조원이 알아서 판단하는 것이다. 그러자 곧 이런 보고가 뒤따랐다. "워섹 상사입니다. 열화상 탐지기를 가지고 보조실로 가고 있습니다." 물론 이 또한 '생각 크게 말하기'였다.

재난통제센터에 이런 분산화된 방식을 적용하는 것이 재난대응에 훨씬 더 효과적이었다.

우리는 또 다른 관행들에 대해서도 근본적으로 재검토했다. 그중에는 함 내에서 침묵을 지켜야 한다는 중요한 원칙도 있었다. 잠수함에서는 기본적으로 숨죽이듯 살아야 했고, 불필요한 소음을 최소화하는 것은 모든 잠수함이 생명처럼 지키는 불문율이었다.

어느 날 저녁, 조종실에 서 있는데 음파탐지반장 워섹 상사가 이렇게 방송하는 소리가 들렸다. "일시소음이 크게 들렸다. 주의 요망." 일시소음이란 말 그대로 함 내에서 발생하는 모든 종류의 일시적인 잡음이었다. 기관실 바닥에 실수로 렌치를 떨어뜨리거나, 흡배기 밸브를 너무 빨리 열거나 하는 등 다양한 원인이 있었다. 실제로 이런 일이 드물지 않았다. 음파탐지반은 끊임없이 함 내를 감시하며 이런 갑작스러운 소음이 있을 때마다 승조원들에게 알렸다.

이런 일이 일어나면 원래 정찰반장COW, chief of the watch이 정찰대 전원이 무엇을 하고 있었는지 조사해서 원인을 찾아내는 것이 원칙이었다. 즉 상명하복식 관리인 셈이다.

그런데 이번에는 워섹 상사가 조종실로 들어와 이런 관행을 바꿔보자고 제안했다. 조종실에 있는 우리가 원인 파악에 나설 것이 아니라, 정찰대원들이 일시소음을 유발했다면 정찰반장에게 직접 그 사실을 보고하게 하자는 것이었다. 이렇게 하면 시간을 훨씬 절약할 수 있었다. 그뿐만 아니라 잠수함의 잠행유지가 상명하복 방식에서 전 승조원의 책임 문제로 바뀌게 된다.

우리는 그렇게 하기로 했다.

모두가 그런 방식에 동의한 것은 아니었다. 무엇보다 그것은 매우 낯선 일이었기 때문이다. 고참들은 이 방식은 승조원들이 자백만 하면 무슨 소리든 내도 좋다고 허락하는 꼴이므로, 우리가 가진 방음상의 우위를 잃어버릴 것이라고 불평했다.

그러나 이번에도 역시 그런 일은 일어나지 않았다. 일시소음 보고는 음파탐지반이 주도할 때보다 더 많이 들어왔다. 호통 치는 사람도, 비판하는 사람도 없었다. 우리는 그저 소음이 언제, 어떻게, 왜 일어났는지 분석만 하면 되었다. 소음의 원인은 대개 탱크 가압 과정, 가압된 상태에서의 밸브 교체, 유압장치 사용, 증기 또는 윤활 시스템의 정렬 교체 등과 같은 것이었다. 기관실에서는 많은 일이 일어나는데, 음파탐지실은 배 앞쪽에 있었으므로 그 소리가 제대로 발견되지 않는 일이 많았다.

감시체계를 동원해서 찾아내는 것이 아니라 발생하는 모든 일시 소음을 담담히 보고하고 분석하다 보니 결과적으로 훨씬 더 조용한 잠수함이 되었다.

우리는 샌디에이고에 도착해서 검열관을 맞이했다. 검열을 받기 전날 밤, 나의 리더십 능력과 승조원들에 대한 가장 중요한 평가를 앞두고 있는데도 마음이 평온했다. 보통 때 같으면 잠수함의 임무 수행에 대한 책임과 거의 전적인 지휘권을 맡았다는 사실에 압도되어 매우 불안해야 하는 상황이었다. 내 마음이 그렇게 평안했던 것은 배우려는 마음과 호기심 때문이었다고 생각한다.

내 생각이 옳았음이 증명되었다. 승조원들은 아주 멋지게 해냈고, 마크 케니 전대장은 우리에게 실전배치를 승인했다. 많은 승조원들이 '세 이름 원칙'을 지키는 모습을 보는 것도 기분 좋은 일이었다. 우리에 대한 평판은 하늘을 찌르기 시작했다. 이제는 진주만으로 돌아가 몇 주간에 걸쳐 최종 준비를 마치고 장비만 좀 교체하면 된다. 그러면 예정보다 2주 빠른 6월 18일에 드디어 출항해서 실전배치에 나서게 된다.

최대한 빨리 불을 끄는 것이 진짜 목적이라고 승조원들에게 분명히 말한 것은 주로 역량 증진을 위해서였다. 이렇듯 방법이 아닌 목표를 구체화하는 것은 역량에 관한 행동원리다. 우리 승조원들은 불을 끄기 위한 최선의 방법을 동원하려는 동기가 충분했다. 미리 정해진 절차를 따라야 한다는 지침에서 자유로워지자, 그들은 대응시간을 단 1초라도 아끼기 위해 천재적인 방법을 무수히 쏟아냈다. 우리는 항상 승조원들의 숙소를 오로지 계급순으로 배치했었다. 하지만 나중에는 주변의 피해대책 장비를 담당하고 있는 사람 위주로 침상을 배치하는 방법으로 화재 대응시간을 더 앞당기게 되었다. 목표를 구체화하면 실수 회피보다 탁월함의 추구에 집중할 수 있으므로, 이것은 명료성에 관한 행동원리에도 해당한다. 우리는 산타페함에서 목표를 달성하는 것보다 절차를 준수하는 것이 오히려 더 중요해지는 현상을 수없이 목격했다. 절차와 표준적인 관행을 지켜야 한다는 것은 알고 있지만, 그렇다고 이런 경향을 그대로 두고 볼 수는 없는 노릇이었다.

목표와 함께 방법까지 구체적으로 지정해버리면 결국 관리력이 약화된다. 부하들에게 목표를 부여하되, 구체적인 방법은 그들이 직접 생각해내도록 해야 한다.

체크리스트

- 우리 회사의 프로세스는 목표를 달성하는 도구인가, 아니면 그 자체가 목적인가?
- 절차를 엄격히 지키면서도 모든 사람들이 목표 달성을 최우선 순위에 놓게 할 수 있는 방법은 무엇인가?
- 최근에 우리 회사의 운영 매뉴얼을 검토해보고 일반적인 용어를 분명하고 간결하며 구체적인 내용으로 바꾼 일이 있는가?
- 우리 직원들이 혹시 절차를 준수하는 데만 몰두한 나머지, 회사의 전반적인 목적 달성에 관심이 없지는 않은가?

4부

목적을 깊이 이해한다 : 명료성

의사결정 권한이 지휘계통의 아래쪽으로 점점 더 많이 이양될수록 조직에 속한 모든 사람이 조직의 목적을 제대로 이해하는 것이 더욱 중요해진다. 이것이 바로 명료성으로, 통제권을 분산시키기 위한 두 번째 주요 요인이다.

명료성이란 조직의 모든 계층에 있는 구성원들이 그 조직의 목적을 분명하게, 전체적으로 이해하는 것을 말한다. 이것이 꼭 필요한 이유는 조직 내의 모든 사람들은 조직이 달성하려는 목적에 맞게 확립된 일련의 기준에 따라 의사결정을 하기 때문이다. 목적의 명료성을 제대로 이해하지 못하면 의사결정의 기준이 흔들려서 최적의 결정을 내릴 수 없다.

4부에서는 명료성을 강조함으로써 '리더-리더' 방식을 뿌리내리기 위해 우리가 구상한 행동원리를 소개한다.

- 실수를 피할 것이 아니라 탁월한 성과를 내라.
- 부하들과 신뢰를 쌓고 그들을 보살펴라.
- 조직의 유산을 영감의 원천으로 삼아라.
- 안내지침을 의사결정의 기준으로 삼아라.
- 바람직한 행동을 즉시 인정함으로써 더욱 권장하라.
- 목표를 확립하고 행동하라.
- 맹목적으로 복종하지 말고 의문을 제기하라.

21장. 부하들과 신뢰를 쌓고 그들을 보살펴라

부하들을 돌보는 방법은 무엇인가? 알고 보면 여기에는 여러 가지 방법이 있다.

실전배치!

1999년 6월 18일 : 하와이 진주만

우리는 해냈다! 내가 함장이 된 지 161일째 되던 날, 우리는 예정보다 2주 앞서 실전배치 준비를 완료했다. 실전배치에 필요한 모든 준비가 끝났다. 화물이 적재되었고, 무기 적재와 점검이 완료됐으며, 승조원도 전원 탑승했고, 원자로 가동과 주 기관 예열도 마무리되었다. 예인선이 나란히 연결되어 산타페함을 부두에서 끌어내 수로로 안내할 준비를 마쳤다. 이제 검열관도, 기수도, 연결선을 붙잡고 있는 사람도 없다. 오직 조국에 봉사하려는 일념에 사로잡힌 135명의 승조원들이 있을 뿐이다.

산타페함은 진주만을 떠나 일본에 정박할 예정이었다. 이후 몇 주간에 걸쳐 우리는 서태평양을 항해하여 싱가포르와 인도네시아 사이의 말라카 해협Strait of Malacca을 통과한 후 인도양에 진입한 다음, 중동을 가로지르게 된다. 그리고 몇 달간 아라비아해Arabian Sea 에 진입하여 한 바퀴 돈 후 진주만으로 복귀한다. 모두 합쳐 6개월이 소요되는 여정이었다.

부두에는 아내와 아이들 그리고 다른 가족 구성원들이 엄청난 군중을 형성하며 모여 있었다. 끈을 풀어 부두에 넘겨주면서, 우리는 호루라기 소리를 크고 길게 울렸다. 가족들 대부분이 함교 위를 쳐다봤다.

그 순간, 내가 할 일이 뭔지 정확히 깨달았다. 나의 임무는 이 134명의 사나이들을 데리고 집에서 수천 킬로미터나 떨어진 곳까지 가서 어쩌면 전투를 치른 다음, 우리를 바라보는 저 얼굴들 앞으로 무사히 데려오는 것이었다. 다시 한번 분명한 목적의식을 되새길 수 있었다.

수로 통과는 신속히 진행되었고 우리는 이내 잠수하여 서쪽으로 향했다. 나는 반장들과 장교들을 소집해서 우리가 이루려는 목적에 대해 논의했다. 릭 판리리오 소령이 먼저 말했다. "우리는 6개월간 항해할 예정입니다. 산타페함이 달성해야 할 목표 외에도 승조원들 각자가 교육 수강이나, 독서 또는 훈련 등과 같은 개인적 목표를 확립하도록 권장해야 합니다."

나는 그 말에 동의했다. 더구나 실전배치 준비를 위한 그 모든 일을 마친 후에도 그가 원하는 것이 단지 잠이나 늘어지게 자는 일이 아니라는 사실이 무척 대견했다.

릭의 생각은 옳았다. 주변을 둘러보며 승조원들에게 이에 대해 어떻게 생각하는지 물어봤다. 데이비드 스틸 반장은 적극적으로 동의했다. 그는 당장이라도 대학 학위를 위한 강의를 수강하고 싶다고 했다. 해군에는 그런 프로그램이 운영되고 있었지만, 대부분은 시간이 없거나 그 혜택을 누리려는 생각이 별로 없었다.

우리는 반장들에게 휘하 병사들과 각자의 개인적인 목표에 대해 이야기해보도록 했다. 다만, 실전배치 기간 동안 전 승조원들이 집중해야 할 잠수함 전체의 목표를 먼저 정했다. 그리고 권한위임, 효율 향상 그리고 탁월한 전문성이라는 세 가지 주제를 마련했다. 그다음 우리 생각을 외부 사람들에게 알려도 좋은지 여부를 토의했다. 나는 안 될 게 없다고 생각했다. 이 세 가지 목표를 문서화해서 외부에 공개하면 우리의 생각을 더욱 뚜렷하게 정리할 수 있고, 우리가 무슨 일을 하는지 상관들이 알 수 있으며, 우리가 주도성을 발휘하는 데도 도움이 될 것이었다.

다음은 6월 21일, 국제날짜변경선을 바로 앞에 두고 상부에 전달한 메시지다. 나는 의도적으로 이 메시지를 최대한 많은 사람들이 볼 수 있게 했다.

발신: 핵잠수함 산타페

주제: 산타페함 실전배치 목표에 관한 건

개요:

1. 산타페함은 현재 서태평양으로 항해하고 있습니다. 본 잠수함의 장교 및 승조원 일동은 국가 방위의 최전선에 배치되어 도전과 기회를 맞이하게 된 것을 큰 영광으로 여기고 있습니다.

2. 저는 휘하 소대장들 및 선임보좌관들과 함께 권한위임, 효율 향상 그리고 탁월한 전문성 확보를 본 잠수함의 실전배치 중 임무수행 능력의 지속적 개선을 위한 안내지침으로 삼았습니다.

1) **권한위임:** 본 함장은 승조원들의 개인적 또는 직무상의 목표 달성을 독려하고자 합니다. 여기에는 승급시험 성적 향상을 위한 집중적인 노력이나 PACE(Program for Afloat College Education, 해상대학교육프로그램)를 비롯한 독립적 학습 프로그램에 대한 권장, 체력 향상 노력에 대한 지원 등이 포함됩니다. 아울러 권한과 책임을 현실에 부합하는 한 하위 계급에까지 최대한 이양하여 직무 만족도를 향상하고자 합니다. 이는 저희가 이미 시행해오고 있는 정책의 연장이며 어느 정도 가시적인 성과를 거두고 있기도 합니다. 이미 페르시아만으로 향하는 본 함에 배속 신청한 병사가 10명이나 됩니다(페르시아만에서 복무한 병사에게는 세제 혜택이 주어집니다).

2) **효율 향상:** 권한위임이라는 목표에 도달하기 위해서는 승조원들의 직무 효율이 대대적으로 향상되어야 합니다. 저희는 훈련의 내실을 더욱 다지는 데서부터 더욱 효율적으로 배식을 준비하고 제공하는 데까지 모든 면에서 효율 향상에 만전을 기할 예정입니다.

3) **탁월한 전문성:** 저는 산타페함의 전투력 극대화를 위해 혁신적인 방법을 아낌없이 도입함으로써 탁월한 전문성을 추구하는 노력을 지속할 것입

니다. 특히 전투단 및 전군 규모의 임무와 타격전, 특수작전 등을 잠수함으로 지원하는 데 더욱 중점을 두겠습니다.

3. 이 모든 목표의 효율성을 제고하기 위한 조치에도 노력을 기울이고 있습니다. 앞으로도 권한위임과 효율 향상, 탁월한 전문성을 달성하기 위해 저희가 발전해가는 모습을 지속적으로 알려드릴 것을 약속합니다.

_산타페함 함장 데이비드 마르케 배상

행동원리 : 부하들과 신뢰를 쌓고 그들을 보살펴라

항구를 떠난 후 며칠 동안 나는 꽤 많은 시간을 함 내를 돌아다니는 데 썼다. 몇 가지 나쁜 뉴스가 있었다. 진급시험 결과에 근거한 진급자 명단이 입수되었는데, 우리 잠수함의 성적이 신통치 않았다. 산타페함의 실전배치를 위해 그렇게 고생하고 6개월이나 가족을 떠나 있을 승조원들로서는 편치 않은 일임에 틀림없었다. 이런 실망감이 승조원들에게 과연 얼마나 영향을 미치고 있는지 궁금했다.

속사정을 알면 알수록, 지난 5월 진급시험이 있을 때 우리가 얼마나 승조원들에게 배려를 못 해주었는지 느낄 수 있었다. 그래서 이와 관련해서 뭔가 해야겠다고 생각은 했지만, 한 가지 계속 마음에 걸리는 부분이 있었다. 과연 조직의 꼭대기에 있는 내가 이 일을 주도해야 하느냐는 것이었다. 반장들이 직접 자기 부하들의 진급을 거들어주면 안 될까? 어쨌든 반장들은 진급 노하우를 가지고 있음에 틀림없다. 그랬으니 다들 반장이 되지 않았겠는가. 나는 이런 불만을 일단 마음속에 담아둔 채 문제를 파악하는 데 집중했다.

무엇보다 승조원들이(우리 잠수함 인원의 80퍼센트를 차지하는, 아직 반장이 되지 못한 승조원들을 말한다) 진급의 전체 과정을 정확히 파악하지 못하고 있다는 것이 문제였다. 믿지 못할 이야기와 잘못된 정보를 너무나 많이 들었던 터라, 그들은 진급체계 자체가 베일에 싸인 프로세스여서 도저히 어찌할 방도가 없다고 생각하고 있었다. 바로 이 '어찌할 방도'가 가장 먼저 풀어야 할 과제였다.

전체 과정은 이랬다. 모든 부사관들은 시험을 본 후 종합 진급 점수를 받아들고 자신이 진급할 수 있을지 여부를 가늠하게 된다. 종합 점수에는 세부 평점의 가중치가 반영되어 있다. 그것은 고과평가 점수, 해군 공통 진급시험 점수, 상훈 점수, 해군 복무 기간, 평가 대상 기간 그리고 응시 후 진급탈락 횟수 등이었다. 즉 종합 점수의 대략 3분의 1은 고과평가 점수, 또 3분의 1은 시험 성적, 나머지 3분의 1은 기타 요소로 구성된다고 보면 된다.

자격이 있다고 모두 진급하는 것도 아니다. 높은 계급은 원래 한정되어 있다. 진급을 무한정 시켜줄 수 없는 몇 가지 이유가 있다. 첫째, 계급이 높아질수록 맡을 수 있는 보직의 수가 적어진다. 이런 피라미드 구조는 해군이 의도적으로 설계한 인사계획의 일환이다. 둘째, 설사 해군이 모든 사람들을 진급시켜주고 싶다고 해도, 해군 인사 프로그램 예산을 책정하고 집행하는 주체는 의회였으므로 계급별로 배정된 인원 자체에 한계가 있다. 따라서 해군 인사사령부는 할당된 진급대상 인원수에 따라 커트라인 점수를 결정하게 된다. 그 점수에 못 미치는 사람을 소위 '미진급합격자PNA, Passed, Not Advanced'라고 했다. 다시 말해 시험에는 합격했지만 진급에 필요한 종합 점수는 얻지 못한 사람들이었다.

다행히도 해군은 각 사령부에 개인별 시험 성적의 세부내용을 알려주었다. 예전에는 이 자료를 승조원 개개인에게 나눠주어 각자 알아서 판단하도록 했다. 그런데 이번에는 자료 전체를 한 부 더 복사해서 전체 인원을 대상으로 수학적인 분석을 실시했다. 나도 그 데이터를 엑셀 형태로 확보했다. 그리고 많은 시간을 들여 데이터를 분류하고 서로 연관시키며 그래프로 표시해보았다.

분석 결과, 시험 성적이 전체 점수에서 차지하는 비중이 33퍼센트라고는 하나, 실제로는 진급한 사람과 그러지 못한 사람을 나누는 역할의 80퍼센트 이상을 바로 이 점수가 담당하고 있었다. 최종 종합 점수에 기여하는 다른 모든 부분에서 후보자들은 좁은 구간에 촘촘히 모여 있어 진급자와 탈락자 사이의 차이는 별로 크지 않았다. 시험 성적이 가장 큰 영향을 미치고 있는 셈이었다. 우리 잠수함의 평균 점수는 51점이었던 반면, 진급자 전체 평균은 64점이었다. 시험 점수가 10점에서 15점가량 뒤지면, 기타 상훈을 한두 개 받아봐야 도저히 그 차이를 따라잡을 수 없었다. 그 정도를 만회하려면 해군공훈 훈장을 무려 열 개는 받아야 했다.

역설적으로 이는 우리에게 좋은 소식이었다. 시험 성적은 우리가 충분히 통제할 수 있는 변수였기 때문이다. 이후 나는 다음과 같은 메시지를 열정적으로 외치기 시작했다. "제군들 모두 진급할 수 있다. 우리는 제군들을 지원할 것이다." 우리는 현 상황을 타개하기 위한 작업에 착수했다.

다음으로 우리 부사관들이 잘 못하는 분야가 어디인지 살펴보았다. 이 문제 역시 해군이 제공한 상세 데이터에 나와 있었지만, 먼저 집계된 결과를 분석해볼 필요가 있었다. 보고서에는 행정반장이 출장 및 이동 관리에 서투르다고 나와 있었다. 그런데 이동사무를 관리하는 것은 잠수함 행정반장이 하는 일이 아니었으므로 관련 훈련을 강화하는 것으로 이 문제에 대처했다. 보조원들은 연료 관련 업무에 취약했다. 일반적인 선박에서라면 연료 관리가 핵심 활동이겠지만, 핵잠수함에서는 그렇지 않다. 따라서 이에 대해서도 추가 훈련이 필요했다. 우리는 연습 시험을 시행하기로 했다. 그리고 다음 시험을 준비하는 부사관들에게 각자 공부하는 내용을 객관식 문제로 표현해보도록 했다. 수동적인 독서에서 시험문제를 내는 식의 적극적 사고활동으로 공부습관을 바꾸도록 한 것이다. 이것 말고도 우리만의 자체적인 진급시험을 보기도 했다. 부사관들이 만들어낸 객관식 문제를 기존의 훈련 프로그램에 활용했던 것이다. 이 문제들이 우리가 이미 활용해오던 단답형 문제를 전부 대체하지는 않았지만, 상당히 보강한 것은 사실이었다. 더구나 우리가 낸 문제는 실제 진급시험 문제보다 어려웠다. 예컨대 우리가 만든 객관식 문제에는 정답이 아예 없거나 하나 또는 그 이상일 수도 있었다. 이런 문제는 푸는 데 더욱 심층적인 지식이 필요했기 때문에 승조원들의 전문 역량을 구축하는 데도 큰 도움이 되었다. 9월에 있을 진급시험 (해군 전체가 동일한 일자에 시험을 보며, 시기는 5월과 9월에 각각 한 번씩이다) 전에는 연습용 진급시험을 전면적으로 실시했다. 우리는 진급절차를 별도 활동으로 본 것이 아니라 잠수함 운영의 일부분으로 통합하여 관리했다. 이렇게 해서 우리 조직의 모든 이해관계가 한 방향으로 정렬되었던 것이다.

업무활동의 범위를 넘어 부하들을 보살펴라

우리가 서태평양을 통과한 후 처음 맞이하게 될 정박지는 일본 오키나와였다. 오키나와는 일본 열도의 서쪽 끝단에서 970킬로미터 떨어진 타이완까지 이르는 류큐 열도의 중심부에 위치한 섬이다. 오키나와는 1945년 4월부터 6월까지 제2차 세계대전의 주요 격전지였으며, 현재는 미군 해병대의 기지가 주둔해 있는 곳이다. 우리가 오키나와에 접근해가는 동안 두 가지 사실이 분명해졌다.

첫째, 내가 함장으로 부임할 당시의 산타페함 부함장이 병환 중인 부친을 돌보기 위해 전근해야 할 상황이 되었다. 그리고 그의 후임으로 톰 스탠리 소령이 합류하여 부함장을 맡게 되었다. 이는 매우 이례적인 일이었다. 스탠리 소령은 진주만에서 행정직을 맡고 있던 사람으로, 부함장 후보생 교육을 받은 적도 없고 전함에 승선하여 복무한 경력도 없었기 때문이다.

이런 인사이동은 지극히 이례적인 것이었지만 전혀 납득이 안 되는 것도 아니었다. 실전배치되어 운항 중인 잠수함과 뉴런던의 강의실 중 어느 곳이 그가 배우는 데 더 도움이 되겠는가? 답은 두말할 것도 없이 잠수함이다. 그러나 우리가 묻지도 대답하지도 않았던 질문은 바로, 훈련을 받아야 할 사람을 잠수함에 부함장으로 받아들여서 당장 어떻게 대처할 수 있느냐는 것이었다.

두 번째로 확실해진 일은 기관사 릭 판리리오 소령과 관계된 문제였다. 판리리오 소령의 아내가 몇 주 내로 출산할 예정에 있었던 것이다. 나는 오키나와에서 그에게 이동을 허락해야 한다고 생각했다. 어떤 경우든 실전배치 중인 잠수함의 기관사를 이동시킨다는 것 자체가 쉽게 납득시킬 수 없는 일인 데다, 부함장까지 바뀌는 마당이라 더욱 어려울 것 같았다. 하지만 나에게는 함장이 제때 보내주지 않아 딸아이가 태어나는 순간에 아내와 함께하지 못했던 경험이 있었다(이때도 윌로저스함이었다). 과거에 내가 겪은 잘못을 이번에는 바로잡고 싶었다.

간부들을 불러 모아 이 문제를 논의했다. 우리 작전사령관을 어떻게 설득할 수 있을지 확신이 안 섰다. 모든 의사소통은 해군의 표준 통신수단을 통해 이루어져야만 했다. 서로 얼굴을 볼 수도 없고, 비디오도 전화통화도 이용할 수 없었다. 하지만 자주 그랬듯이 해답을 알 수 없다는 사실이 오히려 도움이 되었다. 미리 대본을 만들어놓고 회의를 열면 의견을 얻으려고 하는 척하게 되지만, 이런 때는 솔직하게 대화를 나눌 수 있다. 마침내 우리가 내린 결론은 일본에 있는 제7잠수함전단 사령관 조셉 크롤Joseph Krol 소장에게 우리가 깊이 생각한 계획을 설명하면 승인을 받을 수 있으리라는 것이었다. 빌 그린 소령이 당장 메시지 초안 작성에 착수했다. 최종 내용은 다음과 같았다.

발신: 핵잠수함 산타페함

수신: 제7잠수함전단

주제: 인사이동의 건

1. 제독 각하, 본 잠수함 기관사의 아내가 출산을 앞두고 있습니다. 목적지 도착 바로 직전에 함 내 가장 고위급 간부 두 명(부함장과 기관사를 말씀드리는 것입니다)을 이동시키는 것이 그 어떤 함선에서도 현명하지 못한 일이겠지만, 제 휘하에는 능력 있는 하급 장교들이 많아 충분히 감수할 수 있다고 사료됩니다. 브룩스 대위가 기관사를 맡을 것인데, 전에 말씀드렸듯이 그는 최고의 해군 장교입니다. 더구나 본 함에는 항해사 외에도 아주 뛰어난 항해관리자가 있습니다. 기관사 본인은 헌신적인 군인으로 결코 저에게 이와 같은 요청을 한 적이 없습니다만, 아내의 출산에 함께하지 못할 경우 실망할 것은 분명합니다. 이 모든 정황을 고려하여, 안심하고 그를 보내도 될 것으로 판단하는 바입니다.

    (…이하 생략)

메시지는 효과가 있었다. 계획이 승인되었다. 이것이 가능했던 이유는 오직 우리가 뛰어난 능력을 입증해보였고, '리더-리더' 체계를 정착하는 과정에서 풍부한 인재를 양성해온 덕분이었다. 그 모든 노력이 바로 지금 빛을 발하고 있는 것이다. 한 명은 부친이 위독한 순간에, 또 한 명은 자녀가 태어난 자리에 함께할 수 있게 되었다 (판리리오 소령은 늦지 않게 아내 곁에 도착했다).

부사관들의 진급시험 성적을 올리려는 노력도 보람이 있었다. 수 개월 후 어느 날, 선임참모가 만면에 미소를 지으며 걸어 들어왔다. 그리고 나에게 진급 결과가 담긴 서류를 건네주었다. 죽 훑어보다가 행정병 스캇 딜런이 행정반장으로 진급한 것에 눈길이 멈췄다. 매우 기뻤다. 그는 이제 다음 직급을 위해 경쟁할 수 있게 되었다. 우리는 지난해보다 모든 면에서 훨씬 나은 모습을 보여주고 있었다. 1999년 한 해 동안 전체 승조원의 40퍼센트에 해당하는 48명이 진급했다. 프로세스를 설명하고 각자 성과를 개선할 수단을 제공해줌으로써 우리는 그들에게 성공을 향한 동기를 부여했던 것이다. 그리고 2000년과 2001년에는 훨씬 더 나은 성과를 올렸다.

승조원들이 돈을 더 벌 수 있도록 도와줄 수 있는 일은 그들에게 최선의 진급 기회를 제공해주는 것 말고는 별로 없었다. 그리고 나는 그 일에 심혈을 기울였다. 승조원들은 내가 자기들 편이라는 사실을 굳게 믿었기 때문에 건설적 비판에 대해 어떤 부정적 반응도 보이지 않았다. 그것은 결코 나와 너 사이의 대결 문제가 아니었다. 내가 그들을 위해 최선을 다하고 있다는 것을 그들이 믿지 못했면, 내가 그들에게 그렇게 열심히 일하라고 요구했을 때 훨씬 더 많은 문제가 불거졌을 것이다.

부하들과 신뢰를 쌓고 그들을 보살피는 것은 명료성에 관한 행동 원리다.

나는 성에 차지 않는 일들을 못 참는 버릇과 직설적인 화법을 극복하려고 갖은 노력을 기울였지만, 그런 노력이 언제나 소용이 있었던 것은 아니다. 그런데 시간이 지나자 내가 날선 말을 쏘아붙여도 사람들이 크게 상관하지 않는다는 사실을 깨닫게 되었다. 그들은 나의 행동을 개인적으로 받아들이지 않았다. 내가 그들의 진급에 필요한 모든 일을 했다는 사실을 알고 있었기 때문이다.

리더십을 주제로 한 어떤 서적을 봐도 부하들을 보살피라는 말은 꼭 나온다. 그러나 그것은 그들 자신의 행동에 따른 결과로부터 그들을 보호하라는 뜻이 아니다. 그러면 그들을 무책임의 길로 이끌게 될 뿐이다. 부하들을 돌본다는 것의 진정한 의미는 단지 직무에 국한된 범위를 넘어 그들이 활용할 수 있는 모든 수단과 그들의 삶에 도움이 되는 모든 이점을 제공하는 것이다. 그것은 더 많은 교육을 뜻할 수도 있다. 그리고 승조원의 목표가 해군생활과 맞지 않을 때에는 좋은 관계 속에 작별을 고하는 일이 될 수도 있다.

- 나와 우리 조직이 달성하고자 하는 목표는 무엇인가?
- 나는 리더로서 부하들이 목표를 달성하는 데 어떤 도움을 줄 수 있는가?
- 나는 직원들의 직업적 목표와 개인적 목표 달성에 필요한 수단을 제공하기 위해 모든 노력을 기울이고 있는가?
- 나도 모르는 사이에 부하들과 그들 행동의 결과 사이를 가로막고 있지는 않는가?

22장. 조직의 유산을 영감의 원천으로 삼아라

여러분의 조직은 풍부한 유산을 간직하고 있는가? 우리는 그것을 보유하고 있었지만, 충분히 활용하지는 못했다.

1999년 7월 2일 : 서태평양

"177미터, 23도, 14노트입니다."

산타페함은 해저를 향해 빠른 속도로 곤두박질치고 있었다. 우리가 모든 자격을 갖추고 실전에 배치되었다고 해서 비상 훈련을 그만둬도 된다는 뜻은 아니었다. 우리는 지금 고속잠영 훈련을 하는 중이었다. 즉 최대 하강 자세를 취한 상태에서 선미 수평날개가 파손되었을 때를 가정한 모의 훈련이었다. 속도가 높을수록 잠수함은 아래 방향으로 빠르게 곤두박질치기 때문에 위험한 상태에 놓이게 된다.

우리는 적절한 응급조치를 취하고 있었다. 응급후진을 최대로 걸었고, 바우플레인을 최대 상승 자세로 잡았으며, 선수부 밸러스트

탱크에 공기를 불어넣었다.

"183미터, 25도, 14노트입니다."

"1-8-6미터, 2-6도, 1-2노트입니다." 여전히 내려가고 있었지만 속도는 약간 줄었다. 잠수당번사관이 조종실의 모든 사람이 알 수 있도록 수심과 하강 각도 그리고 항속을 시시각각으로 불러주고 있었다. 그는 잠수함의 상황을 표시하는 계기반이 가장 잘 보이는 항해사 바로 뒷자리에 앉아 있었다. 상황이 변화하는 속도가 느려지면서 그의 목소리도 점차 느려졌다. 일단 응급조치는 취했으므로 그는 당직사관의 보완조치 명령이 있을 때까지 기다렸다.

그때 "지금이야"라는 생각이 들었다. 아래로 곤두박질치는 추세는 멈췄고, 항속도 신속하게 떨어졌으며, 하강 각도도 최소화되었다. 이제 선수부 밸러스트 탱크의 공기를 빼내 주기관을 '올 스톱' 상태로 만들어야 했다. 벨을 후진 상태로 너무 오래 두면 잠수함이 실제로 후진하게 되어 바람직하지 않다.

당직사관이 근심 어린 표정으로 주변을 둘러봤다. 좋은 징조가 아니었다. 이럴 때 나는 정찰 장교의 눈을 쳐다본다. 눈을 내리깔면 좋지 않은 신호다. 절차가 쓰인 문서에 시선이 가도 좋지 않다. 눈빛이 흐리멍덩하면 당연히 나쁜 신호다. 또 다른 결정을 내리는 데 긴요한 정보가 될 만한 징후를 열심히 찾는 눈빛이면 좋은 징조였다.

경험이 일천한 장교들은 이런 긴급 상황일수록 오래 머뭇거리기 일쑤다. 그들은 하강속도가 역전될 때까지 기다린 후에야 공기를 빼려고 한다. 그때는 너무 늦다. 공기가 팽창할수록 전진방향의 부력을 더욱 양의 값으로 만들기 때문에 빠르게 분출할 수 없게 된다. 그러면 이번에는 가파른 각도로 위로 치솟아 오르기 때문에 여전히 통제 불능 상태가 된다.

당직사관이 몇 초 내로 공기 배출을 지시하지 않았다면, 훈련 감독관이 개입하여 훈련 실패를 선언했을 것이다. 나는 손전등으로 배출 스위치를 가리키며 거들고 싶은 충동을 강하게 느꼈지만 간신히 참아냈다.

정찰반장인 스캇 딜런 행정반장이 선수부 배출 스위치에 손을 올렸다. 당직사관이 그 동작을 지켜봤다.

"정찰반장, 선수부 배출하라. 조타수, 전면 정지하라."

"선수부 배출 실시."

"전면 정지."

"선수부 배출구 엽니다."

"기동 응답 전면 정지."

바로 그거였다. 완벽했다. 잠수함은 속도가 점점 느려지면서 수평을 회복했다.

정찰반장이 배출 스위치를 가리킨 동작과 그다음에 한 주요 행동들이 이번 성공에 가장 중요한 영향을 미쳤다.

딜런 반장에게 물었다. "왜 그렇게 했나?"

그는 그 상황에서 다음에 취할 행동이 무엇인지 알고 있었으며, '잘 생각하고 행동하기'를 활용해 명령을 이행하고 싶었다고 설명했다.

그는 그 긴장된 순간에 당직사관에게 말 한마디를 더하기보다 당직사관이 어떤 명령을 내려야 하는지 행동으로 알려준 것이다.

이렇게 우리는 잘 생각하고 행동하는 이 원칙의 강력한 위력을 또 한번 느꼈다. 말하자면 그것은 '예상하고 행동하기' 정도로 볼 수 있었다. 다음에 취할 행동을 미리 보여줌으로써, 동료와 상관에게 그들이 어떤 생각을 해야 하는지 알려주는 신호를 보내는 것이다. 그것은 매우 강력하고 유용한 방식이었다.

그때 이후로 '잘 생각하고 행동하기'를 거론할 때마다 우리는 그 다양한 이점에 관해 이야기했다. 이 원칙은 어떤 한 사람이 저지를 수 있는 실수를 줄이고 훈련 팀이 개입할 여지를 줄 뿐만 아니라, 팀워크의 진수를 보여준다. 이 원칙은 두 가지 방식으로 효과를 발휘했다. 우선 신호를 보내는 방식이 상향식으로 이루어지게 했다. 그리고 주변에 있는 동료들이 실수가 발생하기 전에 미리 교정할 수 있게 해주었다. 이번 일은 잘 생각하고 행동하는 행동원리를 실제로 적용한 매우 훌륭한 사례였다.

행동원리 : 조직의 유산을 영감의 원천으로 삼아라

훈련을 무사히 마친 산타페함은 남중국해를 지나 계속해서 남쪽으로 항해했다. 우리는 말라카 해협을 거쳐 아라비아해에 도달할 예정이었다. 나는 기관실로 돌아가 실내운동용 자전거로 체력을 단련했다(나도 다른 사람들처럼 개인적 목표가 있었다).

몇 분 후, "좌현에 주목해주십시오"라는 소리가 들렸다. 확성기를 통해 들려오는 당직사관 데이브 애덤스 대위의 음성이었다.

대단히 이례적인 일이었다. 우현에서 '좌현에 주목해달라'는 말
을 하는 것은 처음이었다. 아니 확성기에서 그런 소리가 나오는 일
자체가 없었다. 당장 자전거에서 내렸다.

"우리는 지금 1943년 9월 미군 전함 그레일링USS Grayling이 침몰
한 지점으로 추정되는 곳을 지나고 있습니다."

몇 분 뒤 다시 소리가 들려왔다. "계속 운항하라."

멋진 생각이었다. 그레일링은 제2차 세계대전 중 침몰한 52척의
미국 잠수함 중 하나였다. 서태평양을 지나다 보면 때때로 잠수함
을 잃은 지점에 닿을 때가 있다. 그중에는 장소를 정확히 아는 곳도
있지만, 그레일링함처럼 정확한 날짜와 지점이 알려지지 않은 경우
도 있었다. 확실한 것은 그레일링함이 1943년 8월 23일에 필리핀
서해안에 위치한 파나이Panai의 판단만Pandan Bay에서 게릴라 전투부
대에 보급품을 전달했다는 사실이다. 그다음 그 잠수함은 마닐라를
떠나는 일본 상선을 쫓으러 출발했다. 해군은 전후 일본의 기록과
무선통신을 근거로 침몰 시간과 장소를 추정했다.[15]

잠수함군은 엄청난 유산을 간직하고 있지만, 그것을 활용해 승조
원들에게 영감을 불어넣는 공식적인 프로그램은 존재하지 않는다.
산타페함에서는 이 풍부한 유산을 기리고, 잠수함군이 제2차 세계
대전에서 어떤 업적을 거두었는지 신입 대원들에게 알려주는 행사

---

15. 시어도어 로스코(Theodore Roscoe), 『제2차 세계대전 시 미 해군 잠수함 작전현황United
States Submarine Operations in World War Two』

를 몇 가지 운영하고 있다. 우리는 산타페함의 승조원이 잠수함군에서 어떤 자격을 취득할 때마다 명예 훈장이나 전투 표창장 문구를 '오늘의 할 일POD, Plan of the Day'란에 게시하고 낭독한다. 그리고 잠수함 침몰 지역을 지나갈 때마다 반드시 이를 안내하는 방송을 내보낸다. 진주만에 있을 때에도 우리는 장교 훈련의 일환으로 미군 잠수함 바우핀USS Bowfin의 박물관을 방문했다.

승조원 중에 이런 것들을 어설픈 관행으로 생각하는 사람이 있을까 봐 걱정했지만, 다행히 그런 일은 없었다. 이것은 우리의 목적, 즉 우리가 복무하는 이유에 관한 조직 차원의 명료성을 확립하는 데 도움이 되었다.

조직의 유산을 영감의 원천으로 삼는 것은 명료성에 관한 행동원리다.

많은 조직들이 영감이 넘치는 초창기를 거치지만 시간이 흘러 어떤 시점이 되면 그 고유의 방식을 잃고 만다. 내가 강력히 주장하는 바는 그 초창기와 위기의 순간에 형성된 목적의식과 긴박감을 활용하라는 것이다. 조직이 성장할수록 그런 목적의식과 긴박감을 진정으로 살아 숨 쉬게 하는 방법을 찾아야 한다. 가장 쉬운 방법은 그것들에 대해 이야기를 하는 것이다. 안내지침에 그것들을 심어 넣고 그와 관련된 말이나 표현을 근무고과표와 개인별 상훈 등에 포함시켜야 한다.

잠수함군에는 국가에 충성을 바친 분명하고 헌신적이며 풍부한 유산이 존재하지만, 우리는 그런 내용을 주제로 대화를 주고받는 것을 쑥스러워한다. 나는 '나쁜 놈은 죽여도 된다'는 식의 경솔한 문화를 옹호하지는 않지만, 현실은 그렇지 않다. 우리는 선배들의 진정한 유산을 되살려야만 한다.

훗날 나는 해군 소장 앨 코네츠니의 초청으로 태평양잠수함군을 대표해 워싱턴 D. C.에서 열린 대규모 회의에 참석했다. 그곳은 미 국무성과 잠수함산업 지도자들도 오는 자리였다. 청중들 가운데에는 퇴역 장성들도 상당히 많았다. 나는 이 주제를 이야기하기로 마음먹고 연설 제목을 '정신은 살아 있다'로 정했다. 나는 오늘날 해군의 젊은이들이 과거 선배들이 겪었던 일을 어떻게 이해하고 감사하고 있는지에 관해 이야기했다. 그리고 우리만의 방식으로 그 유산을 부끄럽지 않게 이어갈 수 있도록 최선을 다하고 있다는 점도 덧붙였다. 연설은 큰 성공을 거두었고 청중이 보낸 박수는 길게 이어졌다.

체크리스트

- 우리 조직의 유산은 무엇인가?
- 그 유산은 우리 조직의 목적에 어떤 빛을 비춰주는가?
- 그 유산이 우리 조직 구성원들의 마음속에 살아 숨 쉬도록 하기 위해 내가 할 수 있는 일은 무엇인가?

23장. 안내지침을 의사결정의 기준으로 삼기

내가 제시한 안내지침은 우리 조직 구성원들이 의사결정을 내리는 데 도움이 되고 있는가? 우리는 그렇게 만들 방법을 찾아냈다.

산타페함 함장 취임 1년 전

1998년 : 로드아일랜드주 뉴포트, 지휘관리더십학교

"마르케 중령, 잠깐 와서 나 좀 볼 수 있나?" 상담을 받으러 오라는 명령을 받았다.

예비지휘관 연수 1년 과정에 포함된 지휘관리더십학교 입소를 앞두고 2주간의 방학을 보내던 중이었다. 이 기간을 이용해 독서와 토론, 그 외 몇 가지 과제를 진행하고 있었다. 연수생 전원이 공통으로 수행하는 과제 중에는 자신이 현직에 부임해서 적용할 안내지침을 작성하는 내용이 있었다. 나는 그 과제를 백지로 제출했다.

"자네, 백지를 제출한 것 알고 있나?"

"예, 알고 있습니다."

"사령관이 되면 자신의 지휘방침에 관한 비전을 제시할 의무가 있다고 생각하지 않나?" 질문이라기보다는 선언에 가까운 단호한 말이었다.

"아닙니다. 저는 사령관이 할 일은 사령부의 기존 에너지를 활용하고 강점을 찾아내며, 발전에 장애가 되는 장벽을 허무는 것이라고 생각합니다."

수업교관이 나를 바라보는 눈빛이 마치 머리 셋 달린 괴물을 보는 듯했지만, 그렇다고 낙제시키지는 않을 거라는 걸 알고 있었다.

나는 산타페함에 처음 도착하자마자 장교들과 반장들에게 사령부의 강점이 무엇인지, 우리가 어떤 안내지침을 채택해야 하는지 묻는 설문지를 돌렸다. 그리고 몇 차례 회의를 거쳐 우리가 지켜야 할 안내지침과 그것이 뜻하는 의미를 정했다(단, 모든 내용은 한 페이지를 넘기면 안 된다는 조건을 달았다). 사실 첫 출항과 검열을 준비하고 유지보수 기간에 대응하는 일 등으로 너무 바빴기 때문에 처음에 수집한 의견 외에 별로 추가한 내용은 없었다.

이제 실전에 배치되었으니, 안내지침을 정의하는 작업을 마무리할 여유가 생겼다.

어느 날 저녁, 반장들을 사관실에 불러 모은 뒤 다음 날에는 장교들을 불렀다. 나는 어느 벽에 걸려 있는 흔한 구호 따위가 아닌 진짜 안내지침을 만들고 싶었다. 원칙과 그 쓰임새를 생각하기 위해 이런 질문을 던졌다. 내가 승조원인데 서로 다른 두 가지 행동을 두고 고민하는 상황이라면, 바람직한 방향이 어느 쪽인지 결정하는 데이 원칙이 기준을 제시해주는가?

안내지침이란 바로 이런 기능을 수행해야 했다. 결정을 내리는 데 지침을 제공하는 일 말이다.

전군의 간부화를 달성하자!
핵잠수함 산타페함 안내지침

주도성

주도성이란 잠수함 복무자가 갖춰야 할 지식을 쌓고 사령부의 임무 수행을 위해 만반의 준비를 취하며, 문제에 대한 해결책을 마련하는 데 있어 상부의 지시 없이도 스스로 행동을 취하는 태도를 말한다. 사령부에 속한 각 개인이 주도성을 발휘할 때 그 연쇄효과는 막대하다. 주도성은 미국의 투사가 갖춰야 할 보증마크인 동시에 우리의 성공을 담보하는 가장 중요한 바탕이다. 이러한 주도성은 지휘계통에 의무를 부여하는 덕목이며, 부하들을 억누르는 도구가 아니다.

혁신

혁신이란 같은 일을 새로운 방법으로 하려는 노력을 뜻한다. 또한 어떤 분야가 혁신의 대상으로 '수면 위에 떠올랐는지' 알아채는 안목이며, 실제로 변화를 일으키는 용기인 동시에 실패를 감수하는 포용력이기도 하다.

세부적인 전문 지식

오늘날의 잠수함은 엄청나게 복잡한 시스템이다. 세부적 전문 지식이 뜻하는 바는 각자가 자신이 맡은 분야에 정통할 때까지 배워야 할 책임이 있다는 것이다. 우리는 희망사항이 아니라 기술적이고 전문적인 근거에 입각해서 결정을 내린다. 우리는 담당 구역의 세부사항과 시스템 사이의 상호관계를 이해하고 부지런히 공부해야 한다.

용기

용기란 비록 불편하더라도 옳은 일을 선택하는 행동을 말한다. 그저 부하나 동료, 상관이 원하는 대로 말하거나 행동하는 것은 용기가 아니다. 용기는 부끄러움을 무릅쓰고 실수를 인정하는 것이다.

헌신

헌신은 자신이 하는 일에 전적으로 몰입하는 것이다. 우리는 최선을 다한다. 그리고 현재, 이곳에 집중한다.

지속적 개선

지속적 개선은 더 나은 모습으로 발전하는 방법이다. 우리는 프로세스를 통해 학습하고, 그 프로세스와 우리 자신을 개선하는 방법을 끊임없이 모색한다. 우리의 지휘체계는 지속적 개선을 달성하기 위한 얼개(예컨대 설명회 개최 등)를 개발하고 제도화할 의무가 있다.

진실성

진실성이란 우리가 서로에게, 또 스스로에게 진실을 말한다는 것이다. 현실에 발을 디딘 채, 보고 싶은 것이 아니라 있는 그대로의 사실을 본다는 뜻이다. 진실성은 전심을 다해 보고에 임한다는 뜻이며, 사실에 근거한 개선활동을 펼친다는 의미다.

권한위임

우리는 부하들의 행동을 격려하며 그들이 실수했을 때에도 지지를 보낸다. 우리가 달성하고자 하는 바를 설명해주고, 그 방법에 대해서는 유연성을 발휘하면서 그들을 적극적으로 신임한다.

팀워크

잠수함에 복무하는 군인들은 원래부터 팀워크를 중시한다. 한 사람의 실수는 곧 전체에 재앙을 불러오기 때문이다. 우리는 서로를 무시하지 않고 팀워크를 발휘한다. 우리 지휘체계는 팀워크를 고양하고 이를 보상하는 시스템을 구축할 의무가 있다. 우리는 적극적으로 서로를 보완한다.

개방성

우리는 참여형 개방정신을 훈련하고 자신의 생각을 떳떳이 드러낼 자유를 보장한다. 아울러 성찰형 개방정신도 실천하며 자신의 내면을 들여다본다. 우리는 스스로의 생각에 도전한다. 그리고 반박하기 위해 경청하는 함정에 빠지지 않는다.

시한 설정

시한 설정이란 모든 일의 시한을 준수하는 것이다. 제 시각에 일을 시작하고, 제때 검증하며, 작전과 훈련을 정시에 시작하고, 시각에 맞춰 랑데부 지점에 도착한다. 대부분의 일은 빨리 하는 것이 더 좋으며, 어쩔 수 없는 지연과 시차를 줄이도록 노력할 때 조직의 성공이 더욱 앞당겨진다는 사실을 알기 때문에 정한 지침이다.

행동원리 : 안내지침을 의사결정의 기준으로 삼아라

리더들은 안내지침 목록을 사무실 벽에 걸어두는 것을 좋아하지만, 정작 그런 원칙들은 조직의 기본 구조에 녹아들지 못하는 경우가 많다. 그러나 산타페함에서는 그렇지 않다. 우리는 원칙들을 강화하는 몇 가지 조치를 취했고, 승조원들에게 그것들을 실천하도록 했다. 우리는 상훈 내용이나 평가문서를 작성할 때, 해당자의 행동을 원칙으로 표현하려고 애쓴다. 예를 들면 이런 식이다. "M 부사관은 이러이러한 내용을 보고함으로써 용기와 개방성을 보여주었으므로…."

안내지침에 비춰보면 내 행동도 고쳐야 할 것이 적지 않다. 병사가 새로운 업무방식을 제안하려 해도 이를 들어보지도 않고 돌려보내려고 하기도 한다. 병사들이 개방성을 보여주기를 기대하면서도, 정작 누군가의 실수를 보고받으며 내적 호기심을 발휘하기보다 성급하게 신경질을 낼 때도 있다. 안내지침이 나에게 도움이 된다면 다른 사람들에게도 그럴 가능성이 높다.

안내지침은 상상 속의 조직이 아니라 현실의 조직을 정확히 대변하는 내용이 되어야 한다. 조직의 현실을 외면하는 거짓된 내용은 문제를 일으킨다. 이것은 구성원들이 결정을 내리는 데 쓰이는 일련의 기준이다. 잘못된 기준에 의거해 내린 결정은 결국 조직의 목표와 상충된다.

예를 들어 말로는 안전이 최우선이라고 하면서 실제로는 수익을 추구하던 조직이 소위 '합리적'이라는 이유로 안전 기준을 점점 낮추는 모습을 직접 본 적이 있다. 그 상황에서 안전을 정말 최고의 가치로 여긴다면 당장 문을 닫고 모든 사람들을 집으로 돌려보내야 할 것이다. 그러나 현실적으로는 안전과 수익 사이의 균형을 찾아야 한다. 이 점을 인정하지 않는다면, (모든 사람이 진실을 알고 있기 때문에) 오해가 생기고 신뢰가 사라지며 내적 통일성이 결여된 의사결정이 일어날 것이다.

안내지침을 의사결정의 기준으로 삼는 것은 명료성에 관한 행동원리다. 어느 조직에나 원칙이 있게 마련이다. 우리 조직에서 무작위로 세 명을 골라 그 원칙이 무엇인지 질문해보라. 퇴역 후 한때, 좌우명을 라틴어로 자랑스럽게 써놓은 조직에 몸담았던 적이 있다.

그래서 사내에서 만나는 모든 사람에게 그 뜻이 뭐냐고 물었다. 뜻을 제대로 알고 있던 사람은 오직 CEO 한 명뿐이었다. 그래서는 조직의 좌우명이라는 말이 무의미하다.

체크리스트

- 조직의 모든 사람들이 이해할 수 있도록 안내지침을 단순화하는 방법은 무엇인가?
- 나의 원칙을 다른 사람에게 알리는 방법은 무엇인가?
- 우리 조직의 안내지침은 평가나 성과보상에 반영되는 편인가?
- 우리 조직의 안내지침은 직원들이 의사결정을 내릴 때 유용한 판단기준이 되는가?
- 우리 조직의 안내지침이 어떤 내용인지 알고 있는가? 다른 사람들도 그것을 아는가?

24장. 바람직한 행동을 즉시 인정함으로써 더욱 권장하라

간부들이 이룬 업적을, 한참 지나 당시 일이 잊힌 후에도 기억하는가? 우리는 업적을 이루려고 한다면 관리자들이 간섭하면 안 된다는 교훈을 얻었다.

함장 재임 중

1999년 7월 10일 : 말라카 해협

산타페함은 수면 위에 떠올라 말라카 해협을 거쳐 서쪽으로 향하고 있었다. 매우 힘겨운 항해였다. 160척이 넘는 대형 선박들이(전 세계에 존재하는 유조선 중 거의 절반에 해당하는 숫자다) 매일 이 해협을 통과하고 있다.[16] 수심이 얕기 때문에 잠수함도 수면 위에 오른 채 통과해야 한다. 매우 이상하고 불편한 위치가 아닐 수 없다. 어쨌든 잠수

---

16. 미국 에너지부 산하 에너지정보국 통계분석 자료, "세계 석유수송 요충구간(World Oil Transit Chokepoints)", 2011년 12월 30일

함은 모습을 감추도록 만들어졌기 때문에 물속에서보다 수면 위에서 속도가 더 느리다.

싱가포르 근처에 연락선과 예인선이 많다 보니 싱가포르와 인도네시아 사이에서 대단한 체증이 빚어졌다. 결국 동서를 잇는 해상 통로에서는 소형 어선(심지어 서핑보드만 한 배도 있었다)이 가득 들어차 주 교통로까지 침범해서 돌아다니는 일이 잦았다.

사흘간의 이 어려운 항해에 대한 우리의 계획은, 서쪽으로 향하는 거대한 유조선 한 척을 1킬로미터 정도의 거리를 두고 그림자처럼 뒤따라가는 것이었다. 마치 투르 드 프랑스Tour de France[17]에 참가한 사이클 선수들처럼 말이다. 대형 선박은 금방 눈에 띄어 다른 배들이 모두 피해서, 우리는 탁 트인 항로를 확보하게 된다. 조심해야 할 점은 앞에 있는 배와의 사이에 다른 배들이 끼어들지 않도록 충분히 근접 상태를 유지하면서도 동시에 안전거리는 유지해야 한다는 것이었다. 나는 새로 부임한 부함장 톰 스탠리 소령과 번갈아가며 함교를 지켰다. 서로 열두 시간씩 나눠 함교에서 잠수함을 지휘했다. 내가 야간근무를 맡았다.

첫째 날 밤, 싱가포르의 야경을 우현에 두고 지나고 있는데, 희미한 불빛 하나가 앞을 가로지르는 것이 보였다.

내가 상황을 파악하려 애쓰는 동안 당직사관 릭 판리리오 소령이

---

17. 매년 7월 프랑스에서 개최되는 사이클 대회를 말한다.—옮긴이

외쳤다. "비상이다! 전원 업무복귀! 방향키를 똑바로 잡아라!"

잠수함은 곧바로 심하게 흔들렸다. 업무에 복귀한 스로틀throttle 담당자가 선수부 스로틀을 모두 닫고 선미부 스로틀을 급격히 열어 주 기관과 산타페함의 스크루 방향을 거꾸로 돌렸기 때문이었다. 그 불빛은 예인선에서 흘러나오고 있었다. 예인선은 우리가 지나가는 경로의 한편에 끄는 쪽이, 다른 편에 매는 쪽이 가로놓인 형국이었다.

우리는 그 예인선과 바지선 사이를 잇는 연결선 바로 앞에서 가까스로 멈춰 섰다. 식은땀이 쭉 흘렀다.

함교에서 내려와 기동실로 곧장 달려갔다. 기관실 병사들의 순발력을 치하하기 위해서였다. 육상전력 장비의 빨간 꼬리표를 치워버렸던 그 부사관이 바로 스로틀 담당자였다. 그가 충돌을 막아 우리를 구해낸 것이다. 그때가 오전 5시 15분이어서, 마침 정찰대가 철수하려는 시각이었다. 상훈 관리 담당자인 스캇 딜런 행정반장에게 해군공로 훈장을 가져다 달라고 했다. 나는 그것을 받아들고 승조원실로 가서 근무를 마친 정찰대원들과 함께 아침식사를 하던 스로틀 담당자의 옷깃에 꽂아주었다. 그리고 그의 프로다운 자세를 칭찬하는 말을 건넸다. 나중에 정식으로 그의 모범적인 행동을 보고서에 담더라도, 그 자리에서 즉각적으로 표창하는 것은 중요한 일이었다.

행동원리 : 바람직한 행동을 즉시 인정함으로써 더욱 권장하라

우리는 행정절차를 통해 바람직한 행동에 대한 인정을 촉진하기로 했다. 그전에는 대개 병사가 해당 근무지를 떠나기 3개월 전에 상훈을 신청하기 때문에, 그가 떠나는 마지막 주가 되어서야 부랴부랴 상훈 내용을 검토하곤 했다. 내가 말하는 '즉시 표창'이란 정말 즉각적인 대응을 뜻한다. 30일이나 30분 후가 아니라 그 즉시 말이다.

여러분 조직의 상훈 수여 절차를 살펴보기 바란다. 갖가지 제약이 있지는 않은가? 그것 때문에 혹시 직원들이 서로 맞서 싸우지는 않는가? 그런 구조 속에서는 조직의 맨 아래에서부터 경쟁이 일어난다. 여러분이 직원들 간의 협력을 원할 때 그 구조가 방해를 하는 셈이다.

상훈은 어떤 제한도 두지 말고 넉넉하게 운영하는 편이 낫다. 그러면 우리 조직이 세상과 맞서 싸울 수 있다. 적이 외부의 경쟁자든, 자연의 위협이든 말이다. '인간 대 인간'의 경쟁에 대해 상을 주듯이 '인간 대 자연'의 대결에 대해서도 시상을 한다. 화재 현장에 2분 만에 소방호스를 동원할 수 있는 팀은 모두 상을 받을 수 있다(이런 경우 상이란 높은 점수가 될 것이다). 달성할 목표에 물리적인 근거가 있는 경우일수록 이렇게 하는 편이 좋다. 예컨대 최단 시간을 기록한 상위 10퍼센트에 우수상을 주는 것보다 더 나은 것이다. 후자의 경우 가장 빠른 시간이 3분이었다면, 결국 실제로는 불속에서 목숨을 잃게 될 팀에게 우수상을 수여하는 셈이 된다. 또 달리 생각하면 2분이라는 시간을 더 앞당길 수 있다고 해도, 승조원들이 쓸데없는 기량 연마에 시간과 노력을 들일 필요는 없는 것이다. 차라리 그 에너지를 다른 문제 해결에 쏟도록 해야 한다.

이런 정책이 가져올 가장 큰 변화는 이제 모든 팀이(우리 경우에는 모든 잠수함이) 서로 대결하는 경쟁자가 아니라 외부에 있는 공통의 목표를 놓고 함께 일하는 협력자가 된다는 사실이다. 내가 바꾸려 노력했던 것 중의 하나가 바로 협력과 경쟁을 나누는 그 경계선이었다. 내가 처음 산타페함에 부임했을 때 승조원들은 모두 서로 경쟁하고 있었다. 소대장들은 인사고과표FITREP, fitness report의 맨 꼭대기에 자기 이름을 올리려 했고, 원자로소대원들은 보급소대에 왜 필요한 부품을 주문하지 않았냐고 책임을 뒤집어씌우는 식이었다. 우리는 의도적으로 그 대결의 경계선을 잠수함 바깥으로 옮겨놓았다. 우리는 "산타페함에 '그들'은 없다"라는 말을 자주 했다. 산타페함 안에서는 협력만 하고, 경쟁은 다른 잠수함 또는 더 나아가 잠재적인 적함과 하는 것이라고 생각했다.

바람직한 행동을 즉시 인정함으로써 더욱 권장하는 것은 명료성에 관한 행동원리다.

어떤 사람들은 절대적인 목표를 정해두면 지속적인 개선에 대한 유인이 줄어들고, 목표만 달성하면 그만이라는 마음가짐을 부추기게 된다고 걱정한다. 사실 절대적인 목표를 세워야 하는 경우도 있지만, 상대평가가 맞는 경우도 있다. 그런데 양쪽을 모두 채택하면 안 된다는 법은 없다. 정해진 목표에 근거해서 점수를 주되, 그 팀이 다른 모든 팀과 비교해 어느 정도 수준인지를 데이터로 보여주면 된다.

상대평가 성적에 관한 데이터를 해당 팀에게 제공하는 것만으로도 개선에 대한 욕구를 자연스럽게 불러일으킬 수 있다. 이것을 '게임화'라고 부른다. 이 분야에 관해 더 자세한 내용이 궁금하다면 게이브 지커맨Gabe Zichermann의 블로그 '게이미피케이션Gamification'을 참조하기 바란다(www.gamification.com).

체크리스트

- 우리 조직은 최고의 성과를 거둔 사람에게 즉시 박수를 보낼 수 있는 인정 및 보상 체계를 갖추고 있는가?
- 어떻게 하면 직원들이 바람직한 행동을 할 때 즉시 보상하는 평가체계를 만들 수 있을까?
- 우리 회사에서 게임화가 가능하다는 징조를 본 적이 있는가? 게이브 지커맨의 블로그에 올라온 게시글을 회사의 관리자들과 함께 읽고 토론해보는 것도 좋을 것이다.

25장. 목표를 확립하고 행동하라

혹시 지금 단기적 시각에 빠져 있지는 않은가? 눈앞에 닥친 검열 뒤까지 생각하는 것은 쉽지 않은 일이지만, 유효한 결과를 불러온다.

1999년 7월 15일 : 인도양

앞서 말했듯이 산타페함은 원래 예정보다 약 2주 일찍 실전배치가 되었다. 그렇게 할 수 있었던 것은 3개월 전에 데이브 애덤스 대위와 대화를 나눈 덕분이었다. 당시는 이미 실전배치 준비가 착착 진행되던 때였고, 승조원들은 우리가 추진한 많은 변화에 적응하고 있었다. 애덤스 대위는 가족을 두고 6개월간의 임무에 나서기 전에 승조원들에게 잠깐이나마 여유를 줘야 한다는 생각을 솔직하게 밝혔다. 우리는 6월 29일에 서태평양과 페르시아만을 향해 떠날 예정이었다. 그사이에 수많은 문제를 해결하고 미사일과 어뢰를 포함한 여러 장비를 실어야 했다. 또 이 모든 사항을 점검하고 확인해야 했다. 그뿐만 아니라 샌디에이고로 돌아가 제2차 전단 훈련과 전술 검열을 받은 다음, 실전배치를 위한 최종 검증을 받아야 했다.

무기운용 장교가 하는 말도 일리가 있었다. 일정표에 따르면 모든 함선은 실전배치되기 전에 2주간의 '최소활동기간', 즉 정규 활동 축소 기간을 운영하도록 권장되고 있었다. 그러나 그것은 그저 형식적인 규정에 불과했다. 사실상 그 시간은 정신없이 바쁜 일들로 가득 차 있어서 그 누구도 쉴 틈이 없다.

그러나 목표를 확립하고 행동한다는 면에서 생각하면, 최소활동기간 중 최소한 일부분만큼은 승조원들에게 허락할 수 있도록 어떻게든 애써봐야 했다. 애덤스 대위의 소망에 따라, 소대장들과 반장들을 소집해서 일정을 살펴보았다.

실전배치 예정일 바로 직전인 6월에 승조원들에게 2주간의 휴식기를 주려면 2주 앞서 준비를 완벽하게 마치는 것 말고는 다른 방법이 없었다. 이것이 어려운 이유는 외부 조직들(무기적재 시설이나 진주만 해군조선소 등)이 일정을 알고 있어서, 원래 스케줄대로 일하리라고 생각할 것이기 때문이었다.

내부적으로 소대장들은 6월 8일까지 모든 준비를 마쳐야 했다. 실전배치까지 딱 3주를 남겨둔 날짜였다. 그 날짜 이후에 계획된 업무에는 모든 예외사항을 허용할 참이었다. 이것은 매우 힘겨운 요구였고, 불가능하다는 신음소리가 금방이라도 터져 나올 만했다. 그러나 그런 사정을 뒤로 하고, 우리는 이런 조치를 통해 얻을 수 있는 것이 무엇인가에 대해 이야기했다. 그것은 다름 아니라 6개월간의 실전배치를 앞두고 가족과 함께 시간을 보낼 수 있는, 사실상의 휴가였다. 내가 할 일은 산타페함이 6월 8일까지 모든 준비를 마쳐야 한다고 외부를 향해(주로 전대본부와 유지보수 시설이 될 것이다) 단호하게 선을 긋는 것이었다.

우리는 승조원들에게 이 계획을 알리고 목표 일자까지 준비를 마칠 수 있는 방법을 모색하기 시작했다.

그 후 6주를 남겨둔 4월 말에 마크 케니 전대장으로부터 연락이 왔다. 예정보다 11일 이른 6월 18일에 실전배치하라는 명령이 내려왔다는 것이었다. 우리는 할 수 있었고, 또 해냈다. 그것이 가능했던 이유는 오로지 우리가 이미 3주 앞서 준비를 마칠 계획에 착수했었기 때문이다. 안타깝게도 우리가 바라던 만큼의 시간을 가족과 보낼 수는 없었다. 어쩔 수 없이 최소활동기간은 다소 짧아졌다. 국가가 우리에게 요청하면, 우리는 그것을 이행한다.

행동원리 : 목표를 확립하고 행동하라[18]

우리는 새로운 방식으로 일하기 시작했다. 그리고 이제 그 방식으로 성공하고 싶었다. 나는 하루에 한 명씩 핵심 관리자들을 데리고 한 시간 정도 멘토링을 하기로 했다. 부함장에서부터 선임참모, 무기담당, 항해사, 기관사 그리고 지원소대장으로 이어지는 순서였다. 멘토링 면담의 규칙은 장기적인 과제, 그중에서도 주로 사람에 관한 문제만 이야기한다는 것이었다. 밸브 누설이나 회로판 고장

---

18. 이 문장은 스티븐 코비의 『성공하는 사람들의 7가지 습관』에서 인용한 것이다.

같은 문제는 이 시간에 일절 다루지 않았다.

첫 회차 면담에서 장기적 문제와 계획을 다루는 데 유용한 방법을 도입했다. 그들 모두에게 자신이 받게 될 근속표창 문구를 직접 써보라고 한 것이다. 내가 만난 간부들은 다들 잠수함에 복무한 지 3년째 되는 사람들이므로, 이런 과제를 내주면 앞날에 대해서도 그 정도의 기간을 생각할 것이었다. 그만큼도 내다보기 힘들다는 사람에게는 내년의 인사고과표를 스스로 작성해보라고 했다. 빌 그린 소령은 전출을 몇 달 앞두고 있었지만, 톰 스탠리 소령, 데이브 애덤스 대위, 릭 판리리오 소령 등은 앞으로 2년 동안은 산타페함에서 더 근무할 것이다. 나는 그들이 이 과제를 진지하게 받아들이기를 원했기에, 결코 서둘러 제출하기를 바라지 않았다. 그래서 일주일 뒤에 있을 다음 멘토링 시간까지 적어 오라고 했다. 작성한 내용은 그때 같이 살펴보기로 했다.

애덤스 대위가 작성한 근속표창 문구를 함께 보면서, 그의 생각이 훌륭하다는 것을 알 수 있었다. 그리고 문득 이런 생각이 들었다. 나는 멘토링을 시작하면서도 여전히 전통적인 '멘토-멘티' 관계에 대한 개념을 가지고 있었고, 그 위계구조가 '리더-리더' 체계와 충돌한다는 생각을 하지 못했다. 그들이 나에게 배운 것만큼이나 나 역시 그들로부터 많은 것을 배웠다. 그러므로 사실 우리는 '멘토-멘토' 프로그램을 진행하고 있었던 셈이다.

애덤스 대위와 나는 그의 목표에 대해 대화하며 하나하나 최대한 구체적이고 측정 가능한 표현으로 다듬었다. 애덤스 대위는 각각의 목표에 대한 2년간의 달성 계획을 작성했다. 그리고 향후 2년간의 인사고과표도 만들어보기로 했다. 우리는 그에 대해서도 똑같은 방법으로 측정 가능한 목표를 세우고, 데이터를 수집할 장치를 마련할 예정이었다. 2년 후 데이브 애덤스 대위가 산타페함을 떠날 때, 그의 소대는 그가 작성한 거의 모든 목표를 달성했다. 실제 표창장 문구도 우리가 예상했던 내용과 거의 비슷했다.

우리는 먼저 '지휘관 자격' 등 어떤 자격을 취득하는 목표나, '우리 소대가 절차를 준수하도록 하겠다' 등 해당 팀의 일반적인 목표를 작성하곤 했다. 그런데 이런 표현은 너무 모호하고 정량화하기 어려웠으므로, 측정 가능한 형태로 목표를 작성하는 데 노력을 기울였다. 그리고 목표를 구체화하기 위해 다음과 같은 질문을 사용했다.

"절차를 준수하는 정도가 개선되었는지 어떻게 알 수 있나?"

"우리를 비판하는 빈도가 줄었습니다."

"좋아, 그럼 얼마나 줄었나? 작년에는 비판을 몇 번이나 받았지?"

"모르겠습니다. 세어보지 않았습니다."

이런 식으로 입증할 수 있는 방법을 찾아나갔다. 그리고 그 과정에서 우리가 적절한 데이터를 축적해오지 않았다는 사실을 깨닫고, 그 일에 착수해야겠다는 교훈을 얻었다.

해군의 성과평가 시스템은 의도적으로 최상위 계급이 아주 희소하게 유지되도록 설계되어 있다. 산타페함에 근무하는 소대장들과 부함장은 모두 대위 또는 소령이므로 서로 경쟁을 피할 수 없었다. 최고의 자리에 추천받는 사람은 그중 오직 한 명뿐이므로, 그들 모두가 진급하기는 대단히 어렵다. 그런데 우리는 전원이 진급하는 놀라운 일을 이루어냈다. 게다가 승조원 구성에서 더 큰 비중을 차지하는 하사 계급의 인사고과에서도 엄청난 성과를 거두었다.

수상자 선정위원들이 읽는 인사고과보고서에는 "절차 준수 상태가 상당히 개선되었고…"라는 식의 의례적인 문구가 포함되는데, 이는 사실 아무런 의미도 없는 내용이다. 반면 산타페함 장교들이 작성한 평가보고서는 다르다. 예를 들면 이런 식이다. "외부로부터의 비판은 43퍼센트 감소했고, 승조원들의 흡연율은 12퍼센트 감소했으며, 정시 업무완료율은 31퍼센트 증가했다." 성과를 구체적으로 정량화할 수 있는 능력, 이런 방식을 중시하라는 장교들에 대한 요구, 우리 잠수함의 전체적인 평판 등은 모두 높은 진급율을 올리는 데 큰 도움이 되었다. 함장 마지막 해였던 2001년에는 하사 중에서 중사 진급 자격을 갖춘 인원이 열 명에 달했다. 실제로 아홉 명이 중사로 진급해서 90퍼센트라는 놀라운 진급률을 달성하기도 했다. 하룻밤 사이에 중사의 수가 두 배가 된 것이었다(그리고 늘어난 수만큼 다른 함선으로 전출되었다). 나는 행정반장 스캇 딜런을 볼 때마다 흐뭇해졌다. 그는 내가 함장으로 부임할 때만 해도 병장이었는데 이제 중사가 되었다. 확실한 데이터를 사용한 것은 우리가 세운 목표를 달성하는 데 매우 효과적인 방법이었다.

목표를 확립하고 행동하는 방법

다음은 목표를 확립하고 행동할 수 있는 방법들이다.

- 이 장의 내용을 참고자료로 나눠준다. 아울러 스티븐 코비의 『성공하는 사람들의 7가지 습관』 중 습관 2 '목표를 확립하고 행동하라'를 읽게 한다.
- '목표를 확립하고 행동하기'라는 개념을 두고 토론한다.
- 리더십 부서와 함께 3년에서 5년 정도 앞을 내다보는 장기적 조직목표를 개발한다.
- 평가결과를 검토하고, 성취할 목표를 표현한 문장을 살펴본다. 모든 경우에 "그것을 어떻게 알 수 있는가?"라는 질문을 던져 측정 시스템을 확립한다.
- 그런 다음 직원들에게 지금부터 1년, 2년 또는 3년 후의 자신에 대한 인사평가서를 스스로 작성해보게 한다. 직원들에 대한 인사평가의 목표는 조직의 목표에서 파생한 것이어야 한다. 그 둘이 똑같아야 한다는 것은 아니지만, 조직의 목표는 개인별 목표를 통해 구현될 수밖에 없다.
- 직원들과 대화하면서 그들이 원하는 목표를 ('어떻게 그것을 알 수 있는가?'라는 질문을 통해) 반론의 여지가 없고 측정 가능한 형태로 표현한다.

근속표창 문구를 직접 작성해보는 과정에서 우리는 서로가 무엇을 이루고 싶은지 분명히 알 수 있었다. 이뿐 아니라 유익한 대화를 나누는 방법을 찾아냈다는 점에서도 문구 작성은 큰 도움이 되었다. 나는 간부들과 대화를 하면서 내가 산타페함에서 이루려는 것이 무엇인지 말했고, 그들은 그 내용을 바탕으로 각자 소대에서 이루려는 목표가 더 큰 차원의 목표를 지지할 수 있도록 다듬었다. 목표와 업적에 관해 장시간 대화를 한 뒤에 얻은 혜택이었다. 목표를 확립하고 행동하는 것은 조직의 명료성에 관한 중요한 행동원리다.

조직에 속해 일하면서 미래를 위한 비전을 수립하는 개인에게 구체적이고 측정 가능한 목표를 세우는 것은 너무나 중요한 일이다. 이런 목표는 개인의 꿈을 실현하도록 도와준다. 아울러 멘토는 멘토링을 받는 상대방의 문제에 진지한 관심을 가지고 있다는 것을 확실히 보여주어야 한다. 사람들을 적극적으로 돕는 조치를 취함으로써, 실제로 그들의 이익을 위해 움직이고 언제나 목표를 확립하고 행동하는 진정성을 보여줄 수 있다.

체크리스트

- 나는 조직의 최적화를 추구하면서 얼마나 먼 미래를 내다보는가?
- 멘토링을 하는 목적은 오로지 가르침을 주기 위해서인가, 나 역시 배울 것이 있기 때문인가?
- 조직의 목표나 개인적 목표가 달성된다면 이를 어떻게 알 수 있는가?

- 필요한 사항을 평소에 꾸준히 기록 및 측정하고 있는가?

- 3년 혹은 5년 후를 위한 목표 수립 업무를 각 부서에 부여하고 있는가?

- 일대일 멘토링을 하기 위해 관리자들의 일정을 조정하려면 어떻게 해야 하는가?

- 직원들이 정량적인 목표를 달성했을 때 이를 어떻게 보상할 것인가?

26장. 무조건 복종하지 말고 의문을 제기하라

건강한 조직을 만들고 싶은가? 우리는 건강하고 성공적인 조직이 되기 위해서는 때로 명령에 이의를 제기할 수도 있어야 한다는 사실을 배웠다.

1999년 9월 : 페르시아만 어딘가

"잠망경을 올려라."

수심이 얕은 페르시아만에서 우리는 적함의 역할을 맡은 핵잠수함 올림피아함을 공격할 준비를 하고 있었다. 실전배치 기간의 절반에 이른 지금, 페르시아만에 와서야 잠수함 발사용 어뢰를 처음으로 쏠 준비를 했다. 물론 훈련 상황이었고 타격목표는 올림피아함이었다(기억하겠지만, 원래 내가 함장으로 취임할 예정이었던 잠수함이다).

제7잠수함전단 사령관 조셉 크롤 소장이 탑승해서 훈련 상황을 지켜보고 있었다. 크롤 소장은 부인의 출산에 맞춰 릭 판리리오 소령에게 휴가를 준 것과, 톰 스탠리 소령을 일찌감치 부함장으로 전

입시킨 것을 모두 허가해주었다. 그래서 그의 판단이 옳았음을 보여줄 필요가 있었다. 긴장이 고조되었다. 이것은 '리더-리더' 대 '리더-팔로워' 중 어느 쪽이 옳은가에 대한 시험장이 될 것이었다. 내가 마련한 행동원리가 바람직한 결과를 이루어낼 수 있을까?

준비상태는 완벽했다. 당연한 말이지만 이번에는 통신 안테나를 올리겠다고 요청하는 사람도 없었다. 지금까지는 아주 순조로웠다. 페르시아만은 마우이 유역처럼 수심이 매우 얕은 곳이라 전술적 위치를 제대로 잡아야 한다. 우리는 핵잠수함 산타페함의 역량뿐만 아니라, 이런 얕은 바다에서도 잠수함을 침몰시킬 수 있는 미 해군 잠수함군의 능력을 보여줘야 했다. 무엇보다 모든 잠재적 적함에 이곳은 물론이고 그 어떤 곳에서도 안전하지 못할 것이라는 사실을 깨닫게 해주고 싶었다. 그리고 그것을 말이 아니라 행동으로 보여주려고 했다.

"목표물 발견, 조준." 릭 판리리오 소령이 잠망경으로 적함을 발견했다.

"잠망경을 내려라."

부함장인 톰 스탠리 소령이 발사 준비를 지시했고, 데이브 애덤스 대위가 발사를 제안했다.

내가 직접 문제를 주도할 필요가 없었으므로 편안히 앉아 전체 상황을 있는 그대로 지켜보고, 이곳저곳을 돌아다니며 무기조종 담당자들의 표정과 자세를 살피기만 하면 되었다.

"3발사대 발사." 내가 명령했다.

함선이 흔들리면서 훈련용 어뢰가 발사되었다.

"어뢰가 빠르고 곧게 나아가고 있습니다. 정상입니다." 무기운용 장교가 보고했다.

원래 공식적으로는 이렇게 말해야 했다. "연결선 철거 후 기동 완료. 어뢰 작동 중." 그러나 우리는 제2차 세계대전 당시 잠수함 군인들이 쓰던 용어로 바꿔 말했다. 이것은 풍부한 유산을 이어받고자 하는 행동원리의 한 예였다. 크롤 소장을 쳐다보니, 그는 이 모든 상황을 여유 있게 지켜보고 있는 눈치였다. 좋은 신호였다.

훈련용 어뢰가 명중 신호를 알려왔다! 이 사실을 확성기로 알려 모두의 환호를 이끌어냈다. 이제 어뢰가 수면 위로 떠오르면 크레인을 갖춘 지원 선박이 건져내 해안으로 운반한 후 수리에 들어가게 된다.

커피를 마시러 승조원실로 들어갔다. 거기에서는 피해대책반이 모여 훈련 중이었다. 크롤 소장이 내려와 신입병사들의 입대식을 주관했다. 우리는 전투지역에 있었으므로, 병사들이 입대하면서 받는 보너스에는 세금이 부과되지 않았다. 1999년 한 해 동안 배속된 병사는 36명이었고, 이는 1998년의 열두 배에 달하는 인원이었다. 50만 달러가 넘은 돈이 병사들에게 입대 보너스로 지급됐는데, 이는 당시로서는 신기록에 해당했다. '리더-리더' 체계가 다시 한번 빛을 발하는 순간이었다.

1999년 12월 : 태평양 어딘가

함선 내 스피커를 통해 '황색수심' 공지가 울려 퍼졌다.

마침 손전등을 들고 함선 내를 걷고 있던 나는 방송을 듣고 조종실로 달려갔다. 그때가 오전 3시 정각이었고, 우리는 인근의 육지에 있던 특수부대SEAL를 태우기 위해 조심스레 자리를 잡고 있었다. 이 지점까지 오기 위해 그 많은 수고를 했는데, 이제 와서 모든 것을 망칠 수도 있었다. 황색수심이란 수심이 예상보다 얕아서 배를 버리고 떠나야 하는 상황을 말한다.

내가 산타페함의 함장이 된 지도 어언 일 년이 지났다. 우리는 실전배치에서 복귀했으며, 특수부대와 함께 훈련을 수행 중이었다. 훈련은 총 3단계 중 마지막에 다다르고 있었다.

1단계에서는 헬리콥터 한 대와 만나 특수부대를 태웠다. 열한 명의 건장한 사내와 그들의 장비(돌돌 말린 고무보트 두 대와 보트용 모터 두 개, 폭파장치 한 꾸러미)가 헬리콥터에서 잠수함으로 옮겨져 승강구 아래로 내려왔다. 헬리콥터는 다시 날아갔다. 이 모든 일에 걸린 시간은 단 1분이었다.

특수부대와 함께 우리는 2단계 작전을 계획했다. 작전 지점 근처를 지나며 잠망경으로 내다봤다. 해안의 어디에 불빛과 어선이 있는지 파악했고, 그런 것들이 없는 곳은 어디인지 확인했다(후자가 더 중요한 일이었다). 또 야간에 형성되는 국소적인 해류와 달빛의 각도를 여러 차례 점검했다. 상륙 및 복귀를 위해 최적의 지점을 찾아낸 후, 야간에 수면에 떠올라 특수부대를 해안가로 내보냈다. 사흘 전의 일이었다.

이제 그들을 데려와야 할 때였다. 바로 3단계에 해당하는 훈련이었다. 나는 특수부대의 일원이 된 것처럼 생각했다. 임무를 성공적으로 마치고 고무보트로 돌아와 한밤중에 바다로 나와서 잠수함을 찾는 사람들의 마음으로 말이다. 아무리 훈련이라고 해도, 장소가 바다라는 점과 연료가 바닥났다는 점 그리고 어둠이 깔린 한밤중이라는 시간은 모두 현실이었다. 이 사내들이 우리를 잘 찾을 수 있는 곳에 자리를 잡는 것은 매우 중요한 일이었다.

조종실은 칠흑같이 캄캄했다. 잠망경 담당자가 바깥을 잘 보려면 내부가 어두워야 한다. 조기경보 수신기에 연결된 확성기가 빽빽 울어댔다. 이것은 다른 레이더에서 나오는 신호가 우리 장비에 잡힌 다음 음향 신호로 바뀌어서 나는 소리였다. 소리의 특성으로 보아 멀리 떨어져 있는 일반적인 어선과 상선이라는 것을 알 수 있었다. 별로 걱정할 필요가 없었다.

함선의 다른 곳에서도 속속 보고가 들어왔다. 특수부대원들을 맞이할 준비가 완료되었다. 다른 부서들 역시 모든 채비를 갖췄다. 일이 모두 순조롭게 진행되는 것 같았다.

조종실 한 층 아래에 있는 승조원실에 들렀다. 이곳에는 불이 켜져 있었고, 한쪽에는 언제든지 쓸 수 있도록 담요가 차곡차곡 개어져 있었다. 오전 3시였는데도 특수부대원들이 도착하면 수프를 제공하기 위해 승조원들이 대기하고 있었다.

승조원실 뒤쪽으로는 탈출실이 연결되어 있었다. 이곳이 바로 특수부대원들을 함선 안으로 불러들일 주 승강구였다. 혹시 모를 부상자를 선별할 장소도 바로 이곳이었다.

기관실에도 가봤다. 함선이 수면 위에 떠올라 정지하고 있었지만 원자로소대원들은 아랑곳하지 않고 최대출력을 발휘할 만반의 준비를 갖추고 있었다. 필요할 때 전력과 증기를 제공하기 위해 원자로가 여전히 가동되고 있었다. 비상 상황이 발생하면(초계정이나 적 비행기가 나타나서 특수부대원을 남겨두고 그곳을 빠져나오느냐, 아니면 함선을 사수하느냐 사이에서 선택해야 한다면), 우리는 함선을 사수할 것이다. 올바른 위치를 선택하기 위해 미리 계획하는 것이 너무나 중요했다.

맨 아래층의 앞쪽에 있는 어뢰실에서는 어뢰의 적재 및 발사 준비가 완료되었다. 교전을 바라지는 않았지만, 상황이 닥치면 언제든지 대응할 준비가 되어 있었다.

장교들이 식사를 하는 사관실은 닥터 힐이 수술실로 꾸며놓았다. 특수부대원 중 부상자가 있다면 그가 이곳에서 돌봐줄 것이다.

자, 내가 말하고 싶은 것은 이것이다. 이 모든 준비 상황 중 그 어느 것도 내가 명령해서 이루어진 것은 없었다. 이게 다 승조원 중 누군가가 이렇게 말했기 때문에 벌어지고 있는 상황이었다. "이것 봐, 저 친구들이 흠뻑 젖어 있으니 추울 거야. 배도 고프겠지. 분명히 부상자도 있겠고. 우리가 미리 대비를 해놔야 돼." 우리 승조원들은 명령이 내려올 때까지 기다리지 않았다. 그저 할 일을 했고 적재적소의 사람들에게 정보를 제공했다. 모두 '리더-리더'의 정신 아래 이루어진 일이다.

그런데 그때 황색수심 공지가 울려 퍼졌던 것이다.

행동원리 : 맹목적으로 복종하지 말고 의문을 제기하라

다시 조종실로 돌아갔더니 웬일인지 분위기가 조용했다. 자리를 벗어나면 우리가 특수부대원들을 찾기도, 그들이 우리를 찾기도 더 어려워진다는 사실을 모두 잘 알고 있었다. 함교에 있던 당직사관은 이미 '3분의 1 속도'를 명령한 상태였다.

디지털 해도를 들여다보았다. 우리의 움직임을 가리키는 작은 화살표가 있었는데, 그것이 약간 해안 쪽을 향하고 있었다. 나는 '전진하면 안 돼. 뒤로 물러서야겠군'이라고 생각했다. 그래서 소리쳤다. "이러면 안 돼. 물러서야 돼." 즉 후진 벨을 지시한 것이다.

어둠 속에서도 우리는 서로의 목소리를 알아들었다. 슬레드독이 조타수를 맡고 있었다. 약 0.5초 정도 침묵이 이어진 후 그가 말했다. "함장님, 안 됩니다. 함장님이 틀렸습니다."

나는 깜짝 놀라 입을 다물고 조종실의 여러 지표를 바라봤다. 함선의 방향을 알려주는 나침반을 포함해서 말이다. 오죽하면 젊은 병사의 입에서 "함장님, 안 됩니다"라는 말이 나왔을까 하는 생각이 들었다.

다시 보니 뱃머리가 육지에서 멀어지는 방향을 가리키고 있었고, 배는 후진하고 있었다. 디지털 해도의 화살표가 분명히 그렇게 말하고 있었다. 그제야 원래 정찰대가 이렇게 하기로 계획했었다는 사실이 기억났다. 급히 탈출해야 할 경우 뱃머리를 돌리기로 했었다.

작은 화살표는 줄어들었다가 육지 반대 방향을 가리키며 점점 커졌다. 당직사관은 전면종료를 명령했다. 불과 100미터도 채 이동하지 않았지만, 이미 깊은 바다로 들어와 있었다.

잠시 후 고무보트가 시야에 들어왔다. 사람들이 내 명령대로 했더라면 우리는 엉뚱한 방향으로 가서 그들을 찾지 못했을 것이다.

2012년 1월 13일, 이탈리아의 크루즈선 코스타콘코디아Costa Concordia호가 질리오섬Isola del Giglio 인근에서 좌초되었다. 함장이 한 직원에게 바치는 헌정 차원에서 섬 가까이로 항로를 변경하라는 명령을 내렸던 탓이다. 이에 대해 왜 아무도 입을 열지 않았는지 의문이 들 수밖에 없다. 당직사관이나 부함장, 또 조타수는 대체 뭘 하고 있었을까? 1킬로미터도 안 되는 거리에 섬이 있었는데 거기서 오는 불빛이 눈에 보이지 않았단 말인가? 그들 중에 누군가는 반드시 의심을 품는 태도를 보였어야 했다.

맹목적으로 복종하지 말고 의문을 제기하는 것은 명료성에 관한 행동원리다.

체크리스트

- 실수가 시스템을 통해 확대되지 않고 그 자리에서 차단되는 건강한 조직을 만들려면 어떻게 해야 할까?

- 우리 회사 사람들은 잘못된 명령이라 할지라도 무조건 따르는가?
- 내가 원하는 것은 직원들의 복종인가, 아니면 목표의 달성인가?
- 우리 조직의 문화는 의문을 제기하는 직원들의 태도를 기꺼이 수용하는가?

27장. 회고의 시간

당신은 시류에 맞서 신념을 관철할 용기가 있는가? 리더십에 관한 사고방식을 바꿔보면 엄청나게 좋은 점들이 기다리고 있다.

2000년 1월 : 마우이 라하이나 인근 정박 중

우리는 실전배치를 무사히 마치고 크리스마스가 되기 전에 설레는 마음으로 가족의 품으로 돌아왔다. 휴가를 마친 후에는 하와이 제도에서 단기 숙련도 훈련에 나섰다. 스티븐 코비 박사가 우리 잠수함에 탑승하고 싶다는 뜻을 내비쳤을 때야말로 그를 산타페함에 초청하기에 더할 나위 없이 좋은 기회였다. 이미 나는 그의 『성공하는 사람들의 7가지 습관』에 나오는 내용을 교육 자료로 활용한 적도 있었다. 산타페함을 방문한 코비 박사는 우리가 이룬 업적이 뭐냐고 물었다. 나는 아래의 내용을 조목조목 열거했다.

• 6만 4천 킬로미터의 거리를 안전하게 주파했다.

- 여섯 개 국가의 아홉 개 항구에 기항했고, 승조원 모두가 외교관 역할을 완벽하게 해냈다.
- 단 한 건의 방종사건도 일으키지 않았다(여러 상관들이 절대 그런 일이 있어서는 안 된다고 방문지 항구에 도착하기 전에 신신당부를 했었다).
- 잠수함의 기동 상태를 늘 100퍼센트 완벽하게 준비했다. 수리, 유지보수 또는 개인적인 일 등 그 어떠한 이유도 전혀 작전에 영향을 미치지 않도록 했다.
- 실전배치 중에 19명의 신입 승조원이 배속되었다. 1999년에 신입 승조원들에게 지급한 입대 보너스는 총 50만 달러를 넘어선다. 이는 당시 해군 신기록에 해당하는 수치다.
- 우리 함은 22개의 잠수함 자격(돌핀스급)을 취득했고 승조원들은 290개의 정찰대원 자격을 땄으며, 이는 개인별 평균 2.4개에 달하는 기록이다.
- 작전 면에서 핵심 역량을 증명해냈다. 페르시아만에서 어뢰 훈련을 마쳤고 호르무즈 해협을 수차례, 말라카 해협을 두 차례 통과했으며 미 해군 특수부대를 호송했다.

물론 내가 말하지 못한 내용도 있었다. 내가 생각하기에 가장 인상적인 성과는 복무 유지율의 향상이었다. 자세한 수치는 다음 페이지의 표와 같다.

항목	1998년	1999년
배속 인원	3명	36명
장병 복무 유지율	0%	100%
사병 중 장교 프로그램 선발 인원	1명	3명
사병 중 진급 인원	30명	48명
배속 부적격 판정 인원	8명	1명
각종 자격 취득 소요 기간(평균)	45주	38주
연락 조정관	1명	8명
E6 인증취득 잠항관	0명	2명
좌·우현 정찰근무지역	7개소	0개소
기관 진단평가	평균점 미달	평균점 상회
훈련 프로그램 성공 정도	실패	매우 성공
의료 진단평가	제7전대 6개 함선 중 최저	제7전대 6개 함선 중 최고
연락 조정 업무 수준	평균 이하	매우 우수
임무 완수 정도	평균 이하에서 평균 사이	평균 이상에서 최우수 사이

장병의 복무 유지율이 어떻게 이토록 급상승할 수 있었던 것일까? 몇 가지 이유가 있겠지만, 그중에서도 가장 중요한 것은 하급 사병들이 현재 근무지 유지 여부를 판단할 때 반장들의 행동을 가장 크게 참조한다는 사실이었다. 구태의연한 반장들은 의무를 이행하기보다는 특권을 누리는 어려움 없는 생활을 하고 있었다. 그들은 아무

것도 책임지지 않았다. 그러나 이는 결코 옳지 못한 처사였다.

하지만 '반장 책임' 개념을 도입한 뒤부터 반장들은 두 배로 열심히 일했다. 그들은 어디든 돌아다녀야 했고, 작전을 펼칠 때마다 책임지고 일이 제대로 돌아가게 해야만 했다. 그렇지 않으면 함장 앞에 서서 어디가 잘못됐는지 직접 설명해야 했다. 그들이 하는 일은 이제 더욱 중요해졌고, 그들이 내리는 결정에 따라 승조원 135명의 목숨과 20억 달러짜리 전함의 성패가 좌우되었다. 이제 산타페함 근무가 한번 승부를 걸어볼 만한 일이 된 것이다.

하급 장교 두 명이 전역 신청을 철회했다.

산타페함은 알레이버크 함대 트로피Arleigh Burke Fleet Trophy를 수상했다. 이것은 당해 연도에 전투능력이 가장 큰 폭으로 발전한 잠수함이나 전함 또는 항공전대에 수여되는 상이었다. 이 상은 오로지 산타페함 승조원들이 구축한 '리더-리더' 체계의 공이라고 생각한다.

코비 박사는 산타페함이 단지 군대에서만이 아니라 자신이 지금까지 보아온 모든 조직 중에 가장 권한위임이 잘 실현된 조직이라는 말을 해주었다(우리가 그 자리까지 가는 데 큰 가르침이 된 책의 저자로부터 이런 찬사를 듣게 된 것이다). 머릿속에 든 '리더-팔로워' 이미지를 벗어던진 승조원들은 모든 작전과 임무를 훌륭하게 해내야겠다는 자세로 임했다. 당시만 해도 우리는 우리가 추구하는 바가 전혀 새로운 것이라는 사실만 알았을 뿐, 실제로 그 실체가 무엇인지는 몰랐다. 그럼에도 승조원들은 시행착오를 거치면서 '리더-팔로워' 모델

속에 담겨 있던 것보다 훨씬 더 효과적인 업무관행과 원칙을 찾아 냈다. 우리는 종착 지점에 도달해서야 우리가 '리더-팔로워' 모델이 있던 자리에 '리더-리더' 모델을 들여놨다는 사실을 알게 되었다.

나는 '잘 생각하고 행동하기'가 주는 이점에 계속해서 주목했다. 잘 생각하고 행동하는 것은 작업자의 실수를 줄여주고, 팀워크를 구현하는 행동원리다. 또한 그것은 생각을 알려주기 위한 행동원리 도 된다.

일 년 후인 2001년 초, 우리는 원자로 가동 부분에서 그 누구도 경험하지 못한 점수, 즉 전 분야 최고점을 받게 된다. 그 후 나는 수석 검열관인 함장 한 분과 이야기를 나누게 됐다. 그는 우리 승조원들 역시 여느 함선 사람들처럼 많은 실수를 할 뻔했다고 말했다. 차이점은 바로 '잘 생각하고 행동하기' 덕분에 그 실수가 일어나지 않았다는 것이었다.

그 당시에는 나도 미처 몰랐지만, '리더-리더' 모델이 위력을 발휘하기 시작했던 것이다.

이 외에도 우리는 새로운 리더십 체계 속에서 다양한 성과를 거두었다.

- 업무보다는 사람을 자세히 살펴보는 데 집중했다.
- 보고서와 점검 포인트의 요구량을 줄였다.
- 내가 리더십을 더 많이 발휘할수록 결국 팔로워십만 팽배해지므로, 리더십 발휘를 줄여 모든 계급에서 리더십이 더 풍부하게 발휘

되도록 했다.

코비 박사가 방문한 후, 나는 우리가 실천한 행동원리와 그 성과에 관해 오랫동안 열심히 생각했다. 그리고 우리가 여러 가지 면에서 전통적인 리더십 모델과 정반대로 행동하고 있다는 데 생각이 미치자 깜짝 놀랐다.

몇 가지 예를 들면 다음과 같다.

이렇게 하면 안 된다!	이렇게 해야 한다!
'리더-팔로워'	'리더-리더'
통제권을 쥔다	통제권을 준다
명령한다	명령을 자제한다
확고하고, 뚜렷하고, 단호하게 명령한다	명령에 의문을 제기할 여지를 허용한다
설명한다	증명한다
회의를 연다	대화를 한다
'멘토-멘티' 프로그램을 운영한다	'멘토-멘토' 프로그램을 운영한다
일에 집중한다	사람에 집중한다
단기적 사고	장기적 사고
떠난 리더를 아쉬워하는 조직	리더가 떠나도 잘 돌아가는 조직
실속은 별로 없는 잦은 훈련	횟수는 적지만 높은 수준의 훈련
간단하며 형식적인 명령	배경을 자세히 설명하는, 형식을 타파한 명령

의문을 제기한다	호기심을 발휘한다
비효율적인 프로세스를 효율화한다	가치가 없는 단계와 프로세스를 모두 없앤다
점검 및 검열 포인트를 늘린다	점검 및 검열 포인트를 줄인다
정보를 보호한다	정보를 전달한다

아울러 우리는 여기에 드러난 전체적인 개념을 공식화하여 통제권, 역량, 명료성이라는 세 단어로 압축했다. 지금까지 내가 한 일은 그저 시도해보고 어느 것이 효과가 있고 어느 것이 그렇지 않은지 지켜본 것이다. 그래서 미리 정해진 계획을 제시할 수 없고, 그저 모두의 정신력과 창의력 그리고 에너지를 최대한 발휘해야 한다는 모호한 발언만 할 수 있을 뿐이다.

통제권, 역량, 명료성이라는 세 가지 핵심 범주에 속하는 행동원리를 다시 한번 정리해보자.

'리더-리더' 모델의 체계화

'리더-리더' 모델의 핵심은 직원들에게 자신이 하는 일의 내용과 그 방법에 대한 통제권을 주는 것이다. 즉 자신이 내리는 결정이 의미 있는 것이 되도록 해준다. 이런 통제권 이양을 뒷받침하는 두 기둥은 바로 역량과 명료성이다. 여기서는, 앞서 설명한 행동원리를 요약하여 제시한다.

통제권

- 통제권의 핵심코드를 찾아내서 수정하라.
- 먼저 행동을 바꾼 다음 생각을 바꿔라.
- 일찍, 짧게 대화하여 일의 효율을 높여라.
- "이렇게 하겠습니다"라고 말하라.
- 리더가 먼저 해결책을 제시하려는 충동을 억제하라.
- 하향식 추적관리 체계를 없애라.
- 생각을 크게 말하라(상관과 부하 모두).
- 검열관을 환영하라.

역량

- 잘 생각하고 행동하라.
- 언제 어디서나 배워라.
- 설명하지 말고 입증하라.
- 메시지를 지속적이고 끈질기게 반복하라.
- 방법이 아니라 목표를 구체화하라.

명료성

- 실수를 피할 것이 아니라 탁월한 성과를 내라.
- 부하들과 신뢰를 쌓고 그들을 보살펴라.
- 조직의 유산을 영감의 원천으로 삼아라.
- 안내지침을 의사결정의 기준으로 삼아라.

- 바람직한 행동을 즉시 인정함으로써 더욱 권장하라.
- 목표를 확립하고 행동하라.
- 맹목적으로 복종하지 말고 의문을 제기하라.

이 책이 제시하는 행동원리가 여러분이 '리더-리더' 철학을 받아들여 행동으로 옮기는 데 도움이 되기를 바란다.

다음은 여러 조직들이 '리더-리더'의 방향으로 이행하고자 할 때 그들에게 권하는 연습 방법이다.

우선 우리 회사에서 가장 탁월한 영역이 어디인지 파악한다. 탁월함을 창출하는 것은 내부 프로세스일 수도 있고, 외부와의 접점에 있는 프로세스일 수도 있다. 대개 고객과의 관계 그리고 물질 세계와 이루는 두 접점은 굉장히 중요하다. 이제 탁월함을 이룩하려면 이 접점들을 책임지고 있는 사람들이 어떤 결정을 내려야 하는지 생각해본다. 마지막으로, 직원들이 그런 결정을 내릴 수 있게 하려면 어떻게 해야 하는지 고민해보라. 일반적으로 이를 위해서는 올바른 전문적 지식과 조직의 목표에 대한 철저한 이해, 결정을 내릴 수 있는 권한 그리고 결과에 대한 책임이 전제되어야 한다.

체크리스트

- '리더-리더' 체계로 가는 길에 첫발을 내디딜 준비가 되었는가?

- 권한을 위임받아 온전히 제몫을 다하는 직원을 양성하는 첫 단계를 시작할 준비가 되었는가?
- 직원들이 지적 능력과 창의력을 마음껏 발산하게 할 변화를 기꺼이 받아들일 준비가 되었는가?
- 나에게는 장기적 사고를 감당할 지구력이 있는가?

28장. 권한위임을 넘어서

직원들에게 권한을 위임하고 싶지만, 권한위임 프로그램이 소용이 없었던 경우가 있었는가? 우리는 권한위임만으로는 충분하지 않다는 사실을 배웠다.

2001년 여름 : 호르무즈 해협

코비 박사가 방문한 지 18개월 뒤, 산타페함은 다시 한번 실전배치에 나섰다. 1999년에 했던 것과 똑같은 검열과 사전점검 작업을 모두 거쳤지만, 이번에는 극적인 상황이 별로 없었다. 부함장 톰 스탠리 소령의 후임으로 마이크 버나치 소령이 부임했고, 빌 그린 소령이 퇴임하고 케일럽 커 대위가 신임 항해사로 합류했다. 데이브 애덤스 대위와 릭 판리리오 소령, 앤디 워섹 상사, 데이비드 스틸 중사는 그대로 남아 있었다. 훈련 기간 동안 신임 장교 버나치 소령과 커 대위는 산타페함의 방식에 빠르게 적응했다.

우리는 또다시 호르무즈 해협의 잠망경 수심에서 작전을 펼쳤다.

그리고 문제가 닥쳤다.

산타페함은 막 임무를 마치고 보급을 위한 기항통지를 기다리고 있었다. 그런데 기항통지를 받을 수 있을 것 같지가 않았다. 그래도 보통 이 정도는 아주 조금 불편한 상황에 불과했다. 왜냐하면 잠수함은 한 번에 90일간 작전에 나설 수 있는 양의 짐이 적재되고, 아직 그 기간이 한참 남아 있었기 때문이다.

하지만 운 나쁘게도 지금 우리 배의 수압펌프에서 미세하게 오일이 새고 있었는데, 이것은 해상에서 수리를 할 수 없었다. 느린 속도지만 오일이 서서히 줄어들었기 때문에 작전을 조기에 종료해야 할 위험에 처하게 되었다. 지금까지 항해 기간을 엄수하며 부여된 임무를 완벽하게 완수하는 기록을 이어가고 있었는데, 이제 와서 그 기록을 잃고 싶지는 않았다.

호르무즈 해협은 혼잡한 곳이므로, 잠수함이 잠망경 수심으로 이렇게 천천히 항해하기 위해서는 양쪽 방향으로 오가는 함선을 끊임없이 살펴야 했다. 이곳 역시 말라카 해협처럼 거대 유조선들이 양방향으로 지나다녔다. 그뿐만 아니라 이란에서 출발하여 아랍에미리트를 통과하는 밀수선박도 있었다. 물론 고기잡이용 범선도 어디에서나 찾아볼 수 있었다. 실전배치 기간 중 이 시점에는 경로 추적 임무를 맡은 소대가 순조롭게 활동하고 있었으므로, 함선의 안전 유지에 관해서는 별로 걱정하지 않고 있었다. 정기적으로 패널을 보면서 혹시 방해물은 없는지 모든 방향을 확인했지만, 우리가 피하고 있던 배들을 주의 깊게 눈여겨보지는 않았다.

잠망경을 담당하던 아만도 에이빌스Armando Aviles라는 소위가 있었다. 그는 1999년도에 해군사관학교를 졸업하고 산타페함에 임관했다. 이 배가 군대 생활을 처음 시작하는 곳이었다. 그는 매우 열정적이면서, 실제 해군 운영의 기존 관념에서 자유로운 사람이었다. 이 점이 우리에게 유리하게 작용했다.

추가 오일이 필요하다는 이야기를 듣고, 에이빌스 소위가 겁 없이 끼어들었다. "어, 저거 AOEAmmunition, Oil, and Equipment 아닙니까? 저 배에 오일을 좀 달라고 하면 될 것 같습니다." 잠망경 화면을 들여다보니, 정말 특급 전투지원함 레이니어USS Rainier가 몇 킬로미터 밖에서 호르무즈 해협을 건너고 있었다.

레이니어함은 항모전단과 같은 속도로 움직이도록 특수 설계된 보급용 함선이었다. 우리가 진주만을 떠난 시점에 이 배는 샌디에이고에서 콘스텔레이션 항모전단과 함께 출발했다. 레이니어함은 약 800만 리터의 디젤 연료와 역시 약 800만 리터의 제트 연료 그리고 몇 톤에 이르는 탄약과 보급품을 싣고 있었다. 우리에게 필요한 것은 그저 오일 몇 드럼이었다. 레이니어함에 그 정도는 당연히 있을 것이다.

그런데 문제가 있었다. 항모전단에 속한 함선의 모든 행동은 일련의 메시지에 근거한 명령으로 움직이게 되어 있었다. 그중 하나가 일일계획통보DIM, daily intention message였다. 즉 레이니어함으로부터 재보급을 받으려면 DIM에 그 내용을 포함시켜야 한다. 그리고 이를 위해서는 36시간 전에 미리 알려야만 했다. 당장 연락해서 재보급을 요청한다고 되는 일이 아니었던 것이다.

물론 레이니어함은 우리가 그곳에 있다는 사실 자체를 몰랐다. 우리는 남들 눈에 띄면 안 되는 잠수함이었기 때문이다. 이와 비슷한 조건에서 수면 위로 부상해도 되는 경우에도 우리는 늘 최대한 눈에 띄지 않도록 노력했다.

나는 이렇게 생각했다. "가능성은 희박하지만 한번 해보자. 밑져야 본전이잖아." 그리고 손전등을 흔들어댔다. "추진해봐."

"레이니어함에 연락하여 재보급을 요청하겠습니다." 당직사관이 말했다.

"그렇게 하게."

항해사가 무선통신으로 레이니어함에 연락하여 우리 신원을 밝히고, 외부 수압펌프용 오일의 해군 재고번호를 불러주며 공급을 요청했다. 그랬더니 공급해주겠다는 답신이 왔다! 다행히 그 배의 함장은 나와 친분이 있던 켄달 카드Kendall Card 대령이었다. 그는 평소에도 그 배의 존재 목적이 미 해군 함선의 지원이며, 그것이 관료적인 절차보다 더 중요하다는 점을 강조해왔다. 그래도 이런 일은 한 번도 들어본 적이 없는 경우였다. 카드 함장은 혹 의료나 치과 진단이 필요한 승조원이 있으면 주저 말고 레이니어함으로 보내라고 제안하기도 했다. 그것은 산타페함의 닥터 힐이 해줄 수 없는 수준의 일이었다.

레이니어함도 나름대로 일정이 있던 상황이었다. 우물쭈물했으면 기회를 놓칠 뻔했다. 몇 분 만에 수면으로 부상하지 않았다면 그 배도 우리 곁에서 지원을 제공해줄 수 없었을 것이다.

승조원들은 재빨리 행동을 시작했고, 나도 이를 즉각 승인했다.

음파탐지 관리자가 말했다. "당직사관님, 수면 부상에 대비하여 수중탐지장치를 회수하겠습니다. 음파탐지 관리자가 책임집니다."

"그렇게 하도록."

당직사관이 말했다. "함장님, 수면 부상을 준비하겠습니다."

"알았네."

선임참모가 말했다. "승조원실에 소형보트 팀을 구성하겠습니다. 잠수 장비를 회수하고 물을 뺀 다음, 앞쪽 탈출실 아래 승강구를 열겠습니다. 선임참모가 책임자입니다."

"좋아."

위생소대에서는 닥터 힐이 나섰다. "승조원실에서 치아 진단 인원을 선발하고, 필요에 따라 정찰대를 살펴보겠습니다."

"아주 좋아."

스캇 딜런 행정반장도 말했다. "함장님, 승조원들 중에 메일을 보낼 사람이 있는지 알아보고, 내용을 레이니어함에 전달하겠습니다."

"그렇게 하게."

보급 장교SUPPO가 말했다. "함장님, 레이니어함에서 수압펌프용 오일을 받아오겠습니다."

"물론이다."

우리는 수면으로 부상하여 임시체류BSP, Brief stop for personnel에 들어갔다. 그동안 레이니어함은 소형보트를 내려 화물을 실은 후 우리 쪽으로 보냈다. 강선체고무보트RHIB, rigid hull inflatable boat라고 불리는 배였다.

우리 인원이 함선 위로 올라가 주갑판 승강구를 열어 물자를 안으로 들여놔야 했다. 이를 위해서는 여러 가지 다양한 행동을 신속하고도 부드럽게 수행해야 한다. 바로 여기서 훈련이 빛을 발했다. 이런 순간을 위해 그간 그렇게 고생을 해온 것이다. 사실 이런 일에 대비해서 계획을 짜고 일일이 지시한다는 것은 도저히 불가능한 일이다. 오직 대응 속도를 높이는 수밖에 없다. 즉 조직에 내재된 인지와 행동 사이의 시간차를 줄여 변화에 대한 적응력을 발휘하는 것이다. 그것을 뭐라고 부르든, 승조원들이 거둔 성과 덕분에 우리는 힘없이 항구로 돌아가 보급품을 채워 넣은 것이 아니라 당당히 나라를 지키는 잠수함의 품위를 지킬 수 있었다.

레이니어함은 우리에게 필요했던 오일뿐만 아니라 신문과 신선한 과일 및 야채FFV, fresh fruits and vegetables까지 보내주었다.

RHIB가 우리 잠수함 곁에 나란히 섰다. 오일과 신문, FFV를 옮겨 싣고, 대여섯 명의 승조원들을 보내 진단을 받게 했다. 많은 배들이 오가는 구역에서 수면 위에 떠올라 있다 보니 적의 공격에 취약하다는 점이 약간 걱정스러웠다. 그래서 승강구를 닫고 촉박하게 잠수할 준비를 했다. 하지만 지금 우리가 잠수한다면 레이니어함에 남아 있는 승조원들은 며칠간 거기 머물러야 한다.

다행히 그럴 필요는 없었다. RHIB가 금세 우리 승조원들을 데리고 돌아왔기 때문이다. 우리는 그들을 다시 탑승시키고 잠수했다.

이제 얼마든지 오랫동안 작전을 펼칠 수 있게 된 것이다.

행동원리 : 권한위임을 넘어서
모든 역량을 발휘하게 하는 해방으로

권한위임이 필요한 것은 그동안 윗사람들이 워낙 권한을 움켜쥐고 있었기 때문이다. 권한위임은 '리더-팔로워' 모델에서 비롯된 온갖 메시지, 즉 상명하복 문화, 시키는 대로 하기, 무조건적인 팀워크 강조 등을 벗어던지기 위해 꼭 필요한 것이다. 그러나 거기에는 몇 가지 부족한 점이 있다.

첫째, 권한위임 그 자체는 온전한 리더십 구조가 될 수 없다. 권한위임은 역량과 명료성이라는 속성이 없이는 효과를 발휘하지 못한다.

둘째, 권한위임은 여전히 상명하복 체계의 결과이며, 그 체계를 여실히 보여주는 증거이다. 이 개념의 밑바탕에는 리더가 팔로워에게 '권한을 내어준다'는 생각이 깔려 있다. 팔로워에게 권한을 위임할 수 있는 권력과 능력이 여전히 리더에게 있다는 것이다.

우리는 여기서 한발 더 나아가야 한다. '리더-팔로워'라는 테두리 안의 권한위임이란 '당신은 팔로워일 뿐이다'라는 노골적인 표현에서 한발 물러선 적당한 타협이자 숨죽인 목소리에 불과하다. 한마디로 혼란스러운 신호인 것이다.

따라서 우리에게 필요한 것은 '발산'이요, '해방'이다. 해방은 권한위임과 근본적으로 다른 것이다. 사람들은 해방된 상태에서 누구나 자신의 고유한 천재성과 에너지, 창의력 등을 깨달을 수 있고 발휘할 수 있다. 우리에게는 다른 사람들이 이런 재능을 갖게 만들거나 사용하게 만들 능력이 없다. 우리는 고작해야 그들이 그런 능력을 발휘하는 것을 막을 수 있을 뿐이다. 각 부서가 의사결정을 내릴 권한을 가지고 있는 상황에서 역량과 명료성이라는 특성이 더해질 때, 그 결과가 바로 해방이다. 리더가 부하에게 더 이상 권한을 위임할 필요가 없어지면, 비로소 팀이 해방되는 것이다. 실제로 리더는 더 이상 그들에게 권한을 부여할 능력이 없다. 이제 그들이 발휘하는 권한의 원천은 리더가 아니기 때문이다.

체크리스트

- 리더십을 권한위임이라는 범위에 제한시키고 있지 않은가?
- 통제권에 역량과 명료성이라는 특성을 보완하기 위해 운영 중인 프로그램이 있는가?
- 회사의 사장으로서 직원들에게 권한을 위임한다는 태도를 벗어던졌는가?

29장. 파급 효과

2011년 1월 15일 : 진주만, 잠수함 기지

산타페함의 함장으로 임명되었던 날로부터 12년이 지난 2011년 1월 15일, 나는 하와이의 부두에 앉아 지난날을 회상해보았다. 이때는 다른 사람이 산타페함의 함장을 맡고 있었는데, 그는 바로 데이브 애덤스 중령이었다. 그는 핵잠수함 호놀룰루USS Honolulu에서 부함장을 역임하고, 일 년간 아프가니스탄에서 지역재건 팀PRT, Provincial Reconstruction Team 사령관으로 활약한 후 산타페함에 함장으로 부임했다. 산타페함 장교 출신 중에 그런 길을 간 사람은 그뿐만이 아니었다. 케일럽 커 대위 역시 산타페함에서 항해사로 복무한 후 지역재건 팀 사령관이 되었다. 이런 요원들은 해군작전본부장이 직접 선발한다. 수백 명의 후보 중에서 산타페함 출신이 세 명이나 해군 PRT 사령관이 되었다는 것은 결코 우연이 아니라고 생각한다.

세월이 흐른 지금에 와서 보니, 산타페함에 '리더-리더' 체계를 도입했던 덕분에 성취한 것이 두 가지 더 있었다.

첫째, 산타페함은 내가 떠난 후에도 계속해서 우수한 성과를 이어갔다. 업무방식의 우수성이 업무와 사람 속에 이식되었기 때문에, 나의 재임 기간을 넘어서까지 지속되었던 것이다. 산타페함은 7년 연속 '최고반장상'을 수상했고, 전대에서 전투력이 가장 뛰어난 잠수함에 주어지는 '최우수전투력상Battle 'E' award'을 그 후 십 년 동안 세 번이나 더 수상했다. 그 이전 십 년 동안 단 한 번도 수상하지 못했던 것과는 뚜렷한 대조를 이룬다.

둘째, 산타페함은 통계적 확률보다 엄청나게 많은 리더를 배출해냈다. 두 명의 부함장 모두 자신이 복무했던 잠수함의 함장이 되었고 훗날 사령본부의 일원이 되었다. 둘 다 중령으로 진급했다가 나중에 대령 계급을 달았다. 세 명의 훌륭한 소대장들도 부함장에 선임된 후 결국 자신이 복무한 잠수함의 함장이 되었다. 그들은 지금도 함장으로 재임 중이다. 세 명 모두 소령 계급을 단 후 중령이 되었고, 그중 두 명은 이미 대령으로 진급했다. 병사 중에서는 선임참모가 되거나, 대학원에 진학해서 학위를 취득한 다음 사업을 운영하는 사람도 많다.

이것은 모두 '리더-리더' 체계의 위력이다. 최고의 성과를 거두고 그 탁월함을 오래 지속하며, 다른 리더를 키워낼 수 있는 힘은 오직 이 모델에서만 나온다.

'리더-리더' 모델이 핵잠수함에서 성공했는데, 여러분도 못할 이유가 없다.

혹시 이 책에 제시된 행동원리를 따르기만 하면 산타페함에서 일어났던 장기적이고 체계적인 개선효과가 그대로 재현된다고 생각하는 사람이 있을까 봐 걱정이 된다. 그렇게는 되지 않는다. 해군을 전역한 후 컨설턴트로 일하면서 깨달은 것은, 모든 조직은 저마다 다르고 고유한 존재라는 사실이다. 조직을 구성하는 사람들은 각자 배경이 다르고, 권한위임에 대한 적응력에도 차이가 있으며, 풀어 놓았을 때 편안하게 느끼는 정도도 모두 다르다.

구조적인 행동원리는 비슷하겠지만 각자 처한 개별상황은 모두 다른 법이다. 예를 들어 산타페함의 경우 통제권을 이양하는 가장 효과적인 방법은 각 개인의 휴가를 승인하는 조직 내 계급을 바꾸는 것이었다. 그러나 조직에 따라서 휴가 승인 정책은 통제권의 행동원리와 별 상관이 없을 수도 있다. 어쩌면 고객 할인 정책을 승인하는 권한이 더 중요할 수도 있는 것이다. 또는 직원이 윗선의 결재 없이 집행할 수 있는 금액이 관건이 될지도 모른다. 직원들에게 어떤 권한을 가지면 일하기가 용이해지겠느냐고 물어본다면 분명히 힌트를 얻을 수 있을 것이다.

'잘 생각하고 행동하기'는 잠수함군 전체로 확산되었다. 이 원칙은 원자로소대원들로부터 '조준하고 쏴라'라고 불렸으며, 핵잠수함군 훈련 과정에 포함되어 알려졌다. 많은 사령부들이 이 원칙을 의무사항으로 규정하여 마음 깊이 새기고 있다.

'이렇게 하겠습니다' 화법 역시 널리 퍼져나갔다. 나는 2010년에 취역한 핵잠수함 뉴멕시코USS New Mexico에 방문한 적이 있다. 함장과 대화를 나누고 있는데, 당직 장교가 걸어오더니 "함장님, 이렇게 하겠습니다"라고 말했다. 그 함선의 운영 상황은 아주 훌륭했다.

'설명하지 말고 입증하라' 원칙은 어떨까? 안타깝게도 입증이라는 개념이 잠수함군 내에서 널리 회자되고 있지만, 실상은 설명과 전혀 차이가 없는 경우가 많다.

'리더-리더' 체계의 도입에 어떤 이점이 있는지 좀 더 자세히 알고 싶다면, 나의 개인 웹사이트(www.leader-leader.com)를 방문하거나 이메일(david@turntheshiparound.com)로 직접 연락해주기 바란다. 웹사이트에는 '리더-리더' 체계를 수립하는 데 도움이 될 몇 가지 방법이 게재되어 있다. 그중 '효과적인 자기진단을 위한 7단계 프로세스'는 바로 산타페함에서 만들어냈던 방법이다.

결국 다스려야 할 가장 중요한 사람은 바로 나 자신이다. 자신을 통제하는 것만이 '통제권을 내어주고 리더를 만들어내는' 길이기 때문이다. 통제권을 움켜쥐고 팔로워들의 인기를 얻으려는 충동을 거부하는 것이야말로 가장 어려운 도전이며, 그것을 해내는 것이 결국 가장 강력하고 오래가는 성공이 될 것이다.

1999년부터 2001년까지 나와 함께해준 산타페함의 승조원들에게 감사를 보낸다. 그들은 고정관념을 제쳐두고 용기 있게 여정에 나섰다. 내가 조금이나마 맛본 성공이 있다면 그것은 모두 그들의 공이다.

이 책이 나올 수 있게 해준 클린트 그린리프Clint Greenleaf에게도 똑같은 감사를 드린다. 뉴욕에서 만나 이 책을 처음 설명했을 때부터 그는 확신에 찬 지지를 보내주었다.

하이먼 릭오버 제독은 해군 핵잠수함 추진 프로그램을 확립하는 데 큰 공을 세운 인물로 찬사를 받아 마땅하다. 그는 1981년에 나를 면담하여 그 프로그램에 선발했고, 핵잠수함의 함장이 될 기회를 선사했다.

해군에 복무하며 만났던 마크 팔레즈Marc Pelaez, 스티브 하워드 Steve Howard, 마크 케니, 앨 코네츠니와 같은 뛰어난 리더들에게 감사드린다.

책이 나오기까지 헤아릴 수 없이 큰 도움을 준 댄 길크라이스트 Dan Gillcrist, 잭 해리슨Jack Harrison, 로렌 콜Lauren Kohl, 롭 털먼Rob Tullman 등의 독자들에게도 대단히 감사한 마음을 전한다.

또한 아서 제이콥슨Arthur Jacobson에게 특별한 감사를 드린다. 이 책의 출판이 무산될 뻔한 위기를 그의 도움으로 꿋꿋이 이겨낼 수 있었다.

스티븐 코비 박사는 2000년에 산타페함에 승선하여 굉장히 중요한 역할을 해주었다. 그는 『성공하는 사람들의 7가지 습관』을 통해 내가 미처 깨닫지 못했던 길을 보여주었을 뿐 아니라, 이 책의 출판에 대해서도 열정과 믿음을 보내주었다. 그 덕분에 나는 처음의 결심을 잊지 않을 수 있었다.

사이먼 사이넥은 나에게 영감을 주었으며, 멘토와 비평가 그리고 코치라는 아주 중요한 역할을 맡아주었다. 그의 도움 덕분에 나는 이 책을 출판할 목적을 찾을 수 있었다. 감사드린다.

나의 아내 제인에게 특별한 고마움을 전하고 싶다. 그녀 덕분에 나의 길을 추구할 용기를 얻었다. 내가 이야기를 어떻게 풀어야 할지 몰라 힘겨워하던 순간에도 그녀는 한결같은 인내심을 발휘했다.

그들은 지금 어디에?

톰 스탠리 소령은 1999년부터 2000년까지 산타페함의 부함장을 역임하고 핵잠수함 로스앤젤레스(USS Los Angeles)의 함장으로 복무한 후, 사령본부에 선발되었다. 2009년부터 2011년까지 잠수모함 프랭크케이블(USS Frank Cable)의 함장을 지냈다. 현재 해군 대령으로 복무 중이다.

마이크 버나치 소령은 2000년부터 2002년까지 산타페함의 부함장을 역임한 후 핵잠수함 알렉산드리아(USS Alexandria)의 함장으로 복무했고, 역시 사령본부에 선발되었다. 현재 코네티컷주 뉴런던에 있는 제4잠수함전대의 전대장으로 복무 중이다.

데이브 애덤스 대위는 1998년부터 2001년까지 무기운용 장교로 복무했고, 아프가니스탄 남동부의 호스트주의 지역재건 팀의 사령관을 역임한 후 2010년에 산타페함의 함장이 되었다. 현재 대령으로 진급했다.

릭 판리리오 소령은 1998년부터 2001년까지 산타페함의 기관사로 복무했고, 2009년부터 2012년까지 핵잠수함 스프링필드(USS Springfield)에서 함장을 역임했다. 현재 대령이다.

빌 그린 소령은 1997년부터 1999년까지 산타페함의 항해사 및 작전 장교를 역임하고 기관전속 장교 과정을 밟은 후 지금은 포츠머스(Portsmouth) 해군조선소의 사령관으로 복무 중이다.

케일럽 커 대위는 2000년부터 2004년까지 산타페함의 항해사 겸 작전 장교를 역임했다. 그 후 아프가니스탄 북동부의 누리스탄주에서 지역재건 팀 사령관으로 복무했으며, 2010년에 핵잠수함 브레머튼(USS Bremerton)의 함장이 되었다. 현재 중령이다.

앤디 워섹 상사는 산타페함의 음파탐지반장으로 복무한 뒤 핵잠수함 샤이엔(USS Cheyenne)에서 선임참모로 복무했고, 원사로 진급한 후 요코하마 잠수함 기지에서 주임원사를 역임했다.

데이비드 스틸 중사는 1996년부터 2000년까지 산타페함에서 무기통제반장으로 복무했고, 하와이 진주만의 해군 잠수함지원 사령부에서 주임원사를 역임했다. 현재 계급은 원사다.

스캇 딜런 행정반장은 산타페함에서 하사를 거쳐 중사로 진급한 뒤 잠수함군 사령부에서 복무했다. 현재 계급은 상사다.

슬레드독은 산타페함의 조타수로, 해군 복무를 성공적으로 마친 후 명예롭게 전역했다.

용어 해설

전문 용어, 은어 및 군사 용어

SSBN

미 해군 전략핵탄두미사일 탑재 핵잠수함을 일컫는 용어다. 핵잠수함 윌로저스함은
SSBN-659호에 해당한다.

SSN

미 해군 전투용 핵추진잠수함을 말한다. 핵잠수함 산타페함은 SSN-763호이다.

강선체고무보트 RHIB

Rigid hull inflatable boat의 약자. 2001년 호르무즈 해협에서 레이니어함이 산
타페함에 재보급을 할 때 사용되었던 소형고무보트의 종류다.

검열조사위원회 INSURV

Board of Inspection and Survey의 약자. 이곳에서 파견 나온 사람들이 검열을
실시한다. 이들이 작성하는 보고서는 대단히 큰 영향력을 발휘하며, 잠수함군의 실
태를 해군본부에 알리는 역할을 한다.

기관사 혹은 기관반장 ENG or CHENG

Engineer 또는 Chief engineer의 약자. 기관소대 및 원자로의 책임자다. 나의 재임 기간 내내 릭 판리리오 소령이 기관사를 맡아준 덕분에 산타페함에 큰 도움이 되었다.

기동실 MANEUVERING

기관실 내의 조종실로 원자로와 추진 설비를 조종하는 장소다. 운항 중에는 기동실 앞에 총 네 명의 정찰조가 당번을 선다. 이들은 장교 한 명과 원자로소대원 세 명으로 구성된다.

닥터 DOC

위생병 참조.

당직사관 OOD

Officer of the deck의 약자. 함선의 이동 방향과 정찰대의 지휘를 책임지는 정찰장교. 정찰대 업무 전반을 함장에게 보고하는 책임자다.

대령 CAPTAIN

준장과 중령 사이에 위치한 계급. 대개 잠수함의 함장은 중령이 맡게 되는데, 이때 함장도 영어로 captain이라고 부르기 때문에 혼동을 일으키기 쉽다. 한편, 전대의 사령관인 전대장의 계급이 대령이다.

말라카 해협 STRAIT OF MALACCA

인도양과 남태평양 사이를 통과하는 800킬로미터 거리의 해협. 남쪽의 인도네시아에서 시작되어 말레이시아를 지나 북쪽 싱가포르에 이른다. 수심이 너무 얕아 잠수함이 잠수 상태로 운항할 수 없다. 전 세계 무역량의 4분의 1이 이곳을 통과한다.

무기운용 장교 WEPS

Weapons officer의 약자. 핵잠수함 훈련을 이수한 함선 내 세 명의 소대장 중 하나다. 나머지 둘은 기관사와 항해사다. 산타페함은 데이브 애덤스 대위가 1999년과 2001년 실전배치에 모두 무기운용 장교로 복무한 덕분에 큰 도움을 받았다. 애덤스 대위는 이후 2011년에 산타페함의 함장이 되었다.

무기통제담당 FT

Fire control technician의 약자. 무기 시스템과 관련 프로그램, 컴퓨터 등에 대한 관리 책임을 맡는다.

무기통제체계 FCS

Fire control system의 약자. 잠수함에서 발사되는 모든 무기(미사일과 어뢰)의 프로그램과 통제를 담당하는 컴퓨터 시스템을 말한다.

무단이탈 AWOL

Absent without leave의 약자. UA, 즉 unauthorized absence라고도 한다. 허가 없이 근무지역을 벗어나는 행위를 말한다.

미진급합격자 PNA

Passed, Not Advanced의 약자. 시험에 합격했지만 승진을 못한 경우를 일컫는다.

보급 장교 SUPPO

Supply Officer의 약자. 잠수함에 복무하는 인원 중 유일하게 핵잠수함 훈련을 받지 않은 사람이다. 보급소대를 책임진다. 산타페함에는 존 버클리(John Buckley)와 척 던피(Chuck Dunphy)라는 두 명의 뛰어난 보급 장교가 있었다. 이들이 착용하는 옷깃 핀이 돼지갈비처럼 보인다고 해서 '폭찹(Pork Chop)'이라는 별명이 붙기도 했다.

보조항해사 ANAV

Assistant Navigator의 약자. 항해소대에 소속된 선임사병으로, 해도를 작성하고 함선의 안전한 운항을 책임진다.

부함장 XO

Executive officer의 약자. 핵잠수함의 차석 사령관을 일컫는다. 함장 유고 시 함장의 역할을 대신 맡게 된다. 계급상으로는 소령에 해당한다. 1999년 실전배치에는 톰 스탠리 소령이, 2001년에는 마이크 버나치 소령이 부함장으로 복무했다.

불누크 Bull Nuke

원자로 선임반장을 일컫는 별명. 브레드 젠센 중사에게 붙여진 별명으로, 그는 후임자를 두지 못한 채 전출되었다. 이후 몇 달간 공석이던 이 자리에 마이크 시코 중사가 와서 활약해준 덕분에 산타페함에 큰 도움이 되었다.

비사법적 징계 NJP

Nonjudicial punishment의 약자. 군법회의를 거치지 않고 함장 직권으로 집행하는 즉결 군사재판의 일종이다. '함장 판결'이라고도 한다.

비상호흡기 EAB

Emergency air breathing의 약자. 마스크에 산소호스를 달아 산소 분기관에 연결한 장비이다. 함선 내 공기가 연기나 오염물질로 숨 쉴 수 없는 상태가 되었을 때 착용한다.

사관실 WARDROOM

장교 전용 식당으로 사용하는 공간이다. 보통 훈련실, 작전계획실, 회의실 등의 용도로도 사용되며, 필요한 경우에는 수술실로 바뀌기도 한다.

선임참모 COB

Chief of the boat의 약자. 잠수함의 선임사병 중 참모 역할을 하는 자리다. 산타페 함에는 마이크 브루너(Mike Bruner), 로버트 패튼(Robert Patton), 제프 밴블래러컴 (Jeff VanBlaracum) 등 매우 유능한 선임참모가 많았다.

수신 COPY

위성을 통해 무선통신을 받는 것을 말한다. 메시지는 특정 시간에 일방적으로 수신 되므로 잠수함은 무선통신을 켜두지 않아도 된다. 통신을 '다운로드'한다고 표현하 기도 한다.

수직발사체계 VLS

Vertical launch system의 약자. 잠수함의 선수부에 12기의 수직발사용 미사일관 이 장착되어 있다. 원래의 688급 잠수함과 그 최신기종인 688i급 잠수함이 다른 점 이 바로 이 부분이다.

신선과일 및 야채 FFV

Fresh fruits and vegetables의 약자. 재공급되는 신선 과일과 야채를 가리킨다.

실전배치 DEPLOYMENT

모항을 떠나 6개월간 이어지는 운항을 말한다. 태평양함대에 배치된 잠수함은 서태 평양과 인도양 그리고 페르시아만까지 진출한다. 내가 함장으로 있던 기간에 산타 페함은 1999년과 2001년 두 차례에 걸쳐 페르시아만까지 배치되었다. '항구적 자 유' 작전을 수행하던 때에는 실전배치 기간이 9개월 이상까지 연장되기도 했다.

실전배치검증 POMCERT

Pre-Overseas Movement Certification의 약자. 모항을 출발하여 오랜 기간 잠재

적 적과의 대치 작전에 나서기 위해 반드시 필요한 핵심 단계다. 검증을 완료했다는 것은 이 잠수함이 훈련, 인원배치, 장비, 무기 등 모든 면에서 전투에 나설 준비가 되었다는 뜻이다.

예비지휘관 PCO

Prospective commanding officer의 약자. 잠수함의 함장이 되기 위한 연수 과정에 있는 장교를 말한다.

오늘의 할 일 POD

Plan of the day의 약자. 일일 일정 및 공지사항이다.

원자로가동안전성검사 ORSE

Operational Reactor Safeguards Examination의 약자. 잠수함 근무자라면 누구나 거쳐야 하는 매우 중요한 절차. 핵잠수함의 원자력 추진 설비 가동과 유지에 관한 모든 능력을 알려주는 종합적인 평가다.

원자로소대원 NUKES

Nuclear-trained enlisted men의 약자. 추진 설비를 운영하는 이들은 인원 구성 면에서 전체 승조원의 3분의 1을 차지한다.

위생병 CORPSMAN

의학교육을 이수하고 잠수함에 배치된 부사관이나 반장 계급의 인원을 말하며, 일반적으로 '닥터'라고 부른다. 산타페함은 닥터 돈 힐(Don 'Doc' Hill)이 승조원들의 보건 유지에 중요한 역할을 해준 덕분에 장기간의 운항을 무사히 마칠 수 있었다.

인사고과표 FITREP

Fitness Report의 약자. 연례 인사평가 결과보고서다.

일일계획통보 DIM

Daily intention message의 약자. 항모전단에 속한 모든 전함의 행동지침을 전달하는 문서 메시지다.

임시체류 BSP

Brief stop for personnel의 약자. 짧은 시간 동안 항구에 들어가 정박하지 않고 다른 배와 접촉하여 인원과 우편, (운이 좋으면) 신선한 과일과 야채를 옮겨 싣는 일이다.

잠망경 SCOPE

산타페함에는 두 종류의 잠망경이 있었다. 하나는 공격용 잠망경으로 단면적이 좁고 전자 장비가 설치되지 않은 것이었고, 다른 하나는 18형 기종 잠망경으로 단면적이 넓고 각종 전자 장비를 갖추고 있었다.

잠망경 수심 PD

Periscope depth의 약자. 잠망경과 다른 기둥은 수면 위로 올라갈 정도로 수면에 근접하면서도 적의 관측에 노출되지 않을 정도의 적당한 깊이를 말한다.

잠수당번사관 DOOW

Diving officer of the watch의 약자. 줄여서 '잠수(Dive)'라고도 한다. 통상 반장 계급의 정찰대원이 맡는 보직으로, RAMOD(reaching and maintaining ordered depth), 즉 정해진 수심까지 잠수하여 그 수심을 유지하는 일을 책임진다.

잠수함조직 및 규정매뉴얼 SSORM

Standard Submarine Organization and Regulation Manual의 약자. 잠수함의 조직 체계와 주요 행정절차를 안내하는 매뉴얼이다

장비현황목록 ESL

equipment status log의 약자. 모든 장비에 대해 기능의 저하나 낙후 상태, 수리, 보정, 유지관리가 필요한 상황 등을 기록해놓은 목록이다. 이 목록에는 통상 수천 개의 항목이 기록된다.

전기추진모터 EPM

electric propulsion motor의 약자. 주 동력인 증기기관이 고장 났을 때 사용하는 예비용 전기모터다. EPM을 가동하면 함선의 속도가 느려진다.

전술능력평가 TRE

Tactical Readiness Evaluation의 약자. 잠수함의 전투 임무수행 능력을 평가하는 종합적인 가동능력 검열을 말한다. 여기에는 적함 역할을 맡은 아군 전함과 잠수함을 향해 어뢰를 모의 발사하는 훈련이 포함된다.

전자통신병 ET

electronics technician의 약자. 전자통신병을 흔히들 '전선담당'이라고 불렀다. 주로 전자기기나 전선을 다룬다고 해서 붙은 별명이다. 무선통신병, 항법조타수를 겸할 수 있고, 원자로 분야에는 원자로 전담 ET가 따로 있다.

정찰반장 COW

Chief of the watch의 약자. 함선 앞쪽의 기관체계 운영을 책임지는 정찰대원이다. 안테나와 기둥, 수선과 배수, 배기 등을 담당한다. 직속상관은 잠수당번사관

(DOOW)이다.

정찰조타수 QMOW

Quartermaster of the watch의 약자. 함선의 위치를 유지, 관리하는 정찰대원으로 조종실에서 근무하며 함장의 직접 지휘 대상이다. 일거수일투족이 항상 눈에 띌 수밖에 없으므로 스트레스가 매우 높은 보직이다.

조기진급 EP

Early promote의 약자. 최고의 인사고과 평점을 뜻하는 말이다. 여기에 해당되는 사람은 인사고과 대상자 중 20퍼센트가 채 되지 않는다.

조종실 CONTROL

함선의 앞쪽 칸 위층에 있다. 이곳에서 잠수함을 조종하고 잠망경을 살펴보며, 여러 가지 함선 조종장치를 작동한다.

조타구역 CONN

조종실의 잠망경 주위로 약간 솟아오른 구역을 말한다. 당직사관이 근무하는 위치다.

좌 · 우현 정찰근무 PORT/STARBOARD

한 곳의 근무지역에 당번을 설 정찰대원이 두 명밖에 없는 경우를 일컫는 말이다. 이럴 경우 각 정찰대원은 '여섯 시간 근무, 여섯 시간 휴식'을 하게 된다. 수면 부족을 예방하기 위한 조 편성이다.

지역재건 팀 PRT

Provincial Reconstruction Team의 약자. 아프가니스탄의 특정 지역에서 경제 개발과 원주민 문제, 자치활동 등을 관리한 민군 합동 조직을 말한다.

첨단성능 ADCAP

Advanced Capability의 약자. Mk 48 ADCAP 기종 어뢰이며, 미 해군 잠수함의 주력 중화기다. 잠수함과 해상 함선 모두에 매우 효과적인 무기로 산타페함의 어뢰실에는 20기 이상을 적재할 수 있다.

최소활동기간 STAND-DOWN

잠수함 내에서 정규 활동을 대폭 감소하여 운영하는 기간을 말한다. 항구 내 정찰활동이 최소한으로 축소되며, 훈련 및 유지보수 활동도 없다. 대부분의 승조원이 격일 근무에 들어간다. 실전배치 착수 직전과 복귀 후에는 이 최소활동기간을 운영하는 것이 좋다.

카키군복 KHAKIS

장교와 반장을 아울러 일컫는 별칭. 둘 다 카키색 군복을 입고 있다고 해서 붙은 별명이다.

태평양함대 잠수함 사령관 CSP 또는 COMSUBPAC

Commander, Submarine Forces, Pacific의 약자. 국제날짜변경선을 기준으로 서쪽 해양지역을 관할하는 태평양잠수함군의 사령관으로, 계급은 소장급에 해당한다. 모든 잠수함의 실전배치 준비를 책임진다. 사령관뿐만 아니라 사령부에 소속된 전체 인원을 가리켜 SUBPAC이라고 부른다. 내가 산타페함에 함장으로 부임할 당시 COMSUBPAC은 앨 코네츠니 소장이 맡고 있었는데, 그는 우리가 하는 일에 적극적인 지지를 보내주었다.

토마호크 지상공격 미사일 TLAM

Tomahawk land-attack missile의 약자. 토마호크는 우리가 지상요격용으로 갖추고 있던 주요 전략무기였다. 산타페함은 뱃머리에 설치된 수직발사관에 12기의

TLAM을 장착하고 있었고, 어뢰실에 있는 네 개의 어뢰관에도 미사일을 더 적재할 공간이 있었다. 토마호크는 매우 정교한 목표타격 능력이 있으며 사거리는 1,600킬로미터에 달한다.

통신판 MESSAGE BOARDS
무선통신을 수신한 내용이 적힌 서류철. 지금은 이메일을 통해 수신한다.

함선체계매뉴얼 SSM
Ship System Manual의 약자. 잠수함 선수부의 가동 방법과 절차를 명시하고 있다.

함장 CO
Commanding Officer의 약자. 핵잠수함의 사령관이다. 계급으로는 중령에 해당한다.

항해관리자 NAVSUPE
Navigation supervisor의 약자. 선임사병 또는 하급 장교로서 조타수를 관리하는 정찰대원이다. 항해 상황이 워낙 복잡하고 정교해서 추가적인 관리감독이 필요한 경우에 활동한다.

항해사 또는 항해·운영 장교 NAV or NAV/OPS
Navigator or navigator/operations officer의 약자. 세 명의 핵잠수함 교육을 받은 소대장 중 하나다. 다른 두 명은 무기운용 장교와 기관사다. 산타페함에는 두 명의 뛰어난 항해사가 있었다. 1999년에는 빌 그린이, 그리고 2001년에는 케일럽 커가 항해사를 맡아 실전배치를 무사히 마쳤다.

해상대학교육프로그램 PACE

Program for Afloat College Education의 약자. 실전배치 기간 중에도 대학 과정
을 이수할 수 있는 해군 프로그램이다.

호르무즈 해협 STRAIT OF HORMUZ

페르시아만과 아라비아해(인도양) 사이의 해협. 전 세계 유조선의 40퍼센트가 이 해
협을 통과한다. 북쪽에 위치한 이란에서 출발하여 오만을 지나 남쪽으로는 아랍에
미리트까지 이어진다.

확성기 1MC

함 내에 주요사항을 공지하는 데 쓰는 확성기 시스템이다.

턴어라운드

초판 1쇄 발행 2020년 6월 30일
　　　8쇄 발행 2023년 8월 25일

지은이 L. 데이비드 마르케
옮긴이 김동규
펴낸이 오세인 ｜ 펴낸곳 세종서적(주)

주간 정소연
편집 최정미 유지현 ｜ 디자인 김진희 ｜ 인쇄 천광인쇄
마케팅 임종호 ｜ 경영지원 홍성우

출판등록 1992년 3월 4일 제4-172호
주소　　　서울시 광진구 천호대로132길 15, 세종 SMS 빌딩 3층
전화　　　대표번호 (02)778-4179, 마케팅 (02)775-7011 ｜ 팩스 (02)776-4013
홈페이지 www.sejongbooks.co.kr ｜ 네이버 포스트 post.naver.com/sejongbook
페이스북 www.facebook.com/sejongbooks ｜ 원고 모집 sejong.edit@gmail.com

ISBN 978-89-8407-793-5 03320

• 잘못 만들어진 책은 구입하신 곳에서 바꿔 드립니다.
• 값은 뒤표지에 있습니다.